走勢不急,情緒先動!
穩定獲利的本質,是情緒管理

行為經濟學

打造長期投資心法

丁政 著

BEHAVIORAL ECONOMICS

投資的快樂短暫,痛苦卻能久久不散;
能駕馭情緒的人,才有資格駕馭市場!

目 錄

序言　　　　　　　　　　　　　　　　　　　007

第一章
其實不是你在投資，是你的腦袋在亂按鍵　　011

第二章
人類的大腦，不適合投資這件事　　　　　　037

第三章
賠錢痛如失戀，賺錢快感卻短得像限時動態　059

第四章
決策不是看準，
是選一個你不那麼怕後悔的選項　　　　　　081

第五章
追高是人性，殺低也是人性　　　　　　　　103

目錄

第六章
控制自己的情緒，
是你能學的最強投資技巧　125

第七章
你不是窮，是決策機制太愛找麻煩　145

第八章
風險這東西，
只有腦袋知道，心根本不想知道　167

第九章
為什麼你總想「再看一下」，
但永遠也看不完　189

第十章
意志力不夠？
錯，是環境一直在誘惑你　213

第十一章
讓錢成為工具，而不是你的人格延伸　　235

第十二章
你不需要變成巴菲特，只要不被自己打敗　　257

第十三章
你的行為系統升級指南：
從覺察到改變的實戰練習　　279

附錄一　30天投資心理紀錄表　　307

附錄二　五大市場情緒場景應對策略卡　　309

目錄

序言

◎從「會買」到「會忍」：
　投資真正的戰場，是你心裡的情緒波動

　　我們都知道，投資是為了讓金錢發揮更大的效益；但現實裡，許多人的投資經驗，卻更像是一場情緒劇——當市場下跌，心跳加快、焦慮上升；當帳面獲利，卻又怕漲多回跌，提早出場。明明做足功課，卻還是虧損收場；明明知道不要追高殺低，手指還是控制不住地點下了「賣出」。這不是技術的問題，而是心理的問題。本書要討論的，正是這一點：穩定獲利的本質，不在於你會看圖說故事，而在於你能不能管好自己的心情。

◎投資的失誤，往往不是因為無知，而是因為「太正常」

　　人類是情緒性的動物。從行為經濟學、神經心理學、到演化生物學，都不斷證實：我們的大腦，並不是為了理性投資設計的。事實上，許多在投資中讓我們虧損的決定，反而是大腦試圖「保護我們」的結果——例如害怕失去，讓你提早賣出；害怕錯過，讓你高點追進；討厭後悔，讓你拒絕認賠。這些行為在日常生活中其實相當合理，但在投資場域中，卻會導致一連串錯誤的選擇。

序言

行為經濟學大師丹尼爾・康納曼（Daniel Kahneman）在《快思慢想》中指出，人的大腦有兩個系統：一個是快速、直覺、情緒性的「系統一」；另一個是緩慢、理性、分析性的「系統二」。而在投資決策時，「系統一」常常會在你意識到之前，就已經替你做出判斷了。你以為你在做選擇，其實你只是被潛意識牽著走。

這就是為什麼，那些明明知道「應該長期投資」的人，卻在看到股票下跌三天後忍不住拋售；為什麼曾經發誓「不追漲」，卻在一檔飆股上漲50％後急忙進場。這一切，都不是因為你不聰明，而是因為你「太正常」了。而投資成功的關鍵，不是讓你變得異於常人，而是學會設計出讓你「少犯錯」的行為機制。

◎投資不是找方法，而是建立一套「心理使用說明書」

這本書不會教你如何挑選標的、不會提供投資名單，也不會告訴你接下來台積電還會不會漲。因為你需要的，其實不是「更好的投資工具」，而是「更穩定的投資自己」。

本書的目標，是幫助你建立一套屬於你自己的「心理操作系統」：

- 當市場劇烈震盪時，你要怎麼穩住情緒、不讓焦慮決定行動？

- 當手中股票出現短期虧損時,你要怎麼判斷是該停損,還是堅持?
- 當別人都在賺錢,你卻還沒進場時,你要如何抵抗「從眾」的壓力?
- 當你帳面獲利時,你如何判斷是該抱緊,還是該收手?

這些問題,沒有標準答案,只有「適合你當下狀態的應對方式」。本書會從行為經濟學的理論開始,結合投資者的真實心理經驗,帶你看懂自己在金錢面前的反應模式;接著,我們會進入心理韌性訓練的方法,包括建構自己的「行為約束力」、「預設停損點」、「獨立評估機制」、「觀察型記錄習慣」等等。你將學會如何用「制度」代替意志力,用「設計」取代懊悔。

◎成為自己的基金經理人,先從「內心治理」開始

許多職業投資人與基金經理人,並不是擁有更強大的預測能力,而是他們擁有一套可以依循的行為準則。他們知道什麼時候該不操作、什麼情況該等、該止損、該獲利了結;而這一切行為的背後,都需要強大的自我管理力。而一般投資人最大的不利條件,就是「孤獨」——沒有人為你監控決策、沒有人跟你對話、沒有人能及時提醒你「你現在是情緒在做決定」。

序言

所以,本書也會提供你幾種方法,讓你在沒有外部監管的情況下,透過「自我觀察」、「自我預警」、「習慣迴路重設」的方式,學會當自己的心理教練。你不用成為專業投資人,但你可以成為一個「不那麼容易輸給情緒」的人。

◎投資是一場長期心理戰,你要活得夠久,才看得到報酬

真正的獲利,不在於一兩次壓對寶的快感,而在於十年後你還站在場內,並且擁有穩定的投資系統與情緒韌性。那些短期暴富的人,不代表他們理解投資;反而是那些能夠平穩面對市場波動,懂得等待、懂得保護本金的人,才是真正的長勝軍。

這本書寫給那些曾經懷疑自己、怕錯過行情、後悔沒賣高的人;也寫給那些已經意識到「賺錢之前,先得搞懂自己」的投資人。

願你翻開這本書,不是為了找到聖杯,而是為了更坦然地看懂自己如何面對金錢與風險。這是一場心理修練,也是一場和情緒的和解。

我們一起,從「忍住不動」開始,邁向真正穩定的獲利。

第一章
其實不是你在投資，
是你的腦袋在亂按鍵

第一章　其實不是你在投資，是你的腦袋在亂按鍵

1.1
理性是傳說，情緒才是你真實的投資夥伴

你以為你在分析，其實你在反射

你每天盯著螢幕、翻著新聞、切換技術線圖，一臉嚴肅地說自己在「做功課」。但其實，你不是在分析，而是在反射。市場一紅，你內心跳了一下；市場一綠，你手指就開始發癢。你以為你是深思熟慮地下單，實際上是你的大腦在條件反射，像養成反應的實驗老鼠。

神經科學家約瑟夫·勒杜（Joseph LeDoux）的研究指出，情緒反應經由大腦邊緣系統（特別是杏仁核）的路徑，傳遞速度比經由前額葉皮質進行理性思考的路徑更快。所以當你看到一根長黑K棒時，觸發的第一個不是思考，而是驚嚇。你說你在看走勢，其實你在看氣氛；你說你在等訊號，其實你在等一個讓你「感覺安全」的藉口。

真正恐怖的不是你反射，而是你以為那是理性。這讓你不但做錯，還做得很有信心。你幫自己的焦慮寫了一份技術面報告，然後說服自己那是一種判斷。這就是所謂的「後見之明偏誤」在運作：情緒先跑，理性補刀。你說「我覺得這支會漲」，其實應該改成「我希望它會漲，所以我相信它會漲」。

1.1 理性是傳說，情緒才是你真實的投資夥伴

情緒不是客串，是你永遠的投資搭檔

你可能以為情緒偶爾來亂一下，只要今天心情好、喝點咖啡，就能夠「冷靜面對市場」。但不好意思，情緒不是客串，是你整場戲的主角之一。從你打開券商 App 那刻起，它就已經坐在你肩膀上。只是你常常以為自己單飛，殊不知情緒正幫你開副駕還指著導航。

開心的時候，你會想加碼；無聊的時候，你會想買點東西試手氣；自責的時候，你會想翻本；後悔的時候，你會瞬間清倉。這些情緒從來不問你「這個標的是否合理」、也不管「基本面怎麼說」，它只問你一句：「你現在的感覺是什麼？」

情緒的力量有多強大？強大到你明知道這樣不理性，還是忍不住。這叫做「情緒支配決策（affect heuristic）」，也就是說，我們傾向用情緒的直覺來做決定，然後再用理性來幫自己找理由。這跟戀愛一樣，你喜歡上一個人，會開始合理化他的壞脾氣。投資也是，你愛上一檔股票，就會開始忽略它財報的漏洞。

你以為你冷靜，其實你只是說服自己

有時候你很驕傲地告訴朋友：「我不會被情緒左右。」你以為你很冷靜，其實你只是比別人更會說服自己。人類大腦有個專門負責「認知自我形象」的區域，這塊區域會讓你傾向

第一章　其實不是你在投資,是你的腦袋在亂按鍵

相信:我是理性的人、我是穩重的人、我是謹慎的投資人。

但是,當市場一崩,你比誰都跑得快;當群組一喊進場,你比誰都進得猛。這不是你變了,是你根本沒認清自己。心理學家丹尼爾・康納曼(Daniel Kahneman)在《快思慢想》中說得很清楚:我們的系統一(快速直覺系統)主導大部分決策,而系統二(慢速分析系統)只是偶爾上線,還常常偷懶。

你以為你是用 Excel 選股,其實你是在感覺今天「氛圍不錯」;你說你是長期投資者,其實只是你今天懶得看盤。你把很多行為美化成「策略」,但其實是習慣、是衝動、是怕被淘汰。你說你「評估過風險」,實際上你是「不想再後悔」。別騙人,這些話你自己也沒全信。

投資市場不是戰場,是一面情緒的照妖鏡

最後,我們得承認一件事:投資市場不只是讓你賺錢的地方,更是讓你認識自己情緒地雷的地方。它像一面照妖鏡,不管你多會演,在股價波動面前,你的真性情一定現形。那些你以為「已經解決」的焦慮、自卑、衝動、僥倖,全都會在市場裡現身,而且還會放大倍數重播。

市場是一個情緒放大器。你本來只是對生活有點焦慮,進場後就變成恐慌;你本來只是想要存點錢,幾次小獲利後就變成賭徒;你本來只是不想錯過,結果變成無止盡追高。

1.1 理性是傳說，情緒才是你真實的投資夥伴

這些變化，不是市場害你的，是你內心的情緒終於找到一個舞臺可以大跳特跳。

所以，最強的投資人，不是能預測市場的人，而是能監控自己情緒的人。你永遠改不了市場，但你可以慢慢訓練自己不要每次都被它帶走。承認自己會焦慮、會後悔、會衝動，這不是弱點，是起點。你可以輸在價格，但不要輸在自己都不認識自己。

1.2 為什麼你還沒看完財報,就已經想賣了?

不是你懶,是你被大腦設計了

財報那堆數字和文字,看起來就像一個考試卷,打開一秒就讓人想合上。你不是沒興趣,也不是不努力,是你的大腦設計本來就不想「理解太複雜的東西」。這叫做「認知吝嗇 (cognitive miser)」,意思是我們的大腦天生傾向節省能量,看到需要動腦的資料,就先想辦法閃避。你看著損益表、資產負債表、現金流量表,心裡不是想懂,是想關掉。你不是懶,是人類共通的求生本能:能逃就逃。

更別說,財報裡的字眼常常長得像魔法咒語,什麼「每股盈餘」、「應收帳款週轉率」、「資產減損損失」,看三行就懷疑自己是不是報錯考場。這種時候,你的大腦啟動的是「認知迴避系統」,它告訴你:「我們先看點輕鬆的,比如 K 線圖、網友推薦、今天漲最多的排行。」恭喜你,成功被自己大腦騙去旁邊玩了。

1.2 為什麼你還沒看完財報，就已經想賣了？

快訊文化讓你變得耐不住性子

你為什麼點開 LINE 群聊、滑 Instagram 股市帳號、追每則盤中消息？因為快訊文化已經訓練你變成即時反射動物。心理學家認為，當我們習慣資訊以「速食」方式出現，大腦就會逐漸失去處理長文本的能力。這代表，越是需要深入閱讀、比較、思考的東西，你越是感到焦躁不耐。

而財報，正是那種「慢知識」的代表。你需要從數據裡抽絲剝繭，找出趨勢變化、比對年報與季報、還要理解背後的產業與經營策略。這種閱讀方式對你被「秒懂」文化養壞的大腦來說，是一種折磨。於是你會快速轉向那種「講話很有自信的網紅」、「股市大叔群組」、「K 線圖的箭頭」，只因為它們更像你習慣的資訊格式。

焦慮讓你以為，現在不賣就完了

你會跳過財報，還有一個關鍵因素：情緒壓力。當股價波動大，你的焦慮如同影子跟著走。這時候，你不是不知道該看財報，而是「情緒已經說服你沒時間了」。你感覺到一種「現在不跑就會完蛋」的急迫，於是你開始只想找立刻可以下判斷的訊號。

這是「認知狹窄效應（cognitive tunneling）」在作祟。人在壓力大時，會只盯著少數明顯的刺激，放棄多元資訊判

斷。也就是說,當你被焦慮壓著跑,你的大腦會自動把 K 線、紅黑棒、社群評論放大,其他原本該好好參考的資訊(像財報),會直接被你排除視野。你不是懶惰,而是情緒正在操縱你眼睛的焦點。

理解數字比下單困難,但更有價值

說穿了,你不是不能看財報,而是你「還沒習慣這種節奏」。就像剛開始健身會覺得超痛苦,但只要撐過幾週,就會開始上癮。財報也是。第一輪你會覺得看不懂,但當你開始找到其中的邏輯感——比如營收與成本的關係、負債結構與未來成長的連動性——你會發現:它其實比 K 線穩定多了。

而且,理解財報能夠給你帶來的是「獨立判斷力」。不再只是跟風、靠人帶,而是能說出:「這家公司 EPS 連三季下降,且營業利益率開始轉負,我不進。」這種能力不是給別人聽的,是給你自己一個在市場裡安心站穩的底氣。比起每天追高殺低的驚險刺激,能用邏輯說服自己的感覺,反而讓你更穩定。

錢從不是賺來的,是理解後留下的

最後,請記住:真正讓你在市場裡賺到錢的,不是一時的靈感、某位網紅的神推薦,而是你對「資訊」的消化能力。

1.2　為什麼你還沒看完財報,就已經想賣了?

　　那些閱讀財報的過程,不只是吸收知識,更是你在訓練自己的思考肌肉。你不需要變成華爾街分析師,但你需要知道你買進的是什麼、為什麼買、為什麼還沒賣。

　　市場裡沒有保證獲利的方法,但有一種很穩的損失來源,就是「看都沒看就賣掉」。這不叫風險管理,這叫資訊閃避症。你以為躲開財報就少一件麻煩,其實你只是交出了主控權。如果你願意花時間看懂一家公司,而不是只看線型和聊天室,你會發現,投資這件事其實沒有那麼可怕。可怕的,是你一直都不願意面對那些會讓你變強的東西。

1.3 市場崩盤前，你的腦早就先崩了

股市還沒跌，你已經在心裡慌了三次

你是不是也有過這種經驗？早上起床打開 App，看到美股小跌一點，心裡就先咯噔一下。然後你還沒刷牙，就已經在腦中演練「要不要停損」的劇本。等到真正開盤，股價還沒跌你就先賣了。不是因為有什麼具體數據讓你下決定，而是你的大腦比行情還先失控。

這叫做「預期焦慮（anticipatory anxiety）」，心理學家指出這是人類對未來不確定性的自然反應。我們會因為「可能會發生」的壞事，就提前產生壓力反應，啟動逃跑機制。所以即便市場還沒真正崩，你的腦早就為了「萬一跌很多」這個想像，開始逃命流程了。你不是在面對現實，你是在對抗腦內劇場。

恐慌不是從市場來的，是從朋友圈來的

當行情開始抖動，你的 LINE、Telegram、Discord 立刻熱鬧起來。有人問「還有救嗎」、有人貼圖「GG」、有人直接丟出紅字對帳單。你本來還沒那麼緊張，看著群組開始刷

1.3 市場崩盤前,你的腦早就先崩了

「要砍嗎?」、「先跑一趟」,你的手也開始發癢。你以為你是在觀察行情,其實你是在接收情緒病毒。

這是「情緒傳染(emotional contagion)」的典型案例。我們會下意識模仿身邊人的情緒,尤其是在高度不確定的情境下。你不是自己慌,而是被整個圈子的恐慌帶走。這就像演唱會裡,有人突然往出口跑,你也會跟著跑,哪怕根本不知道發生什麼事。市場崩不崩先不重要,你心裡已經先逃跑了。

資訊焦慮讓你找不到出口,只想按下賣出

市場震盪時,你會發現自己特別想一直「刷新」。一直看報價、看新聞、看社群、看財經頻道。每一則訊息都像是個可能救你的浮木,但越看你越慌。為什麼?因為你不是在找答案,你是在逃避恐懼,想用資訊填補空洞。但問題是,這些訊息並不會讓你更冷靜,反而讓你更混亂。

這是「資訊過載(information overload)」在作用。心理學家司馬賀(Herbert Simon)早在20世紀就提出:「資訊的豐富,反而會消耗你的注意力。」當你過度接觸太多未經過濾的市場資訊時,大腦會進入混亂模式,思緒會碎裂、決策能力下降,最後只能靠直覺行動。你賣出的那一刻,也許只是因為你受不了了,並不是真的理性分析。

第一章　其實不是你在投資，是你的腦袋在亂按鍵

崩盤不是殺傷最大的，內心崩潰才是

大多數人輸錢不是因為市場跌太多，而是因為自己在心理上提早崩盤。你可能在價格跌 5% 時忍不住清倉，結果三天後反彈 10%；你也可能因為看到某財經節目說「危機未解」，就提前賣掉全部部位，然後眼睜睜看著它飆漲。你的帳戶沒少那麼多，是你自己選擇先退出比賽。

這是一種「心理停損迷思（emotional stop-loss）」：不是技術面的設停損，而是你用「受不了」當作離場理由。你不是虧損太重，而是「感覺太難受」了。這種心理上的崩盤，比任何技術型態還要難防。因為它不靠 K 線預測、不受季報左右，完全取決於你能不能在風暴中，對抗那個想趕快了結一切的自己。

解法不是更聰明，是更鈍感

說到底，市場的暴跌你改不了，但你可以改變你對它的反應方式。很多人以為要成為更厲害的投資人，就要更懂分析、更快反應、更多資訊。但真正活下來的，不是那些神操作的人，而是那些「心臟比較大顆的人」。

這種「鈍感力」不是神經大條，而是能夠允許自己在混亂中不急著反應，給自己一點緩衝區。學會深呼吸、學會什麼都不做、學會不馬上聽信任何一則消息，這些技能比你每天

1.3 市場崩盤前,你的腦早就先崩了

盯盤還有價值。市場崩盤時的你,最需要的不是新的策略,而是一份能撐住自己情緒的肌力。

所以,下次當你又想在市場還沒跌完時提早逃跑,不妨停下來問自己:「這是我真的知道會跌,還是只是我不想再承受這種不確定感?」搞清楚這件事,也許你會開始理解,那些能撐到反彈的人,從來都不是靠聰明,而是靠比你多一點耐心。

1.4 手賤想抄底，背後其實是恐懼發作

你以為你在撿便宜，其實你在求安慰

股價跌了一大段，你忽然覺得「該撿了吧？」你不是基於什麼數據判斷，也不是看了什麼基本面分析，而是內心某個聲音告訴你：「不能讓它就這樣走了。」你以為你是在抄底，其實你是在彌補心理上的損失感，那是一種「我總要做點什麼」的焦躁。

這叫做「補償性行為」（compensatory behavior），也就是人在感到挫折、失落、無力時，會做出一些看似積極的舉動來恢復控制感。買進不是因為真的看到價值，而是因為你的情緒受不了了，你想做些什麼，讓自己覺得還有希望、還有主導權。說穿了，不是機會太好，而是你太不甘心。

抄底的衝動，其實是恐懼的偽裝

你覺得自己勇敢進場，別人都怕你不怕。但實際上，你並不是勇敢，你是怕錯過。這是一種「錯失恐懼（FOMO）」的進階版：你不是怕別人賺到，而是怕你不進場，就要眼睜

1.4 手賤想抄底,背後其實是恐懼發作

睜看著它反彈。那種想像中的「痛失良機」,對心理的打擊,有時比實際虧損還讓人受不了。

這裡就會觸發所謂的「損失框架(loss framing)」效應。你大腦的焦點從「現在的下跌有多危險」,轉為「如果我沒上車,我會錯過什麼」。這種思維轉換會讓你更容易做出衝動決策,明明知道還沒止跌,也忍不住想「拼一下」。抄底不再是策略,是一種帶著焦慮的投機。

你不是看不懂技術線,你是忽略了它

很多人抄底時會說:「我知道現在不是低點,但感覺應該差不多了。」這句話其實是「感覺主義」的展現。你不是沒看技術面,而是你的大腦自動選擇忽略那些不舒服的線型。這是「選擇性感知(selective perception)」:人傾向看見自己想相信的東西,避開不想面對的事實。

即使 MACD 尚未翻紅、均線仍呈下彎、成交量也沒有放大,依舊有人認為此處具備支撐力道。因為內心不想再面對痛苦,哪怕只是短暫的安慰,也足以推動人們按下買進鍵。市場其實沒給你信號,是你內心自己創造了一個「可以進場的藉口」,只為了逃避無力感。

第一章　其實不是你在投資,是你的腦袋在亂按鍵

真正的勇敢,是能忍住不動手

抄底聽起來很帥,但真正厲害的投資人,不是那些在混亂中出手神準的人,而是那些能夠忍住、觀望、等待訊號確認才動作的人。這種「延遲反應力」才是成熟投資的核心素養之一。你不是不能買,而是不能因為受不了內心空虛就亂買。

要做到這一點,你得練習「心理預備動作」。像運動員上場前的熱身一樣,你必須訓練自己的腦袋面對波動時不要立刻反應,而是問自己幾個問題:這真的有止跌訊號嗎?我是基於恐懼還是根據數據?這個操作是策略的一部分,還是情緒的出口?

市場永遠會有低點,但不是每個低點都適合你。當你發現自己手癢想進場,請先退一步問:「我是真的看到價值,還是只是受不了空倉?」如果你能從這裡開始多想一點,你就已經比大多數人更接近穩健獲利的那一方。真正的抄底,從來都不是手快,而是心穩。

1.5 投資是交易,不是心情日記

情緒上上下下,績效跟著翻車

你今天心情好,覺得什麼都買得下去;明天情緒低落,又想把股票全賣掉。你以為自己在做投資,其實你只是在寫一篇心情日記,只不過用的是真金白銀做筆墨。股市不是療癒場,也不是情緒垃圾桶,但你卻常常讓它變成你情緒的出口。

這種現象在心理學上叫做「情緒導向決策(affect-driven decision making)」。當你的內心充滿某種情緒,不管是沮喪、憤怒、焦慮還是亢奮,你的大腦會傾向用這種情緒做為評估風險與報酬的基礎。簡單說,你情緒越大,判斷力越小,交易品質就越不穩。

用買賣發洩情緒,是最昂貴的療癒

很多人說:「我知道今天不該下單,但我真的太悶了,就想做點什麼。」這句話的心理動機非常典型——你不是為了投資報酬率進場,是為了讓自己感覺「有行動、有控制感」。這種「行動型情緒發洩」雖然能短暫帶來釋放感,但結果通常是你賠了錢,情緒更差。

心理學家指出，當人無法處理情緒時，會試圖把內在困擾轉換成可操作的外在行為，這就叫「替代性行動」。你把焦躁、壓力、空虛轉化成「我下單就好了」，表面看起來好像很主動，實際上是逃避。而且市場不是你宣洩情緒的對象，它不會安慰你，只會放大你的情緒，再倒打一筆給你。

當交易變成情緒成癮，獲利只是偶然

有些人已經不是「偶爾情緒性操作」，而是已經養成一種模式：只要一有壓力就開 App，只要生活不順就盯 K 線，只要覺得悶就按下買入鍵。這種狀況很像心理學上的「行為上癮（behavioral addiction）」，也就是你對某個行為（不是物質）產生依賴與重複性衝動。

這種上癮的可怕之處是，它讓你以為你在做選擇，其實你只是被一套固定反應給制約了。你已經不是在投資，而是在用市場幫你處理情緒。而偏偏市場是個非常糟糕的心理醫師，它沒有聆聽，只會給你一堆讓你更爆炸的回饋。等你回神時，已經賠掉一週薪水。

成熟的投資人，先處理情緒再處理交易

所以，如果你發現自己最近操作變得很「情緒化」，請先不要急著改策略，也不要立刻看更多資訊，而是回頭問問自

1.5 投資是交易，不是心情日記

己：「我現在的狀態，真的適合做決策嗎？」如果你發現自己心浮氣躁、壓力爆棚、睡不好、想用賺錢來證明什麼，那請你先休息，不要進場。

最厲害的交易員，不是操作最頻繁的人，而是知道何時該停手的人。情緒穩定比眼光精準更重要，因為再好的策略，交到一個不穩定的操作者手上也會變成災難。當你能學會不讓情緒主導交易，你會發現自己少做很多蠢事，而這些「沒做的錯誤」，往往就是你能活下來的關鍵。

市場是讓錢流動的地方，不是讓情緒翻騰的舞臺。你可以有情緒，但不能讓情緒碰到滑鼠。學會把情緒留在帳戶外面，才是真正的投資升級。因為說到底，投資不是日記，別讓你的損益表寫滿心情碎片。

1.6 別再怪演算法，其實你才是自我洗腦機

每次打開 App，你都在餵自己的偏見

你以為自己是理性分析、判斷獨立的投資人？事實上，大部分人都是自己偏見的奴隸，還自以為清醒。你打開的財經頻道是自己喜歡的、看的 YT 分析師是你信任的、加入的群組裡大多是跟你想法類似的人。久而久之，你看到的資訊就越來越一致，這叫做「同溫層效應（echo chamber）」。

這不只是社群網路造成的問題，更是人類天生的「確認偏誤（confirmation bias）」在作祟。我們傾向搜尋與相信自己原本就認同的東西，然後自我強化。你覺得某檔股票會漲，就會找所有看多的資料、分享文章、技術線圖；而那些唱衰的分析，你直接略過或罵對方「太保守」。這樣下去，你不是更懂市場，只是越來越活在自己的泡泡裡。

演算法不是壞人，是你愛看的東西養大的

很多人怪社群演算法說：「都是它害我只看到某些東西！」但別忘了，演算法只是放大你自己的點擊習慣。你每次點某一類型的影片、按讚某種看法、加入某些社團，其實

1.6 別再怪演算法,其實你才是自我洗腦機

都在「訓練」它投你所好。你的習慣,就是演算法的教材。

這樣久了,你的資訊來源就會越來越窄。你會以為全世界都跟你一樣認為「這檔會爆漲」,或「現在一定要拋光全部持股」,但其實只是你接收的東西過度重複,導致你誤以為「這就是共識」。但真實的市場哪有那麼簡單?那些你沒看到的觀點、反向的資料、風險的提醒,其實才是讓你免於錯誤的關鍵。只是它們被你的喜好與演算法一起封殺了。

腦中聲音越一致,越該懷疑那是不是陷阱

當你發現自己越來越篤定,心裡越來越覺得「一定會漲」或「這次穩了」,那往往就是該踩煞車的時候。因為你可能不是掌握得更準,而是你把反對意見都趕出門了。心理學上稱之為「認知封閉(cognitive closure)」,也就是人渴望有明確答案,於是排斥不確定、模糊、多元的聲音,只接受能給自己心理安穩的說法。

這樣的認知封閉會讓你錯過重要的警訊。別人可能已經提醒你營收轉差、產業反轉、政策風險,但你卻只想聽「這只是洗盤」。你不是在判斷,是在自我催眠。而這種催眠,一旦被市場現實打破,後果往往比你想像還慘。因為你不但賠錢,還會覺得整個世界都背叛了你,其實只是你拒絕聽見世界的另一面太久了。

第一章　其實不是你在投資，是你的腦袋在亂按鍵

解藥不是看更多，而是刻意看不同

要破解這種自我洗腦的機制，靠的不是「看更多資料」，而是「看你平常不會看的資料」。主動去接觸不同觀點的分析、設定反向觀點的提醒、甚至刻意參與意見不同的社群討論。這不是為了讓你改變立場，而是讓你能更全面地理解市場的複雜與不確定性。

真正成熟的投資者，不是永遠看對，而是能夠包容模糊、承認盲點、修正偏誤。當你願意讓多元觀點進來，你的大腦才會真正從「情緒支持系統」轉變為「策略判斷系統」。你才不會只是在演算法設定的圓圈裡原地打轉。

別再怪演算法，它只是照你所好打造的一面鏡子。真正該調整的，是那個每天把同一類資訊點開又點開，還說「市場都這樣想」的你。要成為一個更強的投資人，不是更懂市場，而是更懂你自己在看什麼、忽略了什麼。

1.7
你以為你選股,其實是被選中

你沒在選股票,是股票在挑你

你以為自己做足功課、比較過基本面、技術面、甚至聽了三位專家的說法,最後才「選中」那檔股票。錯,其實是那檔股票早就在等你了。從社群貼文到 YouTube 推播,從財經 App 推薦到網友熱烈討論,整個環境早就布好一張網,等你自己踩進去還拍手叫好。

這背後不是陰謀,而是「選擇建構偏誤(choice architecture bias)」。也就是說,你做的選擇,常常不是來自你真心的分析,而是來自那個選項「怎麼被擺在你面前」。當某支股票被置頂、被廣告、被 KOL 討論得熱烈,它就在你的選項池中自動加分。你不是挑中了它,而是它在你不知不覺間贏得了曝光競賽,然後被你的注意力選中。

曝光越多,你就越覺得「它不錯」

心理學家研究指出,我們會對「熟悉的東西」產生偏好,這叫做「曝光效應(mere exposure effect)」。意思是,只要你一直看到某個東西,哪怕沒有評價,它都會在你心中默默加

分。你滑個手機，那檔股票的名稱跳出三次，連 logo 都熟了，你心裡就會產生一種：「嗯⋯⋯好像大家都在講它，是不是該看看？」

問題是，這不是理性，是情緒的捷徑。你只是因為「看到它很多次」，才產生一種錯覺：「它應該不錯吧？」這就像是你去餐廳看到一份菜單上某道菜有照片、有標紅、有推薦語，你八成會點它。因為「曝光」與「信任感」在大腦裡常常混在一起。你以為你選的是資訊完整，其實你只是被重複餵養得夠多。

所謂的熱門股，其實是演算法合作社

再進一步說，現在的股市資訊世界，不只是新聞或討論，還加上了 AI 與演算法的強力推波。你搜尋過某個產業，就會開始看到相關的 ETF 介紹、YouTube 推薦、FB 投資社團熱帖一排排冒出來。這不是巧合，是「演算法效應（algorithmic priming）」——你的一個搜尋動作，就能讓整個網路世界像柯南破案一樣把所有「線索」送到你眼前。

你不是看了很多資料後才決定買，你是被大量看似「客觀資訊」推進某個方向，直到你「自然地」選擇了它。這跟選舉時候的洗票很像——看似選民自由選擇，實際上是誰最會包裝自己、誰最容易被看見，誰就有最高機率被投票。你

1.7　你以為你選股，其實是被選中

不是投資人，你只是參與了一場股市版的選美比賽，而你的票，是情緒蓋章的。

真正的選擇，從拒絕選擇開始

既然我們容易被資訊包裝所帶走，那該怎麼辦？首先你要知道，「不選」有時比亂選還聰明。當你每看到一檔熱門股就想查資料、想追一下、想放進觀察清單，那就表示你已經被「外部刺激」綁架了。真正的選擇，是你能否先冷靜下來問自己：「這是我主動找出來的，還是它剛好跳到我臉上？」

下一步，你要練習建立屬於自己的選股條件與流程。別人的名單可以參考，但不能代替。你需要有一套能過濾掉噪音的「決策防火牆」，像是設定財報條件、營收趨勢、產業利多、技術面型態等。當你不再被「熱度」帶風向，而是用自訂的標準一關一關篩選，你才真的進入了選股這件事的本質。

最後，請記得：資訊是中性的，但接受方式是有偏的。你能不能在這個充滿聲音與推播的世界裡，拉住自己的思緒、搞清楚自己要的是什麼、知道什麼是「真資訊」，什麼只是「有裝飾的廣告」，那才是你跟市場真正拉開距離的開始。

第一章　其實不是你在投資，是你的腦袋在亂按鍵

第二章
人類的大腦,
不適合投資這件事

2.1 從石器時代走來的大腦,根本搞不懂股市

漲跌秒起伏,你的大腦還在打獵

人類的大腦是幾萬年前進化來的,當時我們面對的最大風險叫做「那個叢林裡會不會有老虎」。那時候生存靠的是迅速反應,看到風吹草動就逃命,不逃就是死。所以我們的大腦擅長處理「立即危險」,不擅長分析複雜的長期機率變化。

而股市剛好是完全相反的東西。它不是立即危險,它是一堆看起來很冷靜的數字裡藏著的長期機率。而你的大腦碰到這種東西就會直接當機。看到跌停就恐慌、看到漲停就興奮──這些反應是你幾萬年前就寫在基因裡的求生劇本,只是現在它在錯誤的場景裡演出了錯誤的戲碼。

石器腦遇上金融世界,就像用木棍打電腦

我們大腦裡的「杏仁核」負責情緒反應,它對恐懼和風險特別敏感。這對打獵時能讓我們更警覺,但對面對 K 線圖的你來說,則會讓你把小波動當大危機,把回檔當末日。這種「過度警覺」會放大市場的每一個動作,讓你做出許多根本不必要的反應。

2.1 從石器時代走來的大腦,根本搞不懂股市

更慘的是,我們的理性大腦——前額葉皮質——雖然能幫助分析資料,但它的反應速度比情緒腦慢太多。你看到股價崩了,先跳起來的是恐慌,不是邏輯。你想要忍住不賣,還沒來得及分析就已經點下去了。這就像在打仗時讓一隻慢吞吞的老教授負責指揮前線,怎麼可能不出事?

投資是一場不自然的生存實驗

在現代社會,我們早就不需要拿長矛打獵,卻還保留著那些「看到風吹草動就要逃」的本能。這些本能在生活中可能幫得上忙,比如你看到詐騙訊息會警覺、看到可疑連結會躲,但放到股市就變成災難。你看到新聞報導「市場恐慌情緒升溫」,立刻就想拋光全部部位。

投資這件事,是一場不符合人性本能的活動。它要求你在別人瘋狂時冷靜,在環境波動時穩住心情,在什麼都不確定時還能按部就班。這些行為,完全違反了大腦從遠古時代保留的求生法則。你以為你不夠聰明才投資不好,其實你只是「太正常了」。

承認大腦的設計不適合市場,是第一步

所以,如果你常常在交易時覺得「我怎麼又衝動了」、「我怎麼又不敢進場了」、「為什麼每次都做出事後懊悔的決

定」——請你先不要自責,因為你只是在用石器時代的大腦應對資訊時代的遊戲。

真正的強者不是「天生冷靜」,而是那些認清自己大腦怎麼運作,然後學會設下心理防線的人。你可以練習延遲反應、設立規則、用數據對抗直覺,這些就是現代投資人必須練的心法。因為市場要的不是勇敢莽撞的獵人,而是知道什麼時候該出手、什麼時候該按兵不動的智慧戰士。

記住一句話:你的大腦不適合投資這件事,但你可以學著別讓它亂搞。

2.2 你的大腦有兩個司機，一個衝動一個耍廢

系統一：衝動先生總是搶方向盤

你在股市裡的每一筆操作，表面上看起來是精心規劃的決定，實際上很多都是由你腦袋裡那個叫「系統一」的司機衝動操控的。心理學家暨行為經濟學家丹尼爾‧康納曼（Daniel Kahneman）在《快思慢想》中，將人類的思考分成兩個系統：系統一快速、直覺、感性；系統二緩慢、邏輯、需要努力。

當你看到一支股票大跌，還來不及查它發生什麼事，心裡就先浮現「完蛋了要賣！」的念頭，那就是系統一在出手。它的好處是讓你在緊急狀況能快跑，但壞處就是 —— 它根本沒搞清楚情況。它愛冒進、沒耐性、特別怕痛，所以你的許多虧損根本不是市場太壞，是你那個衝動司機根本沒看路就踩油門。

系統二：理性哥永遠想請假

好啦，你會說：「我也有理性分析的時候啊！」是的，這時候就是系統二要上場了。它負責幫你處理複雜的運算、比較、思考。但問題是，它超懶，還很容易累。根據研究，我

第二章　人類的大腦，不適合投資這件事

們每天真正使用系統二的時間非常有限，大部分決策還是讓系統一搶先處理。

換句話說，理性哥通常只在你「強迫他上工」的時候才會現身，例如：你真的坐下來分析財報、畫圖表、比對本益比。否則他很容易裝死。你問他現在該不該進場？他回你一句「我們改天再談」。就這樣，決策權又回到衝動先生手上，繼續在市場裡上演刺激驚悚秀。

兩個司機搶方向，車子怎麼不翻？

想像一下，你的腦袋是一臺車，系統一踩油門、系統二踩煞車。當市場一變動，系統一大叫「快跑！」，而系統二才剛戴好安全帶、拿出地圖，結果你早已完成下單。這種「兩套系統打架」的狀況，就是為什麼你明明知道該理性，但總是衝動行事。

這還不只是一場內心戲，根據腦神經科學，系統一對應的是邊緣系統與杏仁核，處理情緒與本能反應；而系統二則與前額葉有關，這部分負責理性推理與規劃。但可惜的是，當壓力一來，情緒腦會搶奪資源，導致理性功能暫時關機。你不是不想冷靜，是冷靜那區已經被熱情蓋臺了。

2.2 你的大腦有兩個司機，一個衝動一個耍廢

駕訓班的第一課：教理性哥不要偷懶

怎麼辦？要讓這臺腦內的雙駕駛系統運作得更穩定，你要做的不是逼衝動先生下車（那不可能），而是訓練理性哥能提早上工、別再遲到缺席。方法之一，就是建立「預先決策系統」，像是：

- 事先設定買進條件與價格，寫在紙上或輸入系統
- 訂出每筆投資的出場規則，避免臨時起意
- 每天固定盤後檢討，而不是盤中靠情緒猜方向

這些設定不是限制你，是替理性哥準備好上工的流程。當你越依賴事先設定好的規則，越不需要靠當下情緒做決策，你的投資決策就會越穩定。畢竟，股市的終點不是看誰反應快，而是誰活得久、做得穩。

所以，下次當你又想衝進市場時，不妨問自己：「現在是衝動哥在開車，還是理性哥終於起床了？」如果你連這都分不清，那就別動，等那個會查地圖的傢伙醒來再說。

2.3 想穩賺？先搞懂你腦袋怎麼偷懶

腦袋不是不努力，是根本怕麻煩

你是不是常常覺得自己不是不想理性投資，而是理性起來太累了？這不是藉口，是真的。你的大腦天生就是一臺節能模式開到最大的小氣機器。心理學家說這叫「認知吝嗇（cognitive miser）」，意思是我們的腦袋會盡可能避免耗費能量，能不想就不想，能快選就快選。

所以當你打開一份財報，看到滿滿的數字時，你不是沒興趣，是大腦立刻跳出訊息：「太麻煩了，找別的看。」於是你轉向 K 線圖、熱門標的、聊天室小道消息。不是因為這些比較準，而是比較簡單、比較不傷腦。你的大腦不是不聰明，而是它的預設是「能混就混」。

偷懶的方式有夠多，你還以為自己在努力

最可怕的是，大腦偷懶時還會假裝自己很努力。比如，你一直盯著手機看股價跳動，心想「我今天超專心」，但事實上你根本沒分析任何東西，只是在資訊池裡溺水。又或者，你不停滑各大投資社團、看短影音、聽 Podcast，結果一整天

什麼策略都沒形成，只有一堆混亂的資訊碎片。

這種行為叫做「認知忙碌假象（illusion of effort）」，意思是你感覺自己做了很多，其實都是表面功夫。就像考前拚命劃重點但從沒想過那些重點要幹嘛。投資也是，你可能在回測、看圖表、標註突破點，但心裡根本沒一套邏輯，只是在模仿「有在做事」的樣子。偷懶還讓你誤以為自己很勤奮，這才是最高階的自我欺騙。

為什麼你總是想找「最簡單的方法」？

再進一步說，這就是為什麼你特別喜歡看「××策略穩賺不賠」、「三分鐘學會技術分析」、「不看盤也能月入三萬」這類標題。不是因為你真的相信世界上有免費午餐，而是因為你的大腦渴望有一條「能避開思考」的捷徑。這是所謂的「捷思法（heuristics）」在發作 —— 你傾向用最快的方式達到「看起來合理」的結論。

但這些捷徑其實不是讓你變聰明，而是讓你更容易掉入陷阱。因為你看起來好像很有系統，實際上只是接受別人幫你做完的功課。你不是真的會判斷，只是把別人的思考結果背下來。等到市場不如預期時，你完全不知道該怎麼辦。因為你從來沒訓練過自己獨立運作的大腦，只是在使用預設值生存。

第二章　人類的大腦，不適合投資這件事

想穩賺，先讓大腦動起來

所以說，真正能讓你「穩賺」的，不是更神的選股法，而是更勤快的大腦。你不需要每天做十種分析，但你至少要對自己的操作有清楚邏輯。像是：「我為什麼選這檔？」、「這檔的風險來源是什麼？」、「我什麼時候該停損？」如果你每次都能練習回答這幾題，你的大腦就會慢慢離開偷懶模式，進入負責狀態。

更實用的做法是建立「思考儀式」，例如：每次下單前要寫一段分析紀錄、每週盤後強迫自己寫一頁檢討報告。這些動作不是作業，是逼你讓系統二（理性腦）多出來運作。剛開始會覺得累，但就像健身一樣，肌肉久了會變強，大腦也是。

穩賺沒有捷徑，但你可以停止自我阻礙。當你越認真對待自己的思考流程，你就越能避開那群永遠在「以為自己很努力」的投資人。因為你真的有動腦，而不是把投資當成心理舒壓課在上。

2.4 看 K 線看到走火入魔，其實是注意力崩壞

一條線讓你心跳加速，是腦袋過度投注的開始

你有沒有試過，看著 K 線圖看得像在追劇？每一根紅 K 都像是主角發威、每一根黑 K 像是敵人反撲，你甚至會對著螢幕碎念：「再給我一根突破！」如果你開始賦予線條情緒、對價格變動產生劇烈反應，恭喜你，你已經走火入魔。

K 線圖本來是用來輔助判斷市場趨勢的工具，但當你太投入、太常看，甚至連睡前都要滑個幾眼時，它就從工具變成你情緒的放大鏡。這種過度投注在單一感官刺激上的狀態，心理學叫做「選擇性注意崩壞（selective attention breakdown）」，你把所有注意力都集中在價格變化上，結果反而喪失了整體判斷能力。

你以為你在專注，其實是在焦慮上癮

很多人誤以為「一直看盤」是一種專業表現，事實上這更可能是一種「焦慮上癮症狀」。每次刷新報價、每次 K 線跳動，都像是情緒上的刺激劑，讓你大腦短暫興奮一下，然後很快又掉入焦躁。你越看越想看，越盯越沒耐性，結果不是

第二章　人類的大腦，不適合投資這件事

錯過時機，就是誤判風險。

這背後其實是多巴胺在作怪。大腦對於不確定但有可能獲得獎勵的刺激特別敏感（像是漲停、突破、翻紅），所以 K 線的「瞬間波動」會持續刺激大腦分泌快感荷爾蒙。但這種快感不穩定、難以預期，就會導致你像賭徒一樣，不斷刷新、反覆觀察，明明沒要下單，卻搞得自己比下單還累。

「我再看一下就好」是注意力崩壞的開場白

你以為你只是隨手打開 App 看看，殊不知這就是掉進注意力黑洞的第一步。你一看，就會想再多看一點，再分析一下，再觀察一下技術指標。結果三個小時過去了，你沒下單、沒休息，也沒獲得什麼新資訊，只是腦袋一片混亂。

這種行為模式就叫「認知過度活化（cognitive overactivation）」，你把注意力資源全塞給短期波動，反而對真正重要的事（像是產業基本面、財報趨勢、長線結構）失去敏感度。你像是拿放大鏡看地圖，結果走到哪裡都只看到一小塊，不知道全局。

讓 K 線退場，重新主導你的焦點

怎麼辦？不是叫你從此不看 K 線，而是學會「有界限的專注」。先問問自己：我現在是要找入場點，還是只是被盤勢

2.4　看K線看到走火入魔，其實是注意力崩壞

牽著走？如果你沒有明確目標，就先關掉報價畫面。可以設定「看盤時段」，例如早上開盤前 20 分鐘、盤中一次、收盤後整理一次，其餘時間請讓 K 線圖冷靜一下。

也可以建立「視覺焦點切換」機制，例如：

- 看完 K 線，必須搭配財報或新聞摘要一起分析
- 每看三分鐘技術線圖，就切換一次回顧策略筆記
- 每週安排一天「無 K 日」，刻意不開盤軟體練習脫離依賴

這些方法不是要讓你脫離市場，而是讓你重新掌握自己的注意力資源分配。K 線不是惡魔，它只是工具，但當你讓它成為主角，你就會被它帶著跑。

記住，你的注意力只有這麼多，用來盯紅綠跳動的秒差，不如用來判斷長期邏輯。別再當那個 K 線奴隸，市場裡需要的不是一直看盤的人，而是能看見盤後價值的人。

2.5 過度自信不是你的錯,是人類的 bug

為什麼你總覺得自己比別人聰明?

不管你是剛進場的新手,還是操作多年的人,有沒有發現一件事:你總是相信自己看得比別人準。看別人虧損會搖頭,覺得「這怎麼還看不出來要賣?」;看自己獲利一點點,就忍不住想:「我果然有一套。」這不是你自戀,是你的人腦預設模式。

心理學家早就發現,人類有一種叫做「過度自信偏誤 (overconfidence bias)」的天性,也就是我們傾向高估自己的能力、準確度與控制力。你考試前明明沒讀完書,但還是覺得自己會考得不錯;你看盤才兩年,就覺得自己差不多可以辦投資講座。這不只是你,是全人類的通病,根本就是系統錯誤。

自信爆棚,大腦反而關掉警報器

當你越相信自己對時,你的大腦其實反而會變懶。因為它不再啟動「懷疑模式」,而是切換成「自我證明模式」。你會特別注意那些支持你看法的資訊,忽略所有不利的證據,這

2.5　過度自信不是你的錯，是人類的 bug

是「確認偏誤（confirmation bias）」與「自利偏誤（self-serving bias）」的雙重陷阱：只看到你想看的、只記得你贏過的、只解釋對你有利的解讀。

例如：你覺得某檔股票未來一定爆發，就會只看它的利多新聞、只信網路上的好評，連走勢跌破支撐都能被你說成「洗盤」。這樣做雖然讓你感覺良好，但其實是把警報器拔掉了。等到市場真的反向時，你完全沒有心理預備，因為你從沒真正考慮過「我可能錯」。

你以為你在判斷，其實你只是想贏

投資過度自信的本質，不是資訊不足，而是你太想贏、太怕輸。你不是在評估市場走勢，而是在證明自己沒看錯。這時候操作就不再是分析結果，而是捍衛自我認同的戰場。你買的不只是股票，而是對「我是個聰明投資人」這句話的信仰票。

這就像你開車時不願意問路，因為承認迷路就是承認自己搞錯方向。在股市裡，你不願意認錯、不想停損、不肯改判斷，其實都不是因為你真的有新理由，而是因為認錯很傷自尊。這讓投資變成一場你跟自己面子的戰爭，而非一場理性賭局。

051

真正的高手,都懷著一點自我懷疑活著

那怎麼辦?不是要你變得沒自信,而是學會「有界限的自信」。你可以對策略有信心,但也要為每一個預測準備備案。你可以相信自己做功課,但也要定期檢討錯誤。你可以大膽下單,但也要謙卑面對市場。

最強的投資人,不是每天都贏,而是知道「輸了怎麼辦」的人。他們不會因為一兩次準就自封神操作,也不會因為市場一變就整個崩潰。他們的自信是來自對不確定性的認知——我知道我可能會錯,但我準備好了怎麼應對。

與其當一個自信滿滿卻常常撞牆的人,不如當一個小心翼翼卻能走得遠的人。記住,你的大腦天生有 bug,但只要你願意常按更新鍵,就不怕系統當機。

2.6 大腦討厭不確定性，所以你愛找名牌

你不是愛穩定，你是怕風險

很多人說自己喜歡「穩定的標的」、「大家都在買的股票」，聽起來像是一種審慎的理財態度，但實際上，你是在逃避不確定性。心理學上早就指出，大腦對於不確定的情況有天然厭惡感，這叫做「不確定性厭惡（uncertainty aversion）」。

當市場充滿變動、資訊混亂時，你會下意識去尋找一個「看起來很安全」的選項，而最容易讓你有這種錯覺的，就是──名牌。不論是大家都在談的股票、有媒體報導的大公司、還是老爸也聽過的品牌，只要名字夠響亮，你就會覺得它比較可靠，這不叫理性，這叫生存本能啟動。

名氣讓你放下懷疑，卻也放下警戒

品牌會讓人安心，是因為你不想再花力氣思考。「它是台積電啦，應該不會倒吧」、「大家都買這個 ETF，我也跟著買」這些話的背後，是你在告訴自己：「這不需要我分析，跟就對了。」這叫「認知簡化（cognitive simplification）」，是大

腦在資訊超載時的一種自我保護策略。

問題是，這種簡化也會讓你失去辨識危險的能力。你會忽略產業轉變、政策風險、財報異常，只因為那家公司「聽起來很穩」。你以為你在投資，其實是在交出主導權。你把風險交給了群眾，把決定權交給了名字，然後說服自己：「這應該不會出事。」但市場從來不管誰叫什麼名字，它只看現實數據，不看人氣指數。

不確定讓你焦慮，名牌讓你逃避

當你對未來感到焦慮，腦袋就會想辦法降低這種壓力，於是你會自動搜尋最熟悉的選項。這叫做「熟悉性偏誤（familiarity bias）」，人傾向選擇自己看過、聽過、接觸過的事物，哪怕它並不是最好的選擇。你不是覺得它最優質，而是你只想趕快結束選擇的痛苦。

而股票市場就是一個痛苦決策機器。標的太多、資訊太雜、意見太分歧，所以你大腦說：「拜託給我一個大家都同意的選項。」這時候，名牌就像止痛藥，讓你不需要深思熟慮，也不需要承擔責任感。萬一賠錢，你還可以說：「連它都跌，那我也沒辦法了。」這樣你就不用處理真正的不確定性，而只需要處理一點點後悔感而已。

2.6 大腦討厭不確定性,所以你愛找名牌

穩定不是看名字,是看內涵

如果你真的想追求穩定,請不要停在名字,要往下看它的本質。那家「大家都買」的公司,近三年成長如何?營收是否穩定?產業是否已經進入飽和期?領導團隊有沒有異動?當你願意多問幾句,你就能打破品牌迷思,真正看到風險與機會在哪裡。

市場永遠不確定,這是不會改變的事。但你的大腦可以學會用更成熟的方式面對這個事實。不要再追求「最穩的選項」,因為那不存在。你要追求的是:在每個選項裡,練習看到它的全貌,而不是只看它的商標。

名牌可以是參考,但絕不能是依賴。學會從不確定中找出秩序,而不是從秩序裡盲信安全,這才是投資大腦真正進化的起點。

2.7 錯過就焦慮，買了又後悔 —— 你只是正常人

錯過的懊悔，比真的賠錢還痛

你是不是有過這種經驗？某檔股票你觀望了很久，結果一沒注意就暴漲兩根漲停。你當下整個人崩潰，心想：「我早就該進的！」然後接下來幾天就開始懊悔、焦躁、甚至失眠。奇怪的是，那檔你根本沒買，也沒真的虧錢，為什麼會痛？

這就是「錯失恐懼（fear of missing out, FOMO）」和「想像性損失（anticipated regret）」聯手出擊的結果。你的大腦會把「本來可以賺到」視為一種損失，而人類對損失的敏感度遠高於獲利。心理學研究發現，一樣是 100 元，我們對「失去 100 元」的痛感，遠大於「賺到 100 元」的快感。

一買就跌，是因為情緒還沒退燒

還有一種更常見的劇情是：你終於忍不住追高買進，結果它馬上往下掉，跌到你心裡發寒。你心想：「我是不是反指標？」放心，不是你衰，是你中了「熱手謬誤（hot-hand fallacy）」和「後悔厭惡（regret aversion）」的連環招。

當市場上充滿樂觀聲音，群組都在講「這支會飛」，你的

2.7 錯過就焦慮,買了又後悔—你只是正常人

大腦會被情緒推著走,以為「再不上就來不及了」。你不是在判斷,而是在逃避未來懊悔的可能性。你怕自己錯過會懊悔,所以先買了,然後一跌又後悔得要命。這就是為什麼很多人買在高點,不是因為分析錯誤,而是因為「心理防衛機制」錯誤啟動。

焦慮與後悔,是人類設計的一部分

很多投資新手會以為:「我是不是心智不夠強?怎麼這麼容易焦慮與後悔?」但事實上,這些反應不是缺陷,是設計。人類大腦的演化就是為了讓我們避免風險與錯誤,所以會特別警覺「可能會後悔」的場景。這叫做「後悔預期理論(anticipated regret theory)」,它讓我們在做決策時,會優先考慮避免未來內疚感,而非追求最大利潤。

換句話說,你會焦慮,是因為你是人。你會後悔,是因為你的大腦在保護你不要犯一樣的錯。問題不是你太情緒化,而是你沒意識到這些情緒會自動接管操作。一旦你知道這些機制存在,你就可以學著不被它綁架。

接受正常,才能開始正常操作

投資不是情緒絕緣體,你會焦慮、會後悔、會怕錯過、會懷疑自己,這都再正常不過。真正的課題不是「讓這些情

057

緒消失」，而是「學會跟這些情緒和平共處」。你要做的，不是讓自己變得冰冷，而是讓自己有足夠的系統與機制，避免情緒主導決策。

可以試試以下做法：

- 每筆交易前寫下「我為什麼進場」，事後才能理性檢討而不是情緒發作；
- 設好「不追高原則」，只要某標的突破特定漲幅就先排除觀察名單；
- 練習「預想後悔」，也就是先想像自己如果買錯會多後悔、如果錯過又會多自責，幫助自己從情緒漩渦中拉出來。

你不是反指標，也不是特別玻璃心，你只是正常。而認清這一點，會讓你成為一個比絕大多數投資人更穩定的操作手。

因為只有知道「人就是這樣」，你才不會再被自己嚇到，也才真正開始學會：什麼叫做理性。

第三章
賠錢痛如失戀，
賺錢快感卻短得像限時動態

3.1 損失厭惡：
為什麼跌5%你想哭，漲10%你只笑一下？

賠一點就爆炸，賺很多卻沒感覺

你是不是有這種經驗？某支股票漲了10%，你只覺得「好像還不錯」，但只要它回檔5%，你馬上覺得世界末日快到了。奇怪，獲利金額比虧損還多，為什麼心情卻是反過來？

這就是行為經濟學中最知名的心理偏誤之一：「損失厭惡（loss aversion）」。由康納曼（Daniel Kahneman）和特沃斯基（Amos Tversky）提出，這個理論指出人對損失的痛感，遠遠大於對同等利潤的快感。你賺100塊會開心，但賠100塊的痛苦，大概是那個開心的兩倍以上。你的大腦為了保命，設計了一套「過度反應系統」，只要感知到損失，就會比實際情況還要恐慌。

跌一點點就想砍，是演化留下的機制

從演化角度來看，這種損失敏感是有道理的。遠古人類如果不夠警覺損失，可能就被野獸吃掉、失去食物、丟了性命。於是我們的大腦發展出「避免損失比追求獲利更重要」的

3.1　損失厭惡：為什麼跌 5%你想哭，漲 10%你只笑一下？

反射機制。這種機制沒錯，只是搬到股市裡就不太對勁了。

因為市場的本質就是波動，而波動本身不一定是壞事。有些回檔是正常的價格修正，有些震盪反而是機會。但損失厭惡會讓你一看到跌幅就立刻想逃命，不管它是不是你該逃的場面。你不是在操作市場，你是在逃避內心的壓力。

快感來得快，消失得更快

與此同時，你對獲利的感覺卻非常短暫。股票漲了，你會開心，但沒多久就開始想：「是不是還可以再漲？」、「要不要再加碼？」於是原本的快樂迅速消退，被更高的期待取代。這是因為你的大腦對於正向刺激會迅速習慣，心理學上稱為「快感適應（hedonic adaptation）」。

你獲利的那一刻會有快感沒錯，但這個快感不像損失一樣長久地影響你。反而變成一種壓力來源，因為你開始擔心「會不會吐回去」、「是不是還能撐更久」。這讓賺錢不再是快樂，而變成焦慮的起點。說穿了，你不是在賺錢，你是在追求一種永遠不會滿足的心理狀態。

承認不平衡，才有辦法平衡

你沒感覺，是因為你的感覺本來就偏。不是你不夠理性，而是你太過人類。與其試圖消除損失厭惡，不如先學會

與它共存。第一步,就是承認你本來就會對損失反應過度,對獲利感覺遲鈍。

接下來,你可以設計一套機制,來「平衡這種不平衡」。像是:

- 設定停利目標:不要等到沒感覺才賣,而是照預設好的點就執行
- 每次獲利記錄一筆心理日誌:幫助自己放大正向感受,不讓大腦忽略它
- 每當帳面虧損,提醒自己看長期趨勢而非短期價格

你改不了大腦的設定,但可以建立流程來中和它的偏誤。因為真正影響你績效的,不是市場跌多少,而是你的感受放大了多少。

投資從來不是一場「賺錢多寡」的比賽,而是一場「誰能在情緒起伏中活下來」的修行。

3.2 「還沒賣就不算虧」這念頭有毒

帳面虧損不是幻覺,是你心裡在自我麻醉

「我又沒賣,怎麼會算虧?」這句話你一定聽過、甚至講過。它聽起來像是一種冷靜與成熟,但實際上,它可能是你大腦最常使用的心理麻醉劑之一。因為只要你相信「虧損不是真的」,你就可以暫時逃避面對現實的痛。

這叫做「心理帳戶(mental accounting)」,是行為經濟學家理查‧塞勒(Richard Thaler)提出的概念,指的是我們會將錢分門別類地處理,導致錯誤的決策。例如:投資帳戶虧損我們可以裝作沒看到,但現金包裡掉了一張千元鈔卻會大爆炸。因為前者被放進「未實現損益」的心理抽屜,你就可以假裝它還不算真的損失。

不想賣,是因為賣了就得面對後悔

人不是怕賠錢,而是怕承認自己看錯。當你把一檔下跌的股票賣掉,就等於向世界也向自己承認:「我錯了。」這會引發強烈的「後悔厭惡(regret aversion)」,大腦會極力避免這種情緒,寧可讓帳面繼續綠著,也不願面對那個「你當初不該買」的事實。

這也是為什麼很多人寧願抱著虧損股不放，甚至還越跌越補倉。他們以為這是信仰，其實只是希望不要在錯誤發生的時候就蓋章收場。只要不賣，就可以告訴自己：「我還有機會翻身。」但市場不是安慰團體，它不會因為你有希望，就改變趨勢。

「不算虧」會讓你錯過真正該做的事

當你一直處在「還沒賣就不算虧」的模式裡，你的大腦會進入一種「暫停決策」的假象狀態。你會錯過停損時機、錯過重新布局的機會，甚至錯過重新學習的契機。因為你只想「等它自己變好」，但有時它根本不會變好，而你只是在拖延心理崩潰的時間。

這種行為叫做「沉沒成本謬誤（sunk cost fallacy）」，意思是因為你已經付出很多，所以更不想放棄。明明那筆投資已經無法回本，甚至已經偏離你的投資策略，但你還是放不下，因為你不想讓「曾經付出的一切」都白費。但現實是，繼續忍耐才會讓你的付出真的白費。

虧損無法避免，但逃避只會擴大

成熟的投資人不是不虧損，而是知道虧損出現時該怎麼應對。面對帳面虧損，你可以問自己三個問題：

3.2 「還沒賣就不算虧」這念頭有毒

- 這筆投資當初的邏輯還成立嗎?
- 如果今天沒買這檔股票,我會選擇進場嗎?
- 我是因為希望還沒死,還是因為策略還有道理才繼續持有?

當你願意誠實面對這些問題,你才會開始從「情緒帳戶」回到「現實判斷」。你才能把那個「等它反彈」的夢想,轉換成真正的資金策略。

你可以難過、可以猶豫、可以不甘心,但不要把「還沒賣就不算虧」當成你對市場的最後防線。因為那不是防線,那是讓你越陷越深的陷阱。

投資裡最成熟的話不是「我不會再虧錢」,而是「我知道什麼時候該認賠」。

3.3　帳上獲利太爽會讓人腦充血

賺錢那一刻，大腦跟嗑藥一樣爽

你是不是有過這種時刻？一打開帳戶，看到自己獲利20％、30％，突然覺得自己全身血液都通了，連呼吸都變順。那感覺像中樂透一樣，不只是賺到錢，更像是全世界終於承認「你有眼光」。但這種快感，正是你大腦開始出問題的時候。

心理學研究指出，當我們獲得報酬時，大腦會釋放大量的多巴胺，這是一種讓人感覺愉悅、興奮的神經傳導物質。你以為你只是高興，實際上你是在「神經性興奮」。這種過量快感會讓你判斷力下降、自信膨脹、風險意識下降，就像剛喝完兩杯威士忌還說「我超清醒」一樣。

自信爆棚，決策卻開始脫序

當帳面獲利太漂亮時，你很容易進入一種「我是股神」的模式。開始亂加碼、放大槓桿、甚至追高買入不熟的標的，因為你已經把「獲利」當成了自己能力的證明。這時你不是在投資，而是在玩心理補償遊戲。

這種現象叫做「自利偏誤（self-attribution bias）」，意思

3.3 帳上獲利太爽會讓人腦充血

是當你成功時,你會把功勞歸給自己;但失敗時,就怪市場、怪消息、怪美國升息。這種偏誤會讓你在獲利時變得盲目,覺得自己無敵,實際上是你情緒無限擴張,而理性早已下線。

一賺錢就放鬆警戒,是投資最大致命傷

人類大腦在感覺「安全」時,會自動放下風險防備,這是演化來的特性。以前我們吃飽後就不再注意外面有沒有猛獸,因為危機已解決。但在股市裡,這種特性會害死人。因為你一賺錢就鬆懈,下一秒就可能被回檔打臉。

你可能會錯估市場訊號、過度持倉、過早加碼,甚至忽略本來該停利的點。獲利本來應該是收割的時刻,卻變成你失去判斷力的開始。你不是輸給市場,而是輸給了那個沉浸在帳面數字的自己。你以為你在高點,實際上只是快感讓你誤以為還會更高。

冷靜,是獲利後最需要的操作

所以,當你看到自己的帳戶爆綠(這裡指正報酬),請先不要開香檳。給自己設一套「獲利後冷靜流程」:

- 設定預期獲利範圍,到點就分批獲利了結
- 每次帳上報酬超過目標,寫一段紀錄:「這筆獲利來自什

麼策略？是運氣還是分析？」
- 不在情緒高漲時做新的進場決策，讓自己冷靜 24 小時再動作

這些方法不會讓你少賺，但可以讓你少出錯。你會發現，真正穩定的投資人，不是那些每次都賺最多的，而是那些每次都知道什麼時候該停手、該調整的人。

帳上獲利的快感很迷人，但請記得，它是毒也是藥。吃太多會上癮，醒不過來的那一天，就是你把獲利吐光還外加賠上的時候。

3.4 預期痛苦讓你不敢投，預期快樂讓你爆倉

還沒賠錢你就先痛，還沒賺到你就先爽

人類的大腦不是靠結果做反應，而是靠「想像的結果」來決定要不要行動。你可能還沒下單，就已經預設「萬一我買了它跌了，我一定會氣死」；或者另一種狀況是，「這如果漲停我沒買，一定會後悔一輩子」，然後手一抖就全倉進場。

這種現象心理學上叫做「預期情緒偏誤（anticipated affect bias）」。也就是說，我們常常不是在面對實際的結果，而是在逃避或追求「預想中的情緒反應」。你怕後悔、怕痛、怕錯過，所以在還沒發生任何事前，就已經讓情緒決定了操作。這不是策略，這是情緒預演。

預期的痛，比實際的痛更有殺傷力

行為經濟學家指出，人們在做重大決定時，最怕的不是損失本身，而是損失帶來的心理痛苦。這也解釋了為什麼許多人即使知道一檔股票有潛力，仍不敢進場。因為你不是怕錢虧掉，你是怕自己「又做錯了」、「又選錯了」、「又輸給別人了」。

069

第三章　賠錢痛如失戀，賺錢快感卻短得像限時動態

這種預期的痛苦會讓你形成一種「行動遲緩症（action paralysis）」，你會陷在不停搜尋資料、反覆確認訊號、請益親友等過程中，就是不敢按下買入鍵。你以為你在做功課，其實你是在拖延「心理暴擊」的風險。

快感的預想，會讓你腦充血、手滑爆倉

另一種常見的現象是「預期快感暴走」。你可能因為某檔股票一根漲停、兩個利多新聞，就在腦中想像：「哇我如果現在買進，等它再漲三根就翻倍，財富自由耶！」接著不管三七二十一就重壓，還順便帶槓桿，因為你已經在腦內過了一次快樂的人生。

這是「樂觀偏誤（optimism bias）」與「報酬幻想（reward imagination）」的聯合作用。你會自動想像最美好的情境，並且高估它發生的機率。就像是幻想中樂透的你會怎麼花錢，但現實中你連號碼都沒對中。這種腦內演練會讓人失去風險意識，一旦結果不如預期，心理落差會直接摧毀理智。

把想像收回來，才有空間做決定

面對預期痛苦與預期快感，最實用的方法就是建立「情緒停損點」。什麼意思？就是當你開始出現以下想法時，就該按下心理暫停鍵：

3.4 預期痛苦讓你不敢投，預期快樂讓你爆倉

- 「這如果漲我一定會後悔一輩子」
- 「萬一我買它就跌，我會覺得自己超蠢」
- 「這一波不跟上，我會不甘心到死」

這些句子不是分析，是情緒訊號。當它們出現時，請你練習「延遲反應」，比如深呼吸三次、倒杯水再決定、甚至寫下一句話：「我現在是因為想像未來才焦躁的嗎？」這些小動作會讓你從情緒腦轉回理性腦。

投資不是一場幻想實現遊戲，而是現實裡的資源管理。你可以有想像，但不能被想像帶走。當你開始把「還沒發生的情緒」當成決策基準時，你就等於把駕駛座讓給了幻覺。

所以記得，虧損還沒發生前別先嚇垮自己，獲利還沒到手前別先衝到爆倉。你的大腦可以預演情境，但不能替你代打。真正的操作，應該發生在理性接手的那一刻，而不是情緒掌舵時。

3.5 我們其實不想賺錢,只是不想後悔

真正驅動你的,不是報酬,而是內疚恐懼

你以為你每天打開帳戶,是為了「賺錢」這件事,但實際上,大腦的行為驅動系統中,很多時候並不是對利潤的渴望,而是對「錯過」、「犯錯」、「看錯」的焦慮。心理學家指出,人類做決策時最在乎的不是報酬本身,而是「如果錯了,我會不會後悔」。

這種心態在投資中特別明顯。你不是在想怎麼賺最多,而是在想「萬一不買我會不會很後悔」、「萬一買錯了我會不會崩潰」。這就叫做「後悔預期(anticipated regret)」,是一種非常根深蒂固的人性本能。它讓你在還沒開始操作之前,就已經先在心裡排演過「失敗的情境」。

為了逃避後悔,你選擇最容易自我原諒的選項

行為經濟學研究指出,人們在做決策時,常會傾向選擇那個「就算錯了也比較不會怪自己」的選項。也就是說,你做的並不是風險管理,而是情緒管理。你買熱門股、選ETF、跟著市場趨勢,不一定是你真的相信它好,而是你知道「如

果錯了,大家一起錯,沒那麼痛」。

這種心理叫做「社會性後悔緩衝(social regret buffering)」,意思是我們會選擇那種就算失敗也能理直氣壯、不會被譏笑的方式。你以為自己是理性投資人,其實只是選了一個「失敗時比較能活得下去」的策略。你不是想贏,而是不想輸得太難看。

後悔恐懼讓你卡在原地,也會讓你衝過頭

更詭異的是,這種「為了不要後悔而操作」的心理,會讓你卡在兩個極端。要嘛一直不敢下單,怕一動就錯;要嘛一動就加碼到底,怕沒壓夠會後悔。你根本不是在評估機率,而是在內心進行一場「後悔風險模擬」。

而這個模擬一旦占據你的操作系統,你會發現你做什麼都不太對。錯過了後悔,進場了也後悔,賣了怕它漲,沒賣怕它跌。到最後你不是在做投資決策,而是在避開情緒爆炸點。結果就是你疲憊、焦慮,然後懷疑自己是不是根本不適合這條路。

認清後悔是常態,你才不會被它綁架

後悔是人類大腦裡最強大的情緒之一,我們沒辦法把它關掉,但可以學會怎麼跟它相處。當你承認「我就是會後悔」

這件事,你反而可以減少它對你的掌控力。

有幾個方法可以練習:

- 每筆交易後記錄自己當下的想法與情緒,讓你看見決策背後的驅動力是不是「怕後悔」;
- 寫下「最壞情況是什麼?我能承受嗎?」這能幫你把後悔的恐懼具象化,而不是想像化;
- 練習在每次進場前問自己:「我是想賺錢,還是只是怕後悔?」

當你越能辨識這些心理驅力,你就越有可能做出真正策略性的選擇,而不是被情緒拖著走。

投資本來就不是後悔絕緣體,但它也不該是懊悔農場。你不需要當完美操作的人,但可以成為一個誠實面對情緒、逐漸建立系統的成熟投資者。你不是真的想賺爆財富自由,你只是想在明天早上醒來時,能對自己說:「昨天的我,至少是清醒的。」

3.6 把錢當感情處理,你就輸了

投資不是戀愛,但你卻談得比誰都深情

你是不是曾經對一支股票死心塌地?明知道它營收轉差、技術線型崩壞、法說會內容也很虛,但你還是抱著不放。因為你心裡有個聲音說:「它曾經讓我賺過,我不能拋棄它。」聽起來像不像在談戀愛?

這就是我們常說的「情感投射(emotional attachment)」,也就是你不知不覺把金錢工具當成了有情緒、有歷史、有回憶的對象。你不是在看財務報表,而是在回味「它當年帶我飛」的甜蜜。於是你放不下、走不掉,最後陪它一起沉船。

情緒越濃,判斷越弱

心理學研究早就指出,人類在情感高度投入時,邏輯能力會大幅下降。這在戀愛時叫「愛情讓人盲目」,在投資時叫「非理性持有(irrational holding)」。當你對某支股票有強烈的歸屬感或忠誠心時,你的大腦會自動屏蔽掉負面資訊,因為你不想失去它。

這也會讓你出現「認知扭曲（cognitive distortion）」，例如：明明它跌破月線，你還說「這是洗盤」；明明財報不佳，你還說「是市場誤解它了」。你不是不知道事實，而是不願接受。因為一接受，就像承認愛錯人一樣痛。

你不是輸在市場，是輸在投射

把股票當人對待，會讓你陷入「角色錯位」。你開始用人際關係邏輯處理投資行為，例如：「它對我那麼好，我怎麼可以在它低潮時離開？」、「它都跌這麼多了，我現在賣太殘忍了吧？」這些語言如果出現在朋友身上也許值得鼓勵，但出現在資產配置上，只會變成災難。

這時候你已經不是在做策略性資產管理，而是在談一場不對等的戀愛。而且最糟的是──市場不會回應你。它不會因為你苦守寒窯而感動，也不會因為你虧很多就給你補償。你付出的深情，在這裡沒有保固，也沒有售後服務。

感情放錯地方，資產會先變成情緒債

投資該有紀律，而不是忠誠。你該忠於你的策略，而不是你的持股。當一支股票不再符合你的選股邏輯時，你要做的不是抱著它流淚，而是乾脆俐落地換手。因為你的資金是有限資源，情緒占太多位子，就沒空讓理性坐下來了。

3.6 把錢當感情處理，你就輸了

　　你可以回憶那些曾經陪你獲利的標的，但不要對它們抱有浪漫幻想。真正成熟的投資人不會迷戀過去的甜蜜，而是專注當下的數據與未來的潛力。你不是背叛那支股票，你是在對自己的資產負責。

　　記住：股票不是對象、不是朋友、不是戀人，它只是你投資邏輯中的一塊棋子。你要做的不是對它好，而是對你的策略誠實。

　　感情的事留給人生，投資的事就交給理性。如果你硬要把錢當感情處理，那最後感情會碎、錢也會跟著不見。

3.7 從報酬想像到人生翻盤,這念頭要小心

你不是想投資,是想逆轉人生

你是不是有過這種幻想?某天看見一支飆股,心中浮現:「如果我現在 ALL IN,它漲兩倍,我就可以辭職、環遊世界、翻轉人生了!」這種想法看似只是美好的願望,實際上卻是非常危險的「投資劇本幻想」。你以為你在分析報酬,其實你在編寫逃離現實的劇情。

心理學家稱這種行為為「幻想補償(fantasy compensation)」,當人們在現實中感到挫折、無力或卡關,就會在某個看似可能實現的管道中傾注大量期待。而投資,剛好是一個最容易承載這種幻想的領域。因為它有數字、有機會、有波動,看起來只要操作得當,就能把人生從後段班一路衝到榜首。但這種心態,會讓你進場不是為了利潤,而是為了「救贖」。

將獲利與價值畫上等號,是風險開始

當你不再只是想賺錢,而是想靠賺錢「證明自己有價值」、「讓別人刮目相看」、「打臉過去所有看不起你的人」,你

3.7 從報酬想像到人生翻盤,這念頭要小心

的投資動機就已經偏離正軌。你不是想要穩定報酬,而是想一夕翻身。這會讓你忽略風險、壓大倉位、亂用槓桿,因為你不是在操作資產,而是在下注自尊。

這種心理現象叫做「自我價值投注(ego investment)」:你把整個自我認同綁在一筆投資上。它成功,你感覺自己被肯定;它失敗,你懷疑人生。問題是,市場從來不是設計來幫你修補自尊的舞臺,它只是個統計機器,從不在乎你的夢。

投資不是劇本翻轉,它是持續修正

很多人以為,投資就是找到那一支神股,然後整個人生就像電影一樣大翻轉。這種「英雄神話模型(hero narrative)」源自我們從小對成功故事的想像,但現實不是那樣。真正穩定的財富從來不是靠一次大勝,而是靠數十次小勝與不爆炸的耐心。

你必須接受一件事:投資無法改寫人生,但它可以一點一點改善生活。你越快放下「靠投資逆轉命運」的劇情幻想,就越能真正進入策略、風險控管與資產配置的核心邏輯。人生的翻轉不靠單筆報酬,而是靠一次次清醒決策的累積。

把投資從夢中拉回現實

當你又開始浮現「這檔賺了我就可以怎樣怎樣」的想法時,請你問自己:

- 「我現在是在做操作,還是在編劇本?」
- 「我想要的是這筆錢本身,還是那個錢背後的夢?」
- 「如果這筆賺不到,我會覺得自己失敗嗎?」

這些問題會幫助你把投資從情緒層面拉回策略層面。你可以有夢,但不能讓夢主導倉位。你可以期待自由,但不能靠幻想建倉。投資不是你人生的奇蹟製造機,它只是你眾多人生選項中的一個工具。

記住,市場不欠你一場大逆轉,它只會回應你對風險與紀律的誠意。當你不再把報酬當成人生補償時,真正的獲利才會開始出現。

第四章
決策不是看準，
是選一個你不那麼怕後悔的選項

4.1
你不是在分析,你是在逃避選擇的痛苦

分析太久,其實是在拖延面對風險

你說你在研究、在比對、在觀察,事實上你可能只是在逃避一件事——做決定。心理學上有個概念叫做「決策迴避(decision avoidance)」,意思是人們面對選擇時,往往不是沒想法,而是太怕做錯。投資市場不缺資訊,缺的是「敢承擔錯誤」的心理彈性。

當你發現自己每天打開帳戶卻什麼都沒動作,或者一直把選股清單改來改去,就是這種逃避在作祟。你不是不知道怎麼做,而是怕選下去的那一刻,就必須承認:一切後果都是你的選擇。與其承擔那份責任,大腦選擇繼續比對、繼續分析,裝作自己還沒準備好,其實只是不想失敗而已。

大腦最討厭的不是風險,是不可逆

投資決策最大的心理壓力來自於「不可逆感」——你知道一旦下單,帳面就會有變動,那是無法撤回的事。心理學家稱這種狀況為「心理終局效應(psychological finality)」,也

4.1 你不是在分析,你是在逃避選擇的痛苦

就是我們對於「無法回頭的選擇」特別焦慮,因為它讓我們感覺喪失了控制感。

所以很多人會不斷拖延進場,因為只要沒買,就還有無限可能;只要沒選,就還可以說「我在觀察」。你不是在等對的時機,你是在維持選擇的開放性。只不過,市場不會等你感覺夠安全,它只會照自己的節奏前進。你以為你保留了自由,實際上你錯過了機會。

選擇焦慮不是沒選擇,而是太多期待

現代投資人面對的不是資訊不足,而是選項過多。每一檔股票、每一個標的、每一個策略都有可能對,也有可能錯。問題不在於判斷,而在於你背後綁著太多心理包袱。你希望這次選對、希望別人佩服、希望自己不會後悔。這些期待讓你在每個選擇前都感覺壓力山大。

這種狀態叫做「過度完美預期(perfectionistic expectation)」,會讓你每次決策都想要「一次到位、永不後悔」。結果就是每次都卡住,什麼也沒選。你不是在分析風險,而是在害怕承認自己可能會犯錯。你的大腦把選擇這件事變成了「價值審判」,一選錯就等於你不夠格。

第四章　決策不是看準，是選一個你不那麼怕後悔的選項

做決定不是承諾完美，而是接受不完美

如果你總是卡在選擇上，那你該練習的不是分析能力，而是「容許自己後悔」的能力。因為真正會讓你進步的，不是那個完美的選股，而是「做了→發現問題→修正→再做」的過程。你要的不是一次選對，而是一次次微調的勇氣。

試著練習以下方法：

- 替自己設一個「決策時限」，不要讓每個分析拖過24小時
- 把每次進場當成「假設驗證」，不是終局判決
- 練習記錄選擇後的心情，而不是只看績效

你不是要成為市場上最聰明的人，而是要成為那個可以在錯誤後繼續操作的人。投資從來不是關於誰選對得多，而是誰願意持續面對選擇的痛，還能不逃跑。

所以，下次當你又說「我再看看」的時候，請問自己：「我是真的還在分析，還是只是不敢面對選擇這回事？」

4.2 選股就像選午餐,永遠怕點錯

你不是沒主見,是怕錯過更好的

你有沒有站在便利商店冷藏櫃前,盯著便當看了五分鐘,最後拿了雞肉飯,又懷疑應該選牛丼才對?這不只是午餐選擇困難症,其實你在選股時也一樣。你不是不知道要買什麼,而是太怕買了這個、錯過了那個。投資裡這種心態叫做「選擇悔意(choice regret)」:每次做出決定,都自帶懷疑與惋惜。

心理學家指出,人類面對選項時,一旦有太多可能,就會開始焦慮自己「是不是選錯了」。這種焦慮不來自失敗,而來自於「想像中的更好選項」。你不是真的討厭眼前的標的,而是腦袋裡那個幻想的報酬更香。所以選股這件事,常常不是在篩選資訊,而是在處理你心中那個永遠不滿意的小劇場。

多選項不是自由,是壓力來源

在資訊爆炸的時代,每天有上百檔股票、無數篇分析文章、KOL 喊單、AI 選股、策略軟體,全部在告訴你「這個

好、那個更好」。結果是什麼？你每天都活在「可能錯過」的焦慮裡。就像餐廳菜單太厚你反而點不下去一樣，選項一多，你就無法動彈。

這叫做「選擇過載（choice overload）」，當選項過多，大腦不但無法做出更好決定，反而會降低滿意度。你會發現，明明照技術面選出的標的很穩，還是會突然想：「那個熱門標的好像更強耶？」然後改單、猶豫、焦慮。你不是選錯，而是被選項拖進了「如果我當初怎樣就好了」的思考陷阱。

總想等最完美的標的，你永遠不會進場

你以為你是在等待最好的進場時機，其實你是在追求一個不存在的完美選擇。你幻想有一天會出現一支「完全沒風險、百分之百獲利、技術線型超美、籌碼乾淨、消息面也好」的股票。然後你等啊等，等到行情過了，才說：「早知道我就……」

這是「最佳化詛咒（maximizer's curse）」的副作用：你越想選到最好的，就越無法接受「只是夠好」的選項。於是你一直在比、在選、在捨不得，最後什麼也沒動作。你不是沒眼光，而是眼光太執著。你不是不會選股，而是你沒辦法接受自己可能錯過其他機會。

4.2 選股就像選午餐,永遠怕點錯

接受「點錯」是成本的一部分

與其每次都在選股前崩潰,不如接受一個事實:就算今天選錯,也不代表你整體會失敗。市場是流動的,每一筆進出都是實驗,不是終局判決。點錯午餐頂多今天吃得不開心,選錯股票也一樣,不是砸鍋就是學經驗。

你可以試試這些做法:

- 限縮選項,每次只分析 5 檔標的,從中選一檔就好
- 設定「滿意進場條件」,達到就執行,不再繼續等待「更完美」的選項
- 練習做完選擇就不回頭,除非有新資訊,不要再懊悔「如果我早點買那支就好了」

投資不是選命中注定的唯一,而是持續做出「當下對自己最合理」的選擇。你沒辦法每次都點到最好吃的午餐,但只要你習慣點、敢承擔、能修正,就比那個永遠站在冷藏櫃前猶豫的人,走得更遠。

記住:選錯不是災難,不選才是。

4.3 你以為你謹慎,其實是拖延

每次都說「我再研究一下」,其實是怕決定

你有沒有發現,每當你快要按下買進鍵時,心裡總會冒出一句話:「再看一下好了。」表面上你是謹慎,其實你是在拖延。這種拖延不是懶惰,而是一種偽裝成「審慎」的恐懼反應。

心理學稱這為「戰略性拖延(strategic procrastination)」,也就是你明知道該做決定,卻用「還不夠了解」、「還要多收集資料」來拖時間。這不是你愛研究,而是你怕結果。因為一旦做了選擇,就代表你得為結果負責,而這正是你最不想面對的東西。

拖延讓你感覺安全,但也讓你一事無成

你說你在等更明確的訊號、等市場更清楚的走勢、等 K 線再確認一次。這些聽起來很合理,但久了你會發現:別人都進出三輪了,你還在原地等。

這種行為其實是大腦在製造「假安全感」。你感覺自己在做準備,其實什麼都沒做。你以為再觀察一下就會更有把握,但其實每多一天,你只是累積更多焦慮與自我懷疑。

4.3 你以為你謹慎,其實是拖延

真正的謹慎,是有條件、有期限的行動

謹慎不是拖時間,而是有紀律地行動。真正的謹慎,是你有自己的進出條件,有紀錄、有回顧、有調整。不是每次都說「等等看」,而是說「到這個價位我就不進場」、「這個消息不改變我就不加碼」。

你以為自己在做風險控管,其實你只是還不敢承擔結果。與其一直把「謹慎」掛在嘴邊,不如好好面對:你其實是怕錯。而怕錯不可恥,但讓怕錯控制你的每一次選擇,就會讓你錯過每一次應該成長的機會。

練習「有限謹慎」,才能有行動成果

要走出偽謹慎拖延症,你需要練習「有限謹慎」:設一個界線,給一個期限,在條件成立時就勇敢執行。

以下是幾個具體做法:

- 每次研究新標的時,設一個「最晚決定日」,到期就必須選擇:進場、放棄或延後觀察(並寫下原因);
- 把選股條件寫下來,若符合 3 個以上就視為可進場,避免無限等待「更好條件」;
- 每週檢討一次沒進場的理由,看看是條件沒到,還是自己又在拖。

第四章　決策不是看準，是選一個你不那麼怕後悔的選項

　　你可以謹慎，但不能藉由謹慎拖住自己的一切行動。投資本來就有風險，沒有一百分的進場點，只有你準備好承擔後果的那一刻。

　　記住：謹慎不是不動，是在該動的時候，知道怎麼動。

4.4 思考越多不一定比較聰明，反而更焦慮

大腦越忙，不等於越有效率

我們都以為思考越多代表越謹慎、越聰明。但事實上，大腦的計算資源是有限的，當你不斷重複同樣的思考迴圈，只會讓你更疲憊、更焦慮，卻不會讓你的決策品質提高。這種現象叫做「過度思考（overthinking）」，是一種表面努力、實際無效的行為。

當你一再思考「買這支好嗎？會不會套牢？要不要等等？」其實你並沒有在尋找新資訊，而是在反芻同樣的問題。這種反芻式思考（rumination）會讓你的焦點卡在風險的放大鏡下，不但影響情緒，還會降低大腦的創造性與執行力。

想太多是恐懼的偽裝，不是理性的證明

你以為自己很理性，事實上你是在焦慮。你不是在預測市場，而是在模擬各種災難：如果買了就跌怎麼辦？如果沒買就漲怎麼辦？如果帳面浮虧會不會很後悔？這些問題的背後，其實都是同一種心理：「我不想犯錯」。

第四章　決策不是看準，是選一個你不那麼怕後悔的選項

但市場本來就充滿錯誤與變動，沒有人能保證正確。當你被「避免錯誤」的焦慮綁住時，你的思考只會變成繞圈，不會產出決策。結果就是你一直想、一直比對、一直查資料，但該動的時候動不了，該執行的時候卻反而更慌。

資訊爆炸讓你覺得還不夠懂，其實只是焦慮中毒

現代投資人有個困擾：永遠覺得自己「知道的還不夠多」。KOL 說這支好，另一個專家說那支更有潛力；技術面看起來可以進，籌碼面卻不太妙；國際消息混亂，網路意見分歧。你就這樣掉進了資訊漩渦，越查越多，越知道越亂。

這種狀況稱為「資訊焦慮症（information anxiety）」，是一種被知識淹沒卻無法下決定的心理狀態。它會讓你對每個選擇都產生懷疑，甚至懷疑自己是不是根本不適合投資。你不是不夠聰明，而是你想知道的太多、想避開的太多，結果什麼也無法肯定。

訓練「夠用就好」的思考肌肉

要避免過度思考造成的焦慮，你需要的是「足夠原則（satisficing）」的訓練，也就是：當資訊、條件、邏輯達到一定標準後，就果斷做決定。你不是要求完美，而是要求「足

4.4 思考越多不一定比較聰明，反而更焦慮

以行動」。因為真正的聰明，不是知道全部的事，而是知道什麼時候該停下來。

以下是幾個具體練習方法：

- 設定每筆交易的「研究上限」，例如：三份分析報告＋兩種技術指標，就結束查找；
- 練習做「5 分鐘決策演練」：設計模擬情境，限時內做出操作判斷；
- 建立「風險容忍清單」，在做決定前寫下你可以接受的風險範圍，只要在清單內，就不再猶豫。

記住：思考是一種資源，不是用來逃避行動的藉口。當你陷入越想越亂、越查越煩的狀態時，不妨問自己：「這個問題，我真的在解決它，還是只是想藉由思考讓自己感覺比較安全？」

真正的理性，是知道什麼時候思考，什麼時候停止思考，然後行動。

4.5
買錯會後悔,沒買到也會後悔
──你要選哪種?

所有選擇,都會附贈一份後悔

你以為你做的是投資選擇,其實你在做「哪一種後悔你比較受得了」的選擇。買了跌,你後悔;沒買漲,你也後悔。這是投資市場中最殘酷的現實:沒有不會後悔的選擇,只有你願意承擔哪種後悔的代價。

心理學家指出,「後悔厭惡(regret aversion)」是人類做決策時的重要情緒動機。我們不是在找最佳答案,而是在努力避開未來可能讓自己自責的選項。於是你開始保守、不敢動作,或反過來情緒性進場,只為了避免「錯過」或「被自己罵」的情境。

每一次操作,
都是「哪個後悔你比較能接受」的測驗

你買進時,擔心它下跌你會後悔;你空手時,又怕它漲你會後悔;你設好停損,結果被洗掉又反彈,你還是後悔。那請問:你想逃去哪裡?市場沒有後悔保險,唯一能做的,

4.5 買錯會後悔，沒買到也會後悔—你要選哪種？

就是在每一次操作前就誠實問自己：「我比較能接受哪一種後悔？」

這不是悲觀主義，而是成熟的決策方式。你不能消滅後悔，但可以選擇哪種後悔你比較承受得住。像是：「我寧可買進它跌，也不要空手看它漲飛」；或「我比較能接受錯過一波漲勢，也不要面對帳面虧損」。當你選定自己偏好的後悔模式，你就能從恐懼中解脫，回到理性選擇。

不願後悔，才讓你做了更多會後悔的事

很多人說：「我不想以後後悔。」結果怎樣？越想不後悔，越容易做出衝動決策。因為你是被情緒推動，而不是邏輯判斷。你進場是為了避免錯過，而不是因為看好基本面；你賣出是為了逃避虧損，而不是因為看見反轉訊號。

這種行為反而更容易導致你真的後悔，因為它不是策略性的決定，而是「情緒反射」。所以你愈是說「不想後悔」，愈是把自己逼到一個無法接受任何結果的狀態。最終你變得更焦慮、更易怒、更難從錯誤中復原。

成熟的操作，是有策略地選擇後悔方式

真正成熟的投資人，不是不會後悔，而是「知道每次選擇都可能後悔，仍能帶著它繼續前進」。這意味著：

第四章　決策不是看準，是選一個你不那麼怕後悔的選項

- 在進場前，就先想好「如果它跌，我可以接受嗎？」
- 不追求無懈可擊的操作，只追求「長期來看是有效的行為模式」
- 停損不是懊悔，而是為了保留下次決策的空間

你可以怕虧錢，但不要怕後悔到什麼都不敢做。你可以後悔沒賺到，但不要後悔自己從沒嘗試過。你不可能每次都對，但你可以每次都準備好怎麼處理錯。

記住：後悔是投資的一部分，它不該被當成錯誤的標記，而是提醒你在意什麼。當你學會選擇你能承擔的後悔，你就真正擁有了做決定的自由。

4.6
市場裡沒有對與錯，只有你能不能睡好

對錯不是標準，感受才是指標

在學校裡，我們被教導要找出正確答案；在職場上，我們被要求做出對的決策。但在投資市場裡，「對與錯」根本不是衡量標準。你可以操作對了卻壓得太小賺不了什麼，也可以看錯方向卻因為風控做得好而平安下車。這裡不是考場，沒有所謂標準答案。

真正該問的是：「這樣操作，我晚上能睡得著嗎？」這不是開玩笑，而是非常務實的心理指標。市場不會因為你壓力大就給你好報酬，但你的身體會。當你的操作模式讓你晚上睡不好、白天焦慮、工作分心，那就算賺錢，也不是成功的投資。

有些策略再準，也不適合你

很多人喜歡問：「現在最有效的投資方法是什麼？」但這個問題其實沒有意義。對某人來說，有效率的是短線當沖；對另一個人來說，是每月定期定額。因為每個人對風險的容忍度、對不確定性的適應力、對虧損的承受範圍都不一樣。

第四章　決策不是看準，是選一個你不那麼怕後悔的選項

你不能只看報酬率，還要看「你能不能活得下去」。如果你因為看了K線三天不動就焦躁不安，那你可能不適合波段操作；如果你每次回檔5%就全身發抖，那你根本不該壓太大部位。你以為你在選擇策略，其實你在選擇一種心理狀態。

投資的最終報酬，其實是生活品質

有沒有人賺錢賺到家庭失和？有沒有人每天操作到血壓飆高、失眠爆痘？有，而且不少。因為我們太專注在績效，卻忘了投資應該是為了改善生活，而不是把生活變成績效的奴隸。

當你發現自己每天只剩下追報酬的念頭，連朋友邀你喝咖啡你都心不在焉、假日帶家人出門還在滑股價，那你該問的不是「這支股票對不對」，而是「我是不是已經失去了生活感」。賺錢的目的不是賺更多錢，是為了過你想要的生活。而這件事，沒有K線告訴你答案。

你要找的，是一種你活得下去的操作方式

所以，請放棄「我要做對每一筆」的執念，改成問自己：「我能接受這個操作的風險與節奏嗎？」你要的不是神操作，而是一種能讓你持續操作、持續生活、持續進步的節奏。

4.6 市場裡沒有對與錯,只有你能不能睡好

以下是幾個實用檢查點:

- 操作完後,你能安穩睡覺嗎?
- 賠錢的時候,你能接受結果,不責備自己嗎?
- 贏錢的時候,你會過度亢奮還是保持穩定?

如果這三題你都可以點頭,那就算你今天操作沒有賺最多,也是贏家。因為市場只是一段旅程,不是目的地。能走得長、走得穩、走得自在,才是最終勝利的定義。

記住:市場不會告訴你對錯,但你的睡眠會。

4.7 你根本不是在投資,是在試圖避免自責

所謂操作,其實是在為情緒找藉口

你自以為自己在做的是「風險控管」、「報酬最大化」,但事實上,你可能只是在拚命想辦法「不要讓自己失望」。買之前想的是:「萬一又看錯怎麼辦?」賣之前猶豫:「賣了它如果繼續漲我會不會自責?」整個過程看似分析,其實都是在避免一個東西——內心那句「你怎麼又做錯了?」

心理學上這叫做「自我責難預期(anticipated self-blame)」,是一種面對未知時常見的情緒防衛。人會本能地逃避一切會讓自己後悔、羞愧或感覺無能的選項。而投資,剛好是充滿這些情緒雷區的領域。你以為你在找勝率,其實你在找心理保險套。

情緒控管不到位,策略再好也無用

你設立的停損點、進出場原則、資金分配,看起來頭頭是道,但只要一接近紅字,你的手就開始發抖、腦袋浮現一堆過去的錯誤記憶。你不是怕賠錢,而是怕賠錢後被內心那個嚴格的自己罵到崩潰。

4.7 你根本不是在投資,是在試圖避免自責

這就像有些人出國旅遊前訂了超詳細行程表,結果一出機場發現天氣不好,整個人就崩潰了。不是因為沒有計畫,而是因為「承擔偏差」的能力太弱。投資市場就是那個天氣多變的世界,你不能只靠紙上談兵活下來,而要有處理突變情緒的韌性。

自責感會放大虧損,也會摧毀下一筆操作

當你把每一次操作結果都等同於「我是不是有能力」時,你的心理壓力就會無限上綱。虧一點點你就懷疑人生,賺一點點你也覺得「根本不夠證明自己」。

這種自責傾向會讓你過度調整策略、過度補救、過度依賴外部意見。結果是操作風格變形、節奏混亂、信心崩盤。你不是輸在技術,而是輸在情緒螺旋裡。

投資的核心是韌性,不是完美

想像你開車在蜿蜒山路,方向盤不可能一動不變。投資也是,你要的不是一次到位,而是不斷微調、不被小錯打垮的能力。與其追求每次都操作正確,不如培養每次錯誤後都能「有自信回來」的心理彈性。

這意味著:

- 接受「自責感」會出現,但不讓它操控你的決策

第四章　決策不是看準，是選一個你不那麼怕後悔的選項

- 把錯誤當作資料，而不是人格審判
- 練習寫下每次操作後的「情緒回顧」，而不只看績效報表

你不是在玩命運猜謎遊戲，也不是在為過去的自己贖罪。你是在做一件長期、反覆、理性與情緒共舞的事。

記住：一筆虧損最多損失的是金錢，但放任自責接手，你可能連判斷力與信心都賠進去。你不是在投資錯誤，你是在學習怎麼當一個不會被情緒打倒的操作者。

第五章
追高是人性，
殺低也是人性

第五章　追高是人性，殺低也是人性

5.1 人類的大腦天生設計來從眾

從眾不是缺點，是進化出來的生存策略

我們常把「從眾」當成一種軟弱、盲目的行為，好像只有不跟風才算有主見。但從心理學與神經科學的角度來看，從眾其實是大腦為了讓人類更快適應群體、降低風險所發展出來的自動反應。人類是群居動物，在演化過程中，跟著大家走往往能提升存活機率。古早時代，你看見族人往森林裡跑，本能反應是跟上，而不是原地思考。

這種演化遺產延續到現在的投資行為，就變成了「大家都買我也買」、「這支熱門我不能錯過」、「人家說會漲我也先壓一點」。你以為你是獨立判斷，其實你的大腦正在默默算「大家這樣做的風險比較低」。

腦中有一個「群體定位雷達」在作祟

從神經科學研究發現，人類大腦裡有一個專門負責偵測社會一致性的區域，稱為前扣帶皮質（anterior cingulate cortex），當你和他人意見不同時，這區域會釋放出壓力訊號，

5.1 人類的大腦天生設計來從眾

催促你「調整以符合大多數」。這就是為什麼看到大家在搶進某檔股票時，你會開始懷疑自己是不是太保守；當別人喊出要反彈時，即使你本來打算空手，也會忍不住打開券商 App 看一下盤。

這不是你沒定性，是你大腦還沒進化到適應資訊超載的現代市場。從眾其實是一種心理短路，讓你在資訊太多時快速找出「大家怎麼做」來降低判斷成本。可惜的是，市場不獎勵「跟大家一樣」，它獎勵的是「有紀律的異類」。

從眾會讓你短期舒服，但長期痛苦

你跟著群眾操作的當下，通常是最有安全感的時候。媒體在報，群組在聊，社群上滿滿都是「買這支就對了」，你會覺得「這次穩了」。但真正的市場高點，往往就是大家最有共識的時候。而低點，則是大家一片悲觀、不敢進場時。

這種從眾導致的誤判，會讓你追高、殺低、踩在最熱點爆炸的那一秒。你不是不知道要風險控管，而是大腦在那一刻幫你按下了「跟上別人才安全」的緊急按鈕。你以為自己做錯，是因為技術不夠，其實只是大腦為了讓你在群體中看起來「不奇怪」，犧牲了長期報酬。

第五章　追高是人性，殺低也是人性

練習當市場裡的「正常邊緣人」

你不需要每一筆都跟市場唱反調，也不是要當逆風英雄。你要學的是如何辨識「從眾反應啟動」的時刻，並設法讓自己在那一刻不被帶走。這包含：

- 當看到熱門標的被狂推時，問自己「這筆操作是因為訊號還是因為群體？」
- 若有 FOMO 感（怕錯過）升起，先暫停操作 24 小時
- 練習寫下「我為什麼做這筆交易」並冷靜檢視其中是否帶有社交壓力

你可以從眾沒錯，但要知道什麼時候該停。你可以不孤獨，但不要盲從。投資從來不是比誰熱情，而是比誰能在群體喧囂中，還能聽見自己策略的聲音。

記住：市場裡，大多數人之所以虧損，不是因為沒看懂趨勢，而是因為他們從來不曾真正做自己的選擇。

5.2 新聞不是資訊，是情緒傳染媒介

新聞不是來讓你冷靜，是讓你焦躁的

你以為你每天打開新聞、追財經頻道，是為了「獲得更全面的資訊」，但實際上，大部分新聞的目標不是提供資訊，而是提供「情緒」。因為情緒比數據更吸睛，也更容易讓你每天回來點閱。

研究顯示，我們對負面消息有更高的注意力傾向，這被稱為「負面偏誤（negativity bias）」。所以新聞標題總是用「暴跌」、「慘綠」、「蒸發百億」來下標，內容也用極端案例或K線崩塌畫面來包裝。你以為你在獲得洞見，其實你在吸收焦慮。

財經新聞的邏輯不是理性，而是劇情

一支股票漲了，新聞就會找理由說它「受惠政策利多」；隔天跌了，又說是「市場提早反映利空」。你會發現，新聞不是在解釋市場，而是在寫一部又一部「後設劇本」。這種做法叫做「敘事偏誤（narrative bias）」，人腦喜歡有頭有尾的故事，而不是沒情緒的數字。

第五章　追高是人性，殺低也是人性

所以你看到的是劇情，不是邏輯。這些故事會強化你的某些情緒：怕錯過、怕崩盤、怕沒跟上、怕別人都賺了你沒賺。你不是被訊息影響，而是被情緒帶著走。當這些情緒一湧而上，你就會忍不住進場、加碼、砍單、追高。

情緒一進來，理性就會自動下線

你或許曾經發現，自己看完新聞後更焦躁、更急躁、更難安靜分析。這不是你不夠冷靜，而是新聞成功讓你進入「情緒模式」。腦科學研究指出，當我們處於情緒高張狀態時，前額葉皮質的理性判斷區會功能降低，而杏仁核這個掌管恐懼的區塊則活躍起來。

也就是說，你不是變笨，而是你的大腦在「緊急模式」下改變了決策路線。你以為你是因為盤勢變化才焦躁，其實是新聞把你拉進焦躁模式。這種焦躁不會讓你避開風險，只會讓你在錯的時間做錯的事。

學會過濾，不要讓情緒外包給媒體

你不需要變成斷絕新聞的人，但你要有「媒體識讀的肌肉」。這代表：

- 看到極端用詞的標題時，先問：「這是事實，還是渲染？」

5.2 新聞不是資訊,是情緒傳染媒介

- 每天只允許自己花 10 分鐘快速掃過財經消息,不進入情緒反應
- 記得新聞永遠是「事後解釋」,不是「事前預告」

投資不是資訊收集競賽,而是情緒管理馬拉松。你不是比誰看到更多新聞,而是比誰更不被新聞牽著走。

記住:新聞不是市場的眼睛,而是市場的擴音器。你要聽的是數據背後的邏輯,而不是情緒堆疊出來的雜訊。

5.3
別人賺錢你就想跳進去,其實你怕錯過

看到別人賺,你腦袋的 FOMO 按鈕就亮了

朋友聚會有人提到:「我那檔股又漲停了耶」,你原本坐得好好的,突然心癢起來,忍不住想打開 App 查一下盤勢。你不是看不懂風險,而是「怕錯過」的情緒一湧而上,整個人被拉進一場名叫 FOMO(fear of missing out)的心理劇裡。

這不是個人的弱點,而是群體生活下的本能反應。從演化的角度看,人類會注意同伴的「發現與收穫」,因為那可能關乎生存資源。只是現代沒有獵物,只有 K 線與討論群,但你的大腦還是用原始方式回應,別人有收穫,你就本能覺得「我也要趕快去挖一份」。

FOMO 的情緒,會讓你進場時根本沒看清楚

當 FOMO 情緒啟動時,你進場不是因為看到基本面、技術面或消息面有支持,而是因為「別人都賺到了,這次我不能再錯過」。你不是進場,你是在逃離「沒跟上」的焦慮。這種心態讓你買得更快、加碼更重,風控更鬆。

心理學上這叫做「社會比較驅動(social comparison driven

5.3 別人賺錢你就想跳進去,其實你怕錯過

behavior)」,當你發現自己「落後他人」時,大腦會產生焦慮與補償衝動。你想要追回差距、證明自己也跟得上、洗刷之前的錯過感。結果是,你進場的那一刻,往往是別人準備出場的時候。

市場的熱點,是散戶心中最危險的地方

熱門股票之所以熱門,往往是因為漲了一段,有很多人進來推波助瀾。但市場從不保證「熱度」等於「未來報酬」。你看到的不是一個機會,而是一群人已經搶先進場製造出來的泡泡。

但你還是會忍不住,因為人性不希望自己落在隊伍後面。這種心態會讓你在該冷靜觀察時選擇躁進,在該退場時選擇追價。你不是沒紀律,而是 FOMO 把你的判斷力暫時接管了。

練習「延遲反應」,才能脫離 FOMO 迴圈

你無法根除 FOMO,因為那是天生的。但你可以練習辨識它、延遲它、回應它。當你發現自己被別人賺錢的消息搞得心癢難耐時,請先做以下三件事:

- 寫下「我現在想進場的理由」,看這理由是來自邏輯還是情緒

第五章　追高是人性，殺低也是人性

- 給自己一個 24 小時冷靜期，隔天再看這筆交易合不合理
- 記錄自己因為 FOMO 進場的歷史績效，提醒大腦「衝動通常代價很高」

記住：你不是非得參加每一場派對才能成功，有時候最厲害的人，是能在熱鬧中淡定離席的那個。市場上永遠會有人賺錢，但那不是你該起舞的訊號，而是你該更冷靜判斷的時刻。

5.4 群體裡面沒人想當最慢的，但你可能正好是

投資不是賽跑，但你卻總覺得在落後

你有沒有這樣的感覺？看到股市大漲、群組裡一片慶功聲，有人漲停鎖死、有人翻倍出場，而你還在帳面上微紅或持平，內心不禁冒出一個聲音：「是不是我太慢？是不是我該加快腳步了？」

這種感覺，其實是「相對速度焦慮 (relative speed anxiety)」，是一種你在意自己在群體中的「進展速度」的情緒狀態。就像跑馬拉松時，明明你配速合理、狀態穩定，但一被人超車就想加快步伐，完全忘了原本的節奏。

你以為你在比績效，其實你在比存在感

人類有一種天性，叫做「被看見的渴望 (need for visibility)」，當你看到別人在炫耀績效、公開對帳單、貼出獲利圖，你不是單純羨慕他賺了錢，而是潛意識裡覺得：「我是不是在這場遊戲裡不存在？」

這種情緒會驅動你做出「我也要來一筆」的決策，並且不自覺提高交易頻率與風險承擔。你以為你在追報酬，實際上

第五章　追高是人性，殺低也是人性

是在尋找群體認可與心理定位。你不是怕賺得少，你是怕顯得「不像投資人」。

趕路不等於進步，有時只是迷路更快

在這樣的焦躁情緒驅使下，你可能會開始追高、縮短投資週期、減少分析時間、壓大倉位，只為了「跟上別人的節奏」。但這些動作不是策略調整，而是心理補償。

這叫做「群體追逐效應（herd acceleration bias）」，在牛市特別明顯：你會發現自己不是因為看到什麼利多，而是因為怕成為最後一個才衝進去的人。結果是，你跟到的是末班車，還沒坐熱，就被甩下車。

找到自己的節奏，才不會被別人的節奏拖垮

你要做的，不是趕上每一波行情，而是建立一套「我舒服、我睡得著、我能長期執行」的投資節奏。這意味著：

- 接受自己有時候進場會比別人慢，但那是經過確認後的動作
- 不再把「我是不是太慢」當成檢討，而是當成自我風控的成功指標
- 練習在看到別人獲利時，祝福對方，而不是讓自己焦慮

5.4 群體裡面沒人想當最慢的,但你可能正好是

你可能正好是群體裡看起來最慢的那一個,但沒關係,只要你不是走歪的那一個。市場不是百米衝刺,而是一場長跑,你需要的不是加速,而是能撐到最後的節奏感。

記住:最快的不一定走最遠,最吵的也不一定最準。找到自己的速度,才是真正的投資節奏。

5.5 市場狂歡時你按不住手，市場崩時你按不住逃

市場熱起來，你的手指就開始發癢

當盤面一片紅，社群充滿「漲停鎖死」、「續創新高」、「再不買就來不及」的聲音時，你會發現自己手指蠢蠢欲動。不管你本來有沒有計畫、分析或策略，那種熱烈的氛圍會像音樂節一樣，把你的理智蓋過去，只想跳進去湊熱鬧。

這是一種「群體情緒放大效應（emotional contagion）」，當你身邊的人都在興奮，甚至在狂歡，你的大腦也會釋放多巴胺，自動預設「這是一個值得期待的機會」。你不是看到什麼利多，而是被整體氛圍帶動。此時進場，不是出於策略，而是「我不能錯過派對」。

市場一跌，你的理性就跟著斷線

相反地，當股市崩跌、綠油油一片、新聞標題寫著「千點重挫」、「恐慌性殺盤」、「資金逃出」，你原本說好要長期持有的標的，突然就變得「好像還是先賣比較安全」。

5.5 市場狂歡時你按不住手，市場崩時你按不住逃

這就是「恐慌性賣壓（panic selling）」的典型心理。你不是不相信公司基本面，而是在資訊與情緒轟炸之下，產生了一種「再不跑就來不及了」的集體焦慮。你的操作再也不是基於理性分析，而是源自逃命本能。

市場不是在考驗誰聰明，而是誰能穩住

投資的最大敵人不是市場波動，而是你的手會在什麼時候「自己按下去」。你可以很會選股、很會看線，但只要你在市場狂熱時追加，在市場恐慌時砍單，那你賠的從來不是知識，而是情緒失控的代價。

穩住自己的節奏，是市場裡最難的修練。你不是要成為不受影響的機器人，而是要練習辨識「現在是市場的聲音，還是我自己的聲音」。真正成熟的投資者不是沒情緒，而是知道什麼時候該讓情緒噤聲。

練習「情緒前置」，才能不被市場牽著走

如何避免這種「高點追、低點砍」的循環？關鍵在於預先設定好「情緒感應點」與「動作觸發條件」，也就是：

- 在進場前就寫好自己的停損與停利邏輯，而不是當下才想；

- 設定市場高漲或重挫時的行為守則,例如:「今日漲逾 8%,不加碼」或「跌破 XX 點不急出場,先觀察三日」;
- 每次操作後,記錄當下情緒與是否有偏離原則,建立自己的「情緒錯誤圖鑑」。

投資不是讓你去配合市場起舞,而是學會在音樂變快時不亂舞,在鼓聲變沉時不落跑。你該按下的不是情緒驅動的交易鍵,而是規劃過的行動藍圖。

記住:市場會一直變,但你不能跟著起舞亂跳。穩定,不是慢,而是知道什麼時候不該亂動。

5.6 為什麼大家喊多你也信？因為你想要歸屬感

你不是相信，而是想跟別人一樣

你以為你會被「喊多」打動，是因為那些人說得有邏輯、有分析、有數據。事實上，大多時候你不是在被說服，而是在「尋找一種歸屬感」。你想像一下：當所有人都在熱烈討論某支股票、某個產業，你如果一點反應都沒有，會不會感覺自己像外人？

心理學家稱這種心理為「社會認同需求（need for social validation）」，也就是我們天生渴望在群體中獲得認可與連結。而在投資這種孤獨又高風險的場域，這種需求會變得特別強烈。你不一定真的相信喊多的內容，但你想要相信「我跟大家在一起」。

歸屬感讓人忘記風險，只記得認同

當你身處於一個不斷強調「再不上車就來不及了」的環境時，你會開始懷疑自己的判斷：「是不是我太保守？是不是我錯過什麼？」這種懷疑會讓你開始慢慢靠攏群體，壓抑自己原本的風險警覺，只為了不要顯得太格格不入。

第五章　追高是人性，殺低也是人性

這叫做「群體趨同壓力（conformity pressure）」，它不是要你真的認同內容，而是要你「不要反對大家」。於是你會開始轉貼文章、附和熱門觀點、跟單操作，甚至幫自己找理由：「反正基本面也不錯啊。」但那個當初說要理性、要紀律的你，其實早就不見了。

被群體接納的感覺，有時比賺錢還上癮

很多人在投資市場裡，不只是追求報酬，而是追求「被看見」。當你買進大家都在講的標的、發文後被留言按讚、在聊天室裡獲得肯定，你的大腦會釋放獎勵物質（如多巴胺），讓你產生正向強化。久而久之，你會潛意識將「被認同」當成「做對了」的證明。

但市場不會因為你在社群被讚爆而給你紅包，也不會因為你附和大家就比較寬容。市場只會根據邏輯與資金流動給出結果。你在群體裡找到的安慰，很可能會變成你帳面上的災難。

成熟的投資者
懂得「情感歸屬」與「判斷獨立」要分開

你可以擁有投資同溫層，但不能讓這個圈圈取代你的分析能力。以下是幾個自我提醒的方法：

5.6 為什麼大家喊多你也信?因為你想要歸屬感

- 問自己:「我現在相信這支標的,是因為它本身,還是因為大家都說它好?」
- 列出你進場的三個具體理由,不能包含「這支最近很夯」或「某某人也在買」
- 練習自己先做分析,再去看市場評論,避免順序顛倒導致被帶風向

你需要的是歸屬感沒錯,但那個歸屬感應該來自「我有一套我信任的策略」,而不是「我和大家一樣的標的」。

記住:真正的安全感,不來自喊多的聲音,而來自你能獨立做決定、並承擔結果的底氣。

5.7 你的風險承受能力不是 Excel 決定的，是孤單時候的膽子

表格裡的風險容忍，不是現實的你

你曾經填過那些風險評估表嗎？問你願意承受幾%虧損？願意投資幾年？目標報酬是多少？你可能在螢幕前心想：「我應該可以接受10%的下跌吧！」於是你勾了「中度風險偏好」，開始進行理論上應該可以承受的配置。

但當那個10%真的出現在你帳面上時，你的手心冒汗、腦袋混亂、晚上睡不著。你發現，那份 Excel 表裡的「風險承受度」，其實只是你當時在冷氣房裡的一種理想人格想像，根本不是你真實的心理反應。

真正的風險承受力，是你孤單時的心理耐震等級

市場下跌時沒有人安慰你，社群靜悄悄，新聞一片恐慌，那時候你會發現：「原來承擔風險，是這麼孤單的事。」你不是被數據嚇倒，而是被「只有我在虧」的感覺拖垮。

5.7　你的風險承受能力不是 Excel 決定的，是孤單時候的膽子

人在孤立、資訊不對稱或沒有群體支持的情境下，對風險的體感會被放大。這種體感不是你事前能預測的，而是需要真實經歷後才能校準。

你的膽子，不是看報表，而是練出來的

所以你該問的不是「我能不能承受 20% 的跌幅」，而是「如果市場崩了，我身邊有沒有可以討論的人？我能不能獨立判斷而不被情緒帶走？我能不能在帳面綠油油的時候繼續過正常生活？」

真正的風險承受能力來自「情緒的反覆鍛鍊」，而不是「紙上風險模擬」。你每經歷一次震盪、一次失眠、一次自我懷疑，卻沒有砍在最低點，那就是你心理資本的一次升級。你的膽子，是被一次次市場修理過後還能站起來的韌性養出來的。

建立「心理風險圖」，而不是只是 Excel 配置圖

與其再調整你的 Excel 表格，不如建立一張屬於你的「心理風險圖」：

- 記錄你在各種市場狀況下的情緒反應（恐懼、躁進、麻木、興奮）

- 標示出「哪些情況讓你容易做出錯誤決策」
- 找出「哪些行為能幫你穩定情緒」：關 App、寫筆記、找人聊天、運動等

這張心理風險圖會比任何一份風險問卷都更真實。因為它不只反映你能承受多少虧損，而是讓你知道在情緒風暴來臨時，你該怎麼讓自己站穩不倒。

記住：市場的波動會一直在，但你的心理底盤能不能穩住，才是你是否能長期活下來的關鍵。不是看你 Excel 裡怎麼填，是看你心裡有多強壯。

第六章
控制自己的情緒，
是你能學的最強投資技巧

6.1
情緒不只是感覺,是你決策時的駕駛座

你以為你在想,其實你在感覺

投資的時候,你是不是常說:「我覺得現在可以進場」、「我有預感這支會動」、「我不太安心所以先賣掉好了」?這些看似理性包裝過的話語,其實都是你情緒在開車、理性在當乘客。心理學家安東尼奧·達馬西奧(Antonio Damasio)曾指出:「沒有情緒,沒有人能做出決定。」這句話顛覆我們對「理性決策」的幻想——情緒不是阻礙,而是決策引擎。

你的大腦在接收市場資訊時,首先活化的區域往往不是前額葉(分析邏輯區),而是邊緣系統,尤其是杏仁核(掌管恐懼與威脅感知)。也就是說,你還沒分析完那根 K 線,身體已經先感受到「危險」或「期待」。情緒不是結果,是開場白。

情緒決策不代表錯誤,但需要被看見

情緒不代表不理性,錯的是你讓它「假裝是理性」。你可以因為恐懼賣出,也可以因為希望買進,只要你清楚「我現在做這個決定,是因為我在害怕/焦慮/貪婪」。真正的問題在於:你沒意識到情緒已經坐在方向盤上,而你還以為是自

6.1 情緒不只是感覺，是你決策時的駕駛座

己在開車。

市場資訊密集到讓人難以消化，而你的大腦為了快速反應，就會大量依賴情緒捷徑（emotional heuristics）。這些捷徑會幫你快速判斷「危險」、「機會」、「要快跑」，但代價是：容易誤判、過度反應、或追高殺低。你不是不會判斷，而是情緒搶在你前面做了決定。

控制情緒不是壓抑，而是重新排位

許多人誤以為「控制情緒」就是「完全不被影響」，但這不切實際。你不能關掉情緒，只能訓練它坐在對的位置——不是駕駛座，而是副駕。讓它陪你、提醒你，但不能讓它開方向盤。

這需要你練習自我覺察：

- 每次操作前問自己：「我現在的情緒狀態是什麼？」
- 判斷這個情緒是源自市場訊號、生活壓力，還是過去經驗的殘影？
- 如果發現自己在情緒高張時，先暫停操作，不做重大決策

這些練習不是讓你變成無感機器人，而是讓你有能力在情緒波動中保持自我主導權。情緒依然存在，但你不再被它推著走。

第六章　控制自己的情緒，是你能學的最強投資技巧

情緒駕駛課，是你在市場活下來的保命班

真正能長期活在市場裡的人，從來不是最精明的，而是最知道如何和自己的情緒共處的。你不是要成為無懈可擊的判斷者，而是成為一個「知道何時該煞車、該轉彎、該休息」的情緒駕駛員。

以下是三個你可以開始練的情緒駕駛小功課：

- 建立「情緒日誌」：每天簡單記錄投資情緒與原因（例如：「今天看到別人賺錢感到焦慮，忍住沒加碼」）
- 使用 1～10 分評分自己每日交易信心與情緒壓力，建立自我心理圖譜
- 練習做「情緒備忘卡」，在情緒波動時翻出：「這不是第一次市場震盪，我過去怎麼應對的？」

記住：你不是被情緒打敗，是你沒給情緒一個正確的位子。把它從駕駛座請下來，你才真正開始主導你的投資旅程。

6.2 FOMO、FUD、FOJI：你被幾種情緒輪流支配？

投資市場裡，情緒的輪盤從不停止

你今天看盤時是怕錯過（FOMO），還是怕崩盤（FUD）？還是根本什麼都沒做，只是在手機前焦慮自己沒參與（FOJI）？投資市場就像一場大型情緒搖臺賽，不同情緒輪流上場，每一種都可能主導你的行為。你以為你做的是策略調整，其實你只是在跟著情緒轉。

這些簡稱其實背後都有心理學基礎。FOMO（fear of missing out）是「錯過焦慮」，FUD（fear, uncertainty, doubt）是「恐懼、不確定與懷疑」，FOJI（fear of joining in）則是「怕一買就被套」。這三種情緒會依據市場氛圍和你最近的績效狀態輪流控制你，讓你一會兒躁進、一會兒退縮，永遠找不到自己的節奏。

FOMO：不是你想賺錢，是你怕別人都賺了

FOMO 的爆發點通常是別人賺了你沒賺。你看到朋友貼出對帳單、社群在熱議某檔股票，自己卻還在觀望，就會開

始懷疑:「是不是我又錯過什麼了?」你不是進場買股票,而是買一種「不要被甩下車」的感覺。結果往往是買在高點,然後懊悔為什麼不早點進。

這種情緒根植於「社會比較理論(social comparison theory)」,我們會不自覺地用別人的成果來衡量自己的價值。一旦你發現自己落後,就會產生補償性衝動。這時做出的決定,不是基於風險評估,而是為了緩解那個「我怎麼落後大家」的痛感。

FUD:市場一抖,你就先閃再說

FUD 是大腦裡的危機感知系統失控運作。每當有利空新聞、政策消息、市場震盪,你的腦袋就會冒出:「是不是要大崩了?是不是該賣了?」這時候你不是在分析趨勢,而是在保命。

我們會把未知的風險感受放大十倍來反應。問題是,這會讓你變得神經兮兮,一風吹草動就砍單,錯過反彈,也錯過合理的獲利機會。

FOJI:你不是怕虧錢,是怕買了就倒楣

FOJI 很微妙,它不是 FUD 那種恐慌,也不是 FOMO 那種衝動,而是一種「很想參與、但怕我一買就跌」的矛盾感。

6.2　FOMO、FUD、FOJI：你被幾種情緒輪流支配？

你會一直觀望、一直想等個「最好時機」，結果常常等到行情已經過了。

這種情緒源自「後悔預期（anticipated regret）」，你不是在規避風險，而是在逃避未來自責的痛苦。你不是想做對，而是不想萬一做錯就怪自己笨。結果你成了永遠的旁觀者，什麼都知道，卻什麼都沒做。

情緒轉盤不停，但你可以學會不下賭注

你無法避免這些情緒，但你可以練習辨認它們，並在它們來襲時按下暫停鍵。以下是幾個實用策略：

- 每次做決定前問自己：「這是 FOMO、FUD 還是 FOJI 在說話？」
- 為三種情緒各設一個「標準操作反應」：FOMO 時不加碼、FUD 時不砍單、FOJI 時限時 48 小時內做出決策
- 寫一份「情緒手冊」，記錄過去每次情緒操作後的成果，提醒自己不要重蹈覆轍

記住：市場的確變化多端，但你真正的對手不是它，而是你每天不同的自己。把每一次情緒看成一個客人，來了就請它坐旁邊，不要讓它開車。你才能真正開始控制自己的操作節奏。

6.3 早盤興奮、午盤焦慮、尾盤崩潰：不是市場的錯

情緒有時段，市場只是背景音樂

你以為自己是根據市場波動做決策，但仔細觀察，每天的情緒變化其實早就內建成一套固定流程：一早開盤氣勢如虹，你滿懷期待；到了中午盤勢卡住，你開始懷疑人生；到了尾盤，盤勢震盪加劇，你幾乎想砍單收工。這些反應不是市場害你的，而是你每天的情緒排程自動啟動。

根據行為經濟學研究，人們的情緒狀態會隨著時間自然起伏，尤其在投資決策這種高壓情境中，這種節奏會被市場放大。你以為你是隨勢而為，其實你只是每天照著「盤中情緒時鐘」在走。

早盤的希望感，是你心理上「想重啟」的反射

早上開盤，就像每天重開一次人生，一切歸零的感覺會給人一種「我今天可以翻盤」的錯覺。這種早盤興奮感並非全然來自市場機會，而是來自「心理重啟效應（fresh start effect）」。這是人類面對新的一天、新的一週或新的一年時，

6.3 早盤興奮、午盤焦慮、尾盤崩潰：不是市場的錯

會本能地產生改變行為的衝動。

所以早盤你特別樂觀、特別敢衝，也特別容易忽略風險。你不是特別聰明，而是被一種「今天一定不一樣」的心理催眠了。

午盤焦慮來自「資訊過載」與「預期偏差」

午盤是最容易動搖的時段。早盤的預期若未實現、手中持股漲勢放緩或盤勢橫盤，你的大腦會開始產生資訊過載（information overload）與決策疲勞。這會讓你進入一種「是不是我今天又看錯了」的自我懷疑循環。

同時，午餐後的生理變化也影響大腦判斷力。研究發現，人在吃飽後血糖上升、大腦供氧變化，會讓注意力與意志力下降。結果是你變得不想看盤，但又無法完全放下，整個人陷入心浮氣躁卻不敢動作的矛盾狀態。

尾盤崩潰感是「情緒積壓」的釋放，而不是市場的錯

到了尾盤，大多數人的決策力與情緒耐受度都已經用光，而市場這時常常開始出現震盪、拉抬或回檔。這種「動盪碰上疲憊」的組合，就是造成你尾盤特別容易情緒崩潰的主因。

第六章　控制自己的情緒，是你能學的最強投資技巧

這叫做「心理資源枯竭（ego depletion）」，意思是你已經沒有多餘的理性資源去處理複雜情緒，只能靠本能反射行動──不是衝進場就是砍掉重練。你不是被市場搞崩潰，是你自己沒意識到「我已經處在判斷臨界點」了。

找到自己每日情緒節奏，才是真正的操盤手

與其每天都說「今天又被市場玩了」，不如認真記錄自己的情緒時段表。以下是實用建議：

- 記錄每天的情緒變化時間點，找出容易躁進與容易後悔的時段
- 在早盤前練習冷靜計畫，而不是一開盤就操作
- 午盤避免重大決策，安排輕鬆任務或盤後檢討
- 尾盤前 10 分鐘不進行非計畫內操作，讓自己進入收盤心態

記住：市場會變沒錯，但你每天都會變得更劇烈。如果你能先搞懂自己的節奏，才有機會不被盤勢節奏牽著走。真正的專業，不是看對盤，是看懂自己的情緒行程表。

6.4 為什麼你一操作就覺得「不舒服」?

不舒服,不是因為操作錯,而是違反內在節奏

你有沒有過這樣的經驗:買進後心跳加速、賣出後懊惱、持股期間焦慮難安。你以為這是因為操作失誤,其實更多時候是你的動作「違反了你自己」。每個人心中都有一個潛藏的風險舒適區,一旦操作觸碰到那條界線,身體就會反射性發出「不舒服」的信號。

這種信號來自於內在一致性的破壞。心理學家里昂・費斯廷格(Leon Festinger)提出的「認知失調理論(cognitive dissonance)」指出,當我們的行為與信念不一致時,會產生心理不適。你嘴巴說著「長期投資」,卻在短線震盪中急著進出;或你信奉紀律交易,卻一時衝動買了熱門股。這些矛盾,才是讓你「操作不舒服」的源頭。

第六章　控制自己的情緒，是你能學的最強投資技巧

情緒與操作衝突時，大腦會自動進入警戒模式

當操作開始讓你焦慮、躁動或懊悔時，其實不是市場在針對你，而是你的情緒系統正在警告：「你現在的行為不在熟悉路線上！」這是你的杏仁核（情緒中樞）對不確定性發出的預警。

這種心理緊張會進一步導致行為失控：你可能一邊說著要停損，一邊拖延不執行；一邊說要長抱，一邊暗中設停利。你不舒服，是因為你正在做「你自己都沒說服自己」的事。這不是技巧的問題，是自我協調失靈。

真正的舒服操作，是與你的價值觀同步

想讓操作變得舒服，不是靠賺錢來換取心安，而是要讓每一筆操作「符合你內在的邏輯與節奏」。這意味著：

- 如果你是保守型投資人，就不要為了跟風去當沖
- 如果你需要明確進出場邏輯，就不要只憑情緒交易
- 如果你重視生活品質，就不要選擇會讓你整天盯盤的策略

操作的舒服來自一致感 —— 也就是你做的每一筆交易，都能讓你在夜深人靜時說：「這筆我有想清楚，這就是我自己

6.4 為什麼你一操作就覺得「不舒服」？

會做的選擇。」這種一致性會帶來心理安全感，也會提高你長期執行策略的穩定度。

練習「情緒校正」，讓操作變成內在對話

與其每天問「我這筆賺不賺」，不如問「我做這筆的理由是什麼？我真的相信這個理由嗎？」這種問句會強化你與自己操作邏輯的連結。以下是練習建議：

- 每次操作前寫下你的進場理由與目標，簡單一句也好；
- 若操作後出現不舒服感，立即記錄情緒感受，並檢視是否有違背你原本的操作原則；
- 建立「操作後感受紀錄表」，每週回顧一次，調整你的策略與信念一致性。

記住：讓你焦慮的不是市場，而是你沒跟自己站在同一邊。舒服的操作不是完全沒情緒，而是每一次出手，情緒、邏輯與價值觀都同步。當你不再內耗，市場怎麼變都不會打亂你的節奏。

6.5 如何判斷現在是自己「想贏」還是「怕輸」?

操作動機不明，是情緒混戰的開始

你曾有過這種時刻嗎？一邊告訴自己「我要把握機會」，一邊又擔心「這會不會是陷阱」？進場的手在抖，出場的腳在煞車，整個過程像在玩心理拉鋸戰。其實問題不在市場，而在於你根本沒搞清楚：你這筆操作，是出於「想贏」的野心，還是「怕輸」的恐懼？

這種模糊動機會讓你在進場時信心滿滿，但一有風吹草動就自我懷疑。因為你不是在執行策略，而是在對抗心魔。心理學上稱這種狀態為「動機衝突 (motivational conflict)」，一個向前、一個向後，身體動了，心卻卡住。

想贏的人尋找機會，怕輸的人逃避風險

「想贏」與「怕輸」的表現非常不一樣。前者是主動的，你會主動尋找訊號、規劃策略、計算風險與報酬比；而後者是被動的，你只想找個地方躲起來，不被套牢、不被虧損、不被打臉。

6.5 如何判斷現在是自己「想贏」還是「怕輸」?

「想贏」時,你做的是前瞻性的思考:「這筆交易如何幫助我實現長期目標?」而「怕輸」時,你問的是:「我怎樣做比較不會被後悔淹沒?」結果就是:同一檔股票、同一個價格,有人因看好而進,有人因恐慌而逃。市場沒變,是心態不一樣。

測試自己:「這筆操作如果失敗,我會怎麼看待自己?」

判斷當下情緒主導的是想贏還是怕輸,有一個非常簡單的自我測試方法:問問自己——

- 如果這筆交易賠了,我會怎麼想自己?
- 我現在最想避免的是什麼:虧錢?後悔?還是別人怎麼看我?
- 如果我不用對任何人交代,這筆我還會做嗎?

這些問題會讓你看清楚,是誰在推動你的手。真正的想贏,是心中有清楚目標與策略,而不是只想擺脫眼前的不安感。

第六章　控制自己的情緒，是你能學的最強投資技巧

想贏要有方法，怕輸也要有出口

怕輸不是錯，但不能讓它悄悄主導你的投資人生。你需要為這種情緒設計出口，而不是假裝它不存在。以下是幾個建議：

- 設定「可以輸多少」的界線，給情緒一個舒適的活動範圍
- 操作前寫下「最壞情境劇本」，如果發生了，也能坦然接受
- 每筆操作都附上一句「如果失敗了我會學到什麼」，讓情緒轉化為反思

而想贏的欲望，也要搭配理性對話，不然很容易變成貪婪與過度槓桿。定期檢查自己的操作是否仍朝著長期目標邁進，而不是只是為了證明「我看對了」。

記住：你現在是在「追求勝利」，還是在「逃避失敗」？只有你自己能誠實回答。但一旦你能區分這兩種情緒，你的操作就會不再混亂，而是開始有方向。

6.6 設定停損不是為了交易，是為了你的人生安心

停損不是機械動作，是心理保險

許多人聽到「停損」，第一反應是：「這不就賣掉而已？」但真正的停損，其實不是一個價格點的設定，而是一種心態的建立。它的功能不是在於保住本金，而是讓你的人生不要被一筆交易綁架。

真正讓人煩躁的，不是賠錢本身，而是「沒底」的感覺。你不知道要撐多久、不知道何時才該認賠、不知道還要不要相信自己。這種情緒懸而未決的狀態，會讓你無法睡好、吃不下飯、甚至開始懷疑人生決策。

設定停損的本質，其實是設定一個心理邊界：我願意承擔到哪裡、從哪裡開始我就該退出。這不是為了當高手操作，而是為了讓你在生活中還保有喘息空間。

沒有停損，焦慮會一直擴散到你生活裡

不設定停損的代價，不只是帳面損失，而是你每天活在焦慮裡。你會發現自己開始用情緒處理工作、逃避人際關

係、陷入無止盡的內耗。明明是一筆股票，卻拖垮你整個人生的狀態。

這是所謂的「情緒外溢效應（emotional spillover effect）」，當你對一件事無法有效處理，它會在其他場域裡以焦躁、易怒、疏離的形式出現。你沒砍單沒關係，但情緒會反過來砍你。

停損點是「保護你的自由」，不是限制你

有人會說：「我不喜歡設停損，因為我不想被限制。」但這其實是誤會。真正的限制不是停損，而是你因為沒有底線，被一筆爛單牽著鼻子走，失去選擇權、判斷力與生活品質。

設定停損的行為，就像在心裡畫出一個範圍，讓你知道：只要不踩過去，我還有其他選擇；但一旦超過，就應該尊重這個警報器。這不是約束，而是讓你保有思考與行動的餘裕。

用生活語言來設停損，你會更容易執行

你不需要把停損設得像機器人一樣絕對，而是用符合你生活邏輯的方式去設定：

6.6　設定停損不是為了交易,是為了你的人生安心

- 「如果這筆交易讓我三天都睡不好,我就該檢討是否出場」
- 「當我開始不想讓任何人知道我買了這支,就該正視這個決定」
- 「只要這筆操作讓我每天都要查盤十次,那就是過界了」

這些都比什麼「跌破季線 5%」還有實際意義。因為你的生活感受才是你真正的風險承擔指標。

記住:停損不是為了交易好看,是為了你能繼續好好過日子。當你能自在面對虧損、坦然退出戰場時,你就真正擁有了市場裡最寶貴的資產 —— 心理自由。

6.7
投資其實就是情緒管理的反覆練習

情緒不是偶爾出現,而是天天上班

很多人以為情緒只有在市場大波動時才會出現,事實上,情緒是每天都打卡上班的員工—— 你一打開盤面,它就開始工作。有時是興奮、有時是焦慮、有時則是你自己都說不出來的不安。你以為自己在做的是市場操作,實際上你每天都在做的是「情緒訓練」。

這不是什麼偉大的禪修練習,而是你每天按下買入、賣出、觀望、懊悔的那些時刻,就是一場場情緒沙盤推演。只不過,大部分人從來沒意識到自己正在練習這件事,結果就是一再重複失控、一再後悔、一再自責。

你不是缺交易技巧,
你是缺「忍住手指」的能力

多數人進市場後第一個問的問題是:「哪支股票會漲?」、「技術指標怎麼看?」但問的人少問:「我怎麼能不在不該動的時候動?」這才是根本。投資世界最難的,不是判斷方向,而是忍住在情緒最強烈的時候,不讓它替你做決定。

第七章
你不是窮，
是決策機制太愛找麻煩

第七章　你不是窮，是決策機制太愛找麻煩

7.1
錢多錢少不是問題，決策方式才是盲點

你的財務狀態，反映的是你的思考方式

常聽人說：「我不是不想理財，是我錢太少了。」但真相是，很多財務困境並不是來自金額，而是來自決策的方式。你以為自己缺的是資源，其實你真正缺的是：能不能用一個不讓你自爆的方式做選擇。

心理學家司馬賀（Herbert Simon）提出「有限理性（bounded rationality）」概念，指出人在做決策時並非完全理性，而是受限於資訊、時間與計算能力。我們做不到完美判斷，只能做出「看起來不錯」的選擇。而這種不完全，往往就是財務混亂的根源。

錢多的人也會犯錯，只是錯得比較大

別以為資產多就代表決策聰明。擁有資源的確能拉高容錯率，但如果決策邏輯一樣瞎，一樣會爆。你可能聽過年薪百萬卻月月刷爆卡的例子，也看過中獎後破產的人。他們不是缺錢，而是缺決策機制。

決策機制就像你投資或花錢的導航系統，沒有它，即使

7.1 錢多錢少不是問題，決策方式才是盲點

油門再大也只是開得更快地撞牆。這也是為什麼有些人收入不高，卻能逐漸存出財務自由感；而有些人年年加薪卻總是喘不過氣，問題不在進帳金額，而在選擇方式。

每一次消費，都是一次小型的心理測驗

你今天外送選擇的是方便還是划算？買東西是因為生活需要，還是情緒需要？報名課程是為了成長，還是因為朋友都報了你怕落單？這些日常小決定，其實都在測驗你的內在機制。

行為經濟學家丹・艾瑞利（Dan Ariely）稱這些看似隨機的選擇，其實是「預設偏誤（default bias）」與「當下偏好（present bias）」的綜合反應。你越是倚賴直覺、情緒與他人眼光，就越容易做出「短期爽、長期累」的決定。

養出好決策肌肉，從「有意識地花錢」開始

你不用變成什麼理財魔人或預算狂人，你只需要做一件事：每次要花錢前，停個 5 秒鐘，問自己：「這筆錢，是我現在最想完成的事嗎？」

這個問題不只是幫你省錢，它是在建立「自主選擇」的肌肉。你越能覺察自己為何花、為何投資，就越能打破那些潛藏的盲點與反射動作。

第七章　你不是窮，是決策機制太愛找麻煩

　　記住：不是你錢不夠，是你該停止用舊的邏輯處理新的現實。理財不是只有數字與報表，更重要的是你怎麼做決定。

7.2 存錢難，是因為花錢有即時回饋

花錢帶來快樂，存錢只剩空虛

你是不是常立下「這個月要開始存錢」的目標，結果才過三天就破功？不是你不自律，而是你正對抗一個非常強大的心理機制：即時回饋（immediate reward）。每一次刷卡、點外送、下訂單，大腦都會立即分泌快樂激素，讓你感覺到「有在掌控生活」。

而相對地，存錢帶來的是遙遠的、模糊的未來想像。你把錢放進帳戶，感覺不到變化、沒有人按讚，也沒有人稱讚你。這種毫無感官刺激的行為，自然無法吸引你反覆執行。人腦的獎勵系統偏愛即時滿足，這也就是為什麼花錢像呼吸，存錢像戒菸。

每次存錢都像在對抗「現在的自己」

心理學中的「延遲滿足（delayed gratification）」概念指出，能夠為了未來利益壓抑當下欲望的人，往往在長期成就上表現較好。但這不是說你不存錢就是失敗者，而是說：你每一次試著存錢，其實都在打敗一個很愛即興的自己。

這種內在拉扯非常真實：你一邊知道應該為未來準備，一邊又覺得「人生苦短，犒賞一下」。而且花錢的當下，還會給你一種「掌控感」與「實現感」，讓你誤以為這是更聰明的選擇。但其實你只是被即時回饋牽著鼻子走。

存錢也能快樂？關鍵在「自我回饋」

你不是不能享受存錢，而是你沒有把存錢這件事轉換成具體的正向刺激。想像一下，如果每存 500 元，你就會收到一則可愛的祝賀訊息、一張進度圖，或一個自己畫的「未來旅行基金」進度條，是不是會更有動力？

這不是小孩的遊戲，而是神經科學證實的行為強化方式。當你的大腦開始把「存錢」與「成就感」連結在一起時，這件事就不再只是剝奪與犧牲，而是成為一種正向習慣。

練習打造自己的「即時成就感」

與其死背存錢目標，不如設計一套有趣的獎勵系統。以下是幾個做法：

- 把每次存款當作一次任務完成，在日曆上打勾、用 App 記錄、甚至拍照記錄存錢日；
- 建立「成就清單」而非只是存錢表：例如「第 5 次存成功就去看場電影」；

7.2 存錢難,是因為花錢有即時回饋

▪ 與朋友一起建立存錢挑戰,每週互相通報進度、鼓勵彼此。

記住:不是你不會存錢,是你還沒幫大腦設計出好玩的存錢劇本。讓存錢變得有感、有趣、有成就感,才有可能讓它成為你生活的一部分。

7.3 為什麼你一直查優惠,但都沒真的比較便宜?

查優惠這件事,其實是在給自己一種「我很聰明」的感覺

你是不是常常花很多時間查哪裡最便宜、哪家銀行有現金回饋、哪個電商平臺今天有折扣?你打開比價網、滑遍各大社群、看完優惠攻略,最後卻還是多花了錢,甚至買了一堆原本沒打算買的東西。

這不是因為你查得不夠多,而是因為你根本不是在「理性比價」,而是在追求一種「我有努力省」的自我感覺良好。這種行為在心理學中叫做「行為象徵(symbolic action)」,也就是你做某件事的目的不是那件事本身,而是它所象徵的意義——在這裡,就是你想證明自己是個精明消費者。

查優惠會讓你進入一種「錯誤的努力狀態」

當你投入越多時間查折扣、蒐集資訊,你的大腦會自動啟動「認知投入偏誤(sunk cost fallacy)」:覺得既然我都做了這麼多功課,那這筆消費應該是正確的吧?

7.3 為什麼你一直查優惠,但都沒真的比較便宜?

結果就是:你為了回饋 5%,先刷一張你平常根本不會用的信用卡;為了折價 100 元,多買了兩樣根本不需要的商品;為了湊免運,買了一堆屯貨。你不是被優惠吸引,而是被自己的「努力感」推著走。

真正的節省,
從來不是最便宜,而是最不後悔

問題的關鍵不在於你省了多少,而是你「是否真的需要」這筆支出。你以為自己做的是理性計算,其實你是在用「價格差」掩蓋「購買動機不明」的空虛。

你查優惠的過程,常常不是為了買更便宜,而是給自己一個購買的正當性:只要有打折,我就可以買;只要比別人便宜,我就是贏家。這是一種「折扣合理化 (discount justification)」心理,把消費轉換為成就感,卻忽略了它根本不是你當下需要的東西。

如何知道你查的優惠是真的有幫助?

給你三個檢測問題,幫助你判斷這筆查價是否值得:

- 如果今天沒有任何優惠,你還會買這個東西嗎?
- 如果你沒查這個折扣,會對這次購物有什麼不同的決策嗎?

- 你查優惠花的時間，值不值得你省下的那點錢？

如果三個答案有一個是「不」，那很可能這次查價行為只是你給自己的心理安慰。與其花時間比價，不如花時間問自己：「這是我真的需要的嗎？」

記住：查優惠、比價、收集折扣都是工具，不是目標。真正有價值的消費，是你花得安心、用得開心，而不是刷完後還要自我安慰「至少有折扣」。你需要的不是便宜，是清楚。

7.4 報酬率重要，但你其實只在乎快不快

你嘴上說看長期，實際上只想「馬上有感」

投資課程、理財書籍、專家分析，人人都告訴你：「要看報酬率、看複利、看長期成效。」但實際上，你關心的不是那個 5 年後會變多少，而是這個月到底有沒有漲、有沒有進帳。報酬率只是理論上的好看，真正能讓你持續注意的，是速度感。

這種現象在行為經濟學裡稱為「現在偏好（present bias）」，也就是人傾向於高估眼前的報酬、低估未來的好處。當你覺得「漲得慢」時，你的情緒會開始產生焦躁、失望、甚至懷疑人生策略。你不是不理性，你只是沒耐心。

大腦天生就是喜歡「快」，不管有沒有意義

你每一次看盤、刷對帳單、更新數據的時候，其實都是在尋求「心理上的即時回饋」。這種刺激感會啟動你的獎賞系統，大腦會分泌多巴胺，讓你感覺「有在進行、有在掌握、有在變好」。

第七章　你不是窮，是決策機制太愛找麻煩

問題是，這種「快感」很容易讓你變成「短視近利的老司機」。只要那個標的不動，你就覺得無趣；只要績效平平，你就懷疑策略；只要看到別人報酬高，就心癢難耐想換車。你追的不是報酬，是被看到「我有在動」的存在感。

報酬慢不代表錯，衝太快才容易翻車

真正厲害的資產增長，往往來自於無聊而持續的系統。定期定額、再平衡、資產配置聽起來都像催眠術，但它們卻是能真正把你帶往財務自由的穩定策略。只是它們缺了一樣東西：快感。

你要學會的，不是壓抑對速度的渴望，而是將這份渴望轉化為紀律。把「穩定增加」這件事視為某種「持續感」的來源，你才有辦法從每天零碎的波動中，長出真正的信任與穩定。

給急性子投資人的自我緩衝處方

想戒掉追快感的習慣，請先接受：你是個需要回饋的人，沒關係。但你可以透過以下方式來「慢慢上癮於穩定」：

- 每月記錄一次整體資產變化，建立長期視角；
- 建立「穩定也值得被獎勵」的機制，例如持續三個月不追高，就給自己一個正向回饋；

7.4 報酬率重要,但你其實只在乎快不快

▪ 練習少看盤、少對帳,把精力用在閱讀、學習與生活實踐上。

記住:快不等於好,慢不代表輸。你最該練習的,是在缺乏刺激的過程中,依然能夠相信自己的決策。而這,就是真正的投資成熟。

7.5 錢包的壓力讓人變笨,是真的

沒錢的時候,智商會被暫時關機

如果你曾經處在月底吃泡麵、信用卡接力刷的狀態,你應該知道那種「怎麼想都想不清楚」的感覺。你不是突然變笨了,是你的大腦正承受著金錢壓力的重擊。

經濟學家森德希爾・穆拉伊特丹(Sendhil Mullainathan)和行為科學家艾爾達・沙菲爾(Eldar Shafir)在研究中發現,當人處於財務拮据時,會出現「認知稀缺效應(cognitive scarcity)」——也就是你的大腦資源會被眼前的壓力占據,無法專注在其他更重要或長期的任務上。簡單說,缺錢會讓你沒餘力思考。

壓力讓人短視,做出更差的決策

你有沒有發現,越缺錢的時候越容易做出「今天先撐過去再說」的決策?這不是懶惰或不負責任,而是心理學上的「隧道視野效應(tunneling)」:你只能看到眼前的解方,卻忽略了長期後果。

結果就是,你可能為了省幾十元走冤枉路、為了應急賣

7.5 錢包的壓力讓人變笨，是真的

掉長期投資，或是只因當下壓力過大就胡亂刷卡。這些行為在壓力下看似合理，事後卻讓你付出更大代價。你以為你在解決問題，其實你只是在延後崩盤時間。

財務焦慮會吃掉你的專注力與意志力

根據研究，持續的金錢焦慮會導致認知負荷上升，使得人的專注力下降、記憶力變差，甚至情緒起伏變大。也就是說，你越焦慮財務狀況，就越難做出冷靜且一致的判斷，惡性循環就這樣開始。

這也是為什麼有些人會在壓力之下反覆做出明知不該的錯誤決定，例如賠錢加碼、明明有債卻買更多不必要的東西。因為你不是不懂理性，而是你已經被焦慮占滿了心智空間，沒力氣再思考正確與否。

減壓比致富更急迫，才能做出正常選擇

如果你正處在財務緊繃狀態，不要急著看什麼「複利致富」、「五年翻倍」這類長期目標。你需要先做的是：把你的壓力值降下來，讓你的大腦能重新正常工作。

這可以從以下三件事開始：

- 建立小額緊急預備金，哪怕只是 5,000 元，也能讓你不會因突發狀況就慌張失措；

- 降低日常資訊暴露,暫時少看財經新聞與社群比較,減少焦慮來源;
- 採取自動化機制,例如薪資入帳自動轉出固定存款或投資,讓你少一點決策壓力。

記住:真正的聰明,不是在壓力下硬撐,而是在給自己喘息空間後,恢復理性判斷的能力。你不是變笨了,你只是被壓力占據了資源。先讓大腦重新上線,再談投資與財富自由也不晚。

7.6 你的選擇困難症來自對「最好」的執著

你不是不會選擇，是太怕選錯

你曾經花三十分鐘選外送卻最後什麼都沒點？或是面對一堆投資選項，不停做功課、比數據、查評論，最後卻還是空手？這不是你不理性，而是你太想「選到最好的」，結果反而卡住了。

心理學家貝瑞・史瓦茲（Barry Schwartz）稱這種現象為「選擇悖論（the paradox of choice）」，當選項太多、資訊太雜，反而會讓人無法下決定。因為每做一個選擇，就意味著你放棄了其他選項，而你又太怕萬一錯過什麼更好的，結果就是你寧願什麼都不選。

對「最好」的執著，其實是對後悔的恐懼

我們以為自己在追求最划算、最安全、最有效的方案，但實際上，我們追求的是「讓自己未來不後悔」的那個選項。選擇困難的核心，不是資訊不夠，而是你內心那句：「如果選錯怎麼辦？」

第七章　你不是窮，是決策機制太愛找麻煩

這種後悔預期（anticipated regret）會讓人陷入無限比較、無限延遲，甚至最後乾脆不選。你可能會自我安慰「我只是在等資訊更完整」，但其實你只是想逃避選擇本身帶來的焦慮感。

沒有最好的選項，只有適合你現在狀態的

事實是：沒有完美的選擇。任何選擇都是在特定時間、條件與個人狀態下的最合適判斷。你選擇定期定額，是因為你沒時間盯盤；你買 ETF，是因為你想睡得好；你先還信用卡，是因為你想清空腦袋裡的壓力。

當你能接受「這個選擇不是最好的，但對我現在最好」，你才真正從選擇困難畢業。這不代表你草率決定，而是你擁有了一種「放過自己」的能力。

實用做法：縮小選項、設下時限、降低完美標準

想走出選擇困難，可以從以下三招開始：

- 限定選項數量：只在三個選項內做決定，多的先排除
- 設定決策時限：例如「今晚 11 點前選出投資工具」，逼自己行動

7.6 你的選擇困難症來自對「最好」的執著

- 練習「夠好就好」心態:這不是懶惰,而是接受現實的不確定性

記住:選擇是一種行動,而非追求保證。當你不再追求「不會後悔的選擇」,你才真正開始做出選擇。選擇的勇氣,不在於你多懂,而在於你願意承擔那一點點不完美。

7.7 不是你懶，是選擇太多讓你崩潰

現代生活太複雜，讓你的決策肌疲勞了

你是不是常常打開網購平臺卻逛到忘了要買什麼？滑開理財 App 卻選不出要定期定額還是一次買進？並不是你缺乏執行力，而是你的決策資源早已耗盡。

心理學家羅伊・鮑邁斯特（Roy Baumeister）提出「自我耗損理論（ego depletion）」，指出人的決策能力是一種會被消耗的資源。你每天要面對的選擇太多——從早餐吃什麼、穿什麼、要不要點開這則訊息，到每一次打開投資介面、每一個買或不買的瞬間，這些選擇會一點一滴把你逼到極限。

選項多，其實不代表自由，而是更焦慮

我們以為有更多選項就有更多掌控權，實際上，當選擇變成過量，就會產生「選擇過負荷（choice overload）」效應。研究顯示，當選項超過某個數量，人反而會更容易拖延、焦慮，甚至完全不做決定。

這種心理負擔會讓人傾向逃避——不是因為懶，而是因為「我的腦袋裝不下那麼多方案」。久而久之，你會覺得自己

7.7 不是你懶,是選擇太多讓你崩潰

沒有紀律、沒效率、甚至開始自責。但這些其實是被選項壓垮的結果,而不是你的個人缺陷。

投資也是,選擇太多你就容易放棄思考

當市場上有數百種ETF、各種股票、投資策略、風險評分、K線圖型時,你根本沒有餘力一一分析。這時候你不是做出「理性選擇」,而是「先選一個看起來不會太糟的」。或者更慣見的情況是:乾脆不做。

你不是沒動力,而是你太想一次選對、太怕選錯,所以寧願先逃避這個難題。這就是為什麼看似簡單的「每月投資五千」會讓你想半天,因為它牽涉到太多隱形的選擇成本:要選什麼?要用什麼平臺?要哪一天扣款?

避免選項癱瘓,你可以從「預先設計選擇」開始

想避免被選項淹沒,可以試著設計「簡化機制」來減少每日選擇的壓力:

- 設定預設投資計畫:例如薪資入帳自動扣款、固定投資標的與日期
- 制定選擇框架:只選自己研究過的三檔商品、不臨時更換類型

第七章　你不是窮，是決策機制太愛找麻煩

- 定期排時間檢視，而不是天天檢查：例如每月第一週末檢查投資狀況，其餘時間不開盤面

記住：你不是不夠勤奮，是太常被逼著做過多選擇。讓系統替你分擔選擇的壓力，你才能把大腦的資源，留給那些真正重要的判斷。與其做完美選擇，不如先做出讓你可以持續行動的選擇。

第八章
風險這東西，
只有腦袋知道，心根本不想知道

第八章　風險這東西，只有腦袋知道，心根本不想知道

8.1 你怕虧，不代表你懂風險

直覺的害怕，常常和真實風險無關

「我不敢投資，我怕虧錢。」你是不是也常這麼說？但你有沒有問過自己，怕的到底是什麼？是帳戶變紅？是被別人笑？還是那種控制不了的慌張？

心理學研究發現，人對風險的感知，常常不根據真實機率，而是依據感覺（affect heuristic）。簡單說，就是「聽起來恐怖的，就很危險」，「讓我不安的，我就當它是高風險」。所以你怕虧錢，不一定是因為這筆投資真的風險高，而是你被自己的感覺操控了。

風險認知常常來自「聽來的印象」

你可能沒真的研究過 ETF，也沒實際經歷過股災，但你對「虧錢」的恐懼早就根深蒂固。可能是從小父母說「股票是賭博」，也可能是你朋友抱怨買了就跌，又或者新聞每天放送誰哪天爆掉了。

這些「社會記憶」會在你腦海裡形成風險的代名詞。結果

8.1 你怕虧，不代表你懂風險

就是：你對風險的認知，不是數據來的，是故事拼出來的。你不敢投資，不代表你保守，而是你對風險沒有準確感知。

真正的風險，是你搞不清楚自己在幹嘛

風險管理不是避免所有損失，而是你知不知道「你這筆操作最壞情況是什麼」。當你搞不清楚自己的策略、目標、應對方式時，你自然會怕。因為你根本沒準備。

有經驗的投資人不是不怕虧錢，而是他們知道：「我最多可以輸多少」、「我會在什麼情況出場」、「這是我預期的風險，不是意外」。這種認知差異，會讓兩個人面對同一個市場走勢時，心理狀態天差地遠。

訓練風險感知，從面對「最壞情況」開始

想真的理解風險，不是去背報酬率公式，而是勇敢面對「萬一真的虧了，我能承受嗎？」這裡有幾個實用做法：

- 每次操作前寫下最壞情境：「如果它跌 20%，我會怎麼做？」
- 為每筆投資設定「心理停損點」，不是為了止血，是讓自己安心
- 練習從風險中反思，而不是逃避：這次我為什麼會怕？是數字，還是面子？

第八章　風險這東西，只有腦袋知道，心根本不想知道

　　記住：你可以怕，但不要讓這份害怕控制你。如果你能學會與風險和平共處，風險反而會變成你投資生涯裡最誠實的導師。

8.2 風險其實是一種感覺，不是數字

我們以為風險是公式，其實它更像情緒溫度計

你聽過「標準差」、「Beta 值」、「最大回撤」這些詞嗎？這些是財經世界裡專門用來衡量風險的數據工具，但真正在你腦中作祟的風險，從來不是這些冰冷的數字，而是你心裡那個說「不行、這樣我會出事」的聲音。

心理學家保羅・斯洛維克（Paul Slovic）早在 1980 年代就指出，人對風險的評估經常是一種情緒反應，而非客觀運算。我們不是在判斷風險大小，而是在感受那件事「聽起來」有多危險、「感覺起來」有多不舒服。換句話說，風險是一種你情緒的投影，而不是市場給你的報表。

同一個風險，感覺不同，結果就不同

想像一下，你現在投資一檔股票，可能下跌 10%。這個數字對某些人來說是「正常波動」，對另一些人則是「天要塌了」。明明是同一個跌幅，但你根據自己的經驗、信念、財務狀況與情緒狀態，會產生完全不同的感覺。

第八章　風險這東西,只有腦袋知道,心根本不想知道

這就像同一場電影,有人哭到抽搐,有人覺得無聊。市場不會變,但感受差異巨大。風險感知就是這樣的東西:它不公平、不理性,卻非常真實。它決定你會不會賣出、會不會熬得過,也決定你能不能繼續走下去。

風險感覺會受「當下情境」嚴重影響

研究顯示,人對風險的感覺會受到周遭氣氛、社群情緒與身體狀況影響。當你看到其他人都在慌張拋售,你也會開始覺得「是不是該跑了」。這不是因為你有根據,而是「集體焦慮」正在放大你的風險感受。

甚至你當天睡眠不足、剛吵完架、喝太多咖啡,都可能讓你對風險的感受異常強烈。這不是你多敏感,而是風險本來就不是中立的數字,它跟著你的神經系統一起擺盪。你不是怕風險本身,而是怕當下那個無法承擔風險的自己。

訓練風險感知,不是數據進修,是情緒覺察

如果你想在投資上更冷靜,請不要只去研究財報跟線圖,更該訓練的是「我現在的感覺從哪來的?」

- 是我真的評估過,還是只是跟風?
- 是這檔股票本身不穩,還是我今天情緒波動?
- 我現在想賣,是因為市場變了,還是我被嚇到了?

8.2　風險其實是一種感覺，不是數字

　　這些問題能幫你把風險從「感覺混亂」轉回「具體評估」。當你能把情緒拉出來檢視，你就能分辨什麼是真風險，什麼只是你的內心小劇場。

　　記住：風險不是外面的洪水猛獸，而是你腦袋裡那臺放大器。如果你能意識到它，你就已經贏過一半的投資人了。

8.3
你說自己保守,但只是不敢面對變化

「保守型」有時是你給自己的心理護身符

很多人一談到投資就說「我比較保守」,但所謂的保守,真的來自風險評估嗎?還是只是對變化的不安感?你可能不是不願意投資,而是不願面對資產波動帶來的不確定感與情緒震盪。

這種所謂的保守,往往是一種「自我保護策略」,讓你可以名正言順地不做決定、不承擔失敗風險、不必面對虧損後的情緒處理。說到底,「我比較保守」這句話的潛臺詞很可能是:「我不想輸,寧願什麼都不做。」

抗拒變化,是人類的天性,不是你特別膽小

心理學上有個概念叫做「現狀偏誤(status quo bias)」,也就是人傾向維持現況,即使改變可能更好。我們天生對變化感到焦慮,因為變化意味著不確定,而不確定會引發風險感知與內在不安。

這不是你懦弱,而是大腦出於生存機制,對「未知的未

8.3 你說自己保守,但只是不敢面對變化

來」本能警戒。你寧願帳面上的數字不動,也不想承擔可能虧損的心理壓力。這讓你錯誤地以為「保守就是安全」,但實際上,那只是你暫時按下了風險的暫停鍵。

你以為不動就安全,其實是在慢性流失機會

「保守」的代價不在於你沒賺到,而是在你不知不覺中錯過了複利與時間帶來的優勢。當你因為怕變動而把錢全放在定存、活存,或者根本不碰任何資產工具,你其實是在選擇一種「安靜流失」的方式過日子。

這種不面對市場變化的做法,看似穩當,但實際上是在讓你的資產承受通膨風險與成長遲緩的長期痛苦。你不敢變動,不代表你沒有風險,而是你在承受一種不會立刻疼痛、卻會逐步侵蝕的無聲風險。

保守不是壞事,但要是經過清醒選擇後的保守

真正健康的保守,是你看清了自己的風險承擔能力、了解自己的情緒承載力,並在評估後選擇較為穩健的策略。這種保守,是有邏輯、有紀律、有策略的,不是逃避,不是拖延。

第八章　風險這東西，只有腦袋知道，心根本不想知道

　　你可以保守，但不要被「保守」這個標籤綁住。下一次你說出「我比較保守」時，請再加一句：「因為我知道自己在什麼情況下最能穩定發揮。」這樣的保守，才是真正的投資智慧。

　　記住：不是每個人都要衝第一，但你不能連面對風險的勇氣都先退場。與其逃避變化，不如學會與變化共處，才是真正安全的開始。

8.4 看了太多新聞，你反而失去判斷力

資訊爆炸讓你更焦慮，不一定更聰明

你每天一醒來，打開手機就是一連串財經快訊、社群分析、KOL 喊盤、網友心得。你以為這樣會幫助你做出更明智的判斷，但實際上，它可能只是讓你更混亂。

心理學家丹尼爾‧康納曼（Daniel Kahneman）曾指出，過度接收短期訊息會讓人高估短期風險、低估長期報酬。你的大腦設計來處理「危機警訊」，所以一看到利空新聞就會放大風險感，而忽略背後的整體趨勢。

你看的不是資訊，是一種情緒輸送裝置

新聞媒體和投資社群的本質不是給你真相，而是給你注意力焦點。因為只有讓你「有感覺」，你才會點開。這也就是為什麼新聞特別愛用「暴跌」、「血流成河」、「大屠殺」這些詞，因為它知道這樣才能吸住你。

這種情緒性內容會讓你的判斷被「可得性偏誤（availability bias）」綁架。也就是你會認為「大家都在說崩盤，那一定

第八章　風險這東西,只有腦袋知道,心根本不想知道

很危險」,但事實可能只是短期修正、或根本是無關痛癢的消息。你不是在分析市場,你只是在反射情緒。

越焦慮,越容易抓錯重點

當你處於資訊過載又焦慮的狀態,你的大腦會啟動「選擇性關注(selective attention)」,只看得到能引發你情緒的訊息,而忽略真正關鍵的長期指標。你可能看到利空就急著出場,卻沒看到整體趨勢仍在。

結果就是,你的投資策略不再是根據原本的規劃,而是變成「今天的新聞說什麼我就做什麼」。這樣一來,你的行動就不再是來自內部的判斷,而是被外部情緒牽著走。

保護你的判斷力,要從「資訊減肥」開始

想要重拾自己的判斷能力,不是關掉所有媒體,而是建立自己的資訊使用規則:

- 固定每天只有兩個時間看市場消息,不滑整天
- 只追蹤兩三個信得過的來源,避免資訊雜音
- 接收消息後,先寫下自己的看法與策略,才決定要不要行動

8.4　看了太多新聞，你反而失去判斷力

記住：你不是沒有判斷力，而是被太多「聲音」吵到聽不見自己。投資最難的從來不是看數據，而是能不能在混亂中，依然保有屬於自己的清晰。

8.5
不動才安全？其實是「慢性焦慮」的表現

「先不要動好了」的背後，是一種逃避策略

你是不是常告訴自己：「現在行情不穩，還是不要亂動比較安全」？表面上你是在謹慎，其實可能只是被焦慮綁架。你不是真的在做出理性決策，而是在用「不行動」當成避風港。

這種「靜態安全感」的心理機制，叫做「不作為偏誤（omission bias）」，也就是人們傾向相信什麼都不做，總比做錯好。但在投資世界裡，長期的不作為其實是另一種風險：你錯失了時間、機會、以及資產的成長空間。

長期不動，會讓你的信心與決策能力一起萎縮

看起來你在控制風險，其實你在放大一種名為「慢性焦慮」的情緒。這種狀態不像市場崩盤那樣劇烈，但會慢慢滲透你的行為模式，讓你對每個選擇都變得猶豫、懷疑、自我否定。

8.5　不動才安全？其實是「慢性焦慮」的表現

你不是不敢投資，而是太怕錯了之後沒辦法承受內心那種「我搞砸了」的自責。於是你選擇什麼都不做，但又每天偷偷看盤、心裡亂跳，日復一日處在情緒內耗裡。這不是保守，是身心俱疲。

不做決定也是一種決定，而且有代價

你以為拖延就能降低風險，事實上你只是把風險從明面上轉移到心理層面。時間繼續過，機會成本繼續增加，而你卻因為長期沒有行動，失去了對市場節奏與操作的敏感度。

這種「我不動，市場就不會傷害我」的信念，其實和鴕鳥把頭埋進沙子一樣荒謬。市場沒在意你動不動，它照樣波動；真正要練習的，不是完全避開風險，而是在風險中找到你可以接受的節奏與方式。

練習從小動作開始，重建行動感與掌控力

如果你已經長期處在「不動比較安心」的狀態，試著從以下方式重新找回行動感：

- 設定「微操作日」：一週中挑一天，只做一件與資產相關的小事（如檢查投資紀錄、學習一個新商品）
- 練習「低風險參與」：例如用少額資金實驗某個投資方式，建立心理安全感

- 用「行動記錄」代替「績效評比」：記錄你做了哪些行動，而不是它們短期結果如何

記住：你不是不該停下，而是不能一直站在原地等天氣好。與其追求完美時機，不如開始訓練自己在不確定中也能前進一點點。真正的安全感，是從行動中長出來的。

8.6 每次下單前都懷疑人生，正常，但得活下去

懷疑自己，不代表你不適合投資

每次手指滑到「下單」鍵前，你是不是都會內心小劇場上演三輪？「這真的對嗎？萬一虧了怎麼辦？我到底憑什麼以為自己能賺錢？」別擔心，這些聲音不是你神經質，而是每個投資人都有的通病。

這種懷疑源自於「決策不確定性焦慮」，它讓人對即將做出的行動產生強烈情緒波動。因為市場不會給你保證，你每一次出手都像是在說：「我願意賭這一次。」這種心理壓力會讓你懷疑的不只是標的，而是連帶對人生方向產生質疑。

每一筆下單，其實都是在對抗內心的不安全感

你想賺錢，但你也怕輸；你想掌控未來，但你也知道市場無法控制。這種矛盾心理會讓你在操作前出現「情緒模糊地帶」，你以為自己在做選擇，其實你是在試圖安撫那個怕搞砸的自己。

第八章　風險這東西，只有腦袋知道，心根本不想知道

這種狀態最常發生在市場波動劇烈、消息滿天飛、或你已經連續虧損的時候。你會把每一筆下單當成一次對自己價值的考驗：「這次對了，我才是有投資眼光的；錯了，我就是個失敗者。」這種錯誤連結，只會讓你每一次操作都變成生死攸關。

想活下去，得先學會跟焦慮共處

與其努力不讓自己焦慮，不如學會讓焦慮有個位置，但不讓它開車。你可以這麼做：

- 寫下每次下單前的情緒狀態，例如：「我現在有點緊張，但策略沒有改變」
- 問自己：「這筆下單是為了執行計畫，還是為了情緒解脫？」
- 建立「預先允許的容錯率」：例如這筆虧損 10% 以內，我完全可以接受，這樣你就不會因波動就想撤退

投資從來不是追求毫無疑問，而是能不能在懷疑中仍然前進。

8.6 每次下單前都懷疑人生，正常，但得活下去

你需要的不是信心，而是系統性支持

當你每次操作都像在考人生，你會累垮的。你需要的不是更多信心喊話，而是更好的系統 —— 一個讓你在懷疑時也能照表操課的流程。

這個系統可以是：

- 固定操作條件，只在特定情境才進場，降低即興行為；
- 記錄與回顧機制，讓你知道自己當初為什麼做這筆操作，事後才能修正而不是自責；
- 有人可以對話，不是求建議，而是幫助你釐清自己的策略與情緒。

記住：你會懷疑，是因為你對自己有要求；但你能不能活下來，取決於你能不能在懷疑中，繼續用邏輯代替恐懼。市場不會少給你震盪，但你可以給自己更多穩定。

8.7
學習風險感知,是為了讓你不再被恐懼綁架

真正的風險教育,是把恐懼放進天平來看

你常常以為,學習投資風險是在背誦數據、理解市場波動範圍,或看懂技術指標。但其實,真正重要的是 —— 你能不能辨識恐懼什麼時候在說話,又什麼時候在操縱你。

行為金融學指出,人類對損失的痛苦,大約是獲得快樂的兩倍。這就讓我們在面對風險時,自然傾向誇大可能的損失、忽略可能的收穫,甚至放棄所有行動。這不是你懦弱,而是你被演化留下的警報系統過度觸發了。

恐懼會讓你選錯方向、錯估能力、錯失機會

當恐懼進入決策時,它會改寫你對現實的理解。你會把風險放大成災難劇情,把投資變成輸贏一線間的賽局,甚至開始質疑自己的基本能力。你不是做錯判斷,而是壓根沒在用判斷在做決定,而是在迴避風險的影子打架。

恐懼會讓你只看到「萬一輸了怎麼辦」,卻看不見「如果穩穩做,長期可以慢慢變好」。你會卡在原地,告訴自己「還沒準備好」,卻沒發現準備的過程本身就是對抗恐懼的訓練。

8.7 學習風險感知,是為了讓你不再被恐懼綁架

建立風險感知力,是和自己情緒和解的過程

你不用成為數據怪人,也不需要能背出臺股本益比分布,你只需要學會三件事:

- 辨識你此刻的恐懼來自哪裡:是外部資訊?還是內心劇本?
- 釐清你害怕的是「風險本身」還是「失敗後的自我否定」?
- 接納風險無法完全消失,但可以在你能承擔的框架裡存在

這不是一門學科,而是一種能力:你願不願意讓自己在風險中學會觀察,而不是逃避。在觀察中學會行動,而不是僵住。

投資最核心的對手,從來不是市場,而是恐懼

市場會跌、會漲、會亂,但它從來不會故意對你怎樣。會讓你爆倉的不是價格波動,而是你用恐懼取代策略。會讓你離場的不是損失,而是你沒預設好損失會來。

你不需要把自己變成無感機器人,而是讓恐懼在你心中有個「諮詢席位」,但永遠不准它當總經理。它可以說話,但不准決策。

第八章　風險這東西，只有腦袋知道，心根本不想知道

　　記住：學會風險感知，不是為了讓你變大膽，而是讓你知道 ── 有風險沒關係，我知道怎麼與它共處。我不再被恐懼綁架，所以我可以繼續前進。

第九章
為什麼你總想「再看一下」,但永遠也看不完

第九章　為什麼你總想「再看一下」,但永遠也看不完

9.1
資訊焦慮讓你一直滑,但不會變聰明

資訊爆炸時代,我們腦袋卻越來越亂

你有沒有這種經驗?每天早上醒來第一件事就是打開手機,滑一下股市新聞、理財 YouTube、投資社團、財報分析平臺,一路滑到出門上班都還在滑。下班後回家吃飯,也是一邊配著財經影片一邊扒飯,滑手機滑到半夜,結果什麼股票該買、什麼 ETF 該換,還是搞不清楚。看起來你好像很努力「做功課」,實際上你只是在資訊堆裡打轉。

這不是你的錯,這是這個時代的陷阱。我們活在一個資訊量大到爆炸的世界,每一個人都在爭搶你那 15 秒的注意力。投資界更是戰火密布,KOL、機構、名嘴、財經頻道、演算法,一起拚命塞東西給你。但當資訊從「不足」變成「過量」,人類大腦其實會開始錯亂。根據認知心理學的研究,大腦一次能有效處理的資訊是有限的,當超過負荷,就會出現「認知過載(cognitive overload)」,不只判斷力下降,連情緒也會失控。

9.1 資訊焦慮讓你一直滑，但不會變聰明

滑越多並不等於你越懂。事實上，你可能只是讓自己的腦袋越來越混亂。你以為你在追求精準，其實你只是越來越不敢做決定。這就是「資訊焦慮」的第一層陷阱。

資訊焦慮是讓你不敢投資的溫水煮青蛙

很多人沒發現，資訊焦慮的可怕不只是資訊太多，而是它會慢慢吞噬你的行動力。一開始你只是想再多看一點，想說等我把這幾個資料都看完、等我看完這本書、等我看懂這個產業的財報，我就可以下單了。結果一週、兩週、三個月過去了，你還在看。

這種狀態在心理學上有個名字，叫做「延宕決策（decision deferral）」，背後是一種潛在的不安全感。你不是不想投資，而是你潛意識覺得：「我還沒準備好」、「我還不夠懂」、「這次一定要看準一點再出手」。你以為你在保護自己，事實上你正在浪費時間與機會成本。

資訊焦慮的另一個副作用是會讓你掉進「完美資訊幻想（perfect information fallacy）」，也就是你以為只要收集到夠多的資訊，就能找到正確答案。很遺憾，投資不是數學考題。沒有一個指標會告訴你「現在就是買進的最佳時機」，就算你看完 10 個報告，市場照樣可以反著走。真正該練習的不是「找對資訊」，而是「接受不確定性」。

第九章　為什麼你總想「再看一下」，但永遠也看不完

你其實不是在學習，而是在麻痺

有些人會說：「我不是資訊焦慮啦，我只是想多學一點再開始啊！」這聽起來很合理，但如果你已經看了三十篇文章、十部影片，還在說「我再觀察看看」，那你不是在學習，你是在麻痺自己。

學習應該是有節奏的、有方向的、有回饋的。你看完一個觀點，就該停下來想想：「這觀點對我有什麼幫助？會改變我什麼決定嗎？」如果你只是看完就跳到下一篇、再看下一個影片，然後忘了剛剛看了什麼，那你不是真的在進步，而是在用資訊來填補焦慮感。

這種狀態其實很像追劇。你看完一集還想下一集，不是真的內容多精彩，而是大腦已經被那種「再看一點」的節奏馴化了。資訊焦慮讓你有一種「我還在努力」的錯覺，但你內心其實只是不想面對下單的風險。不敢買的時候，就再看一點。不想賣的時候，就找一篇說它會反彈的報導。最終你不是靠資訊做決定，而是靠資訊來合理化自己的逃避。

你需要的不是更多資料，而是更好的過濾器

既然問題不在資訊太少，而是資訊太多，那解法就不是「再找一篇更強的分析」，而是要打造屬於你自己的資訊過濾器。不是每個人都該追蹤五十個 KOL、訂閱所有投資頻道。

9.1 資訊焦慮讓你一直滑，但不會變聰明

你該問的是：「什麼資訊能真正幫我做決策？」

設一個簡單的篩選標準吧。例如：只看兩位你信任的分析師的觀點。或只研究三個你有興趣的產業。甚至建立屬於你的三條原則：符合某殖利率、某成長率、某產業。超過這個範圍就直接跳過。你不需要成為資料庫，只要成為自己的決策顧問。

最後，請給自己的資訊消化設一個「結束點」。不要無限延長研究期，而是設定一個截止日：「這週五下班前，我就要做出是否進場的決定。」這能有效對抗資訊焦慮帶來的「永不決策」模式，讓你重拾主控權。記住，你不需要無所不知才能開始投資，你只需要對資訊有自己的選擇與節奏。

9.2
你查了 10 個財報，還是無法做決定

數字看得懂，不等於你知道該怎麼做

很多人誤會財報是投資的終極武器，覺得只要會看 EPS、負債比、現金流，就能做出正確選股。問題是，你可以解出公式，但解不出決策。你查了 10 家公司的財報，卻還是無法下定決心要買哪一家。因為你不是真的在「看公司」，你是在「怕後悔」。你在比數字，但每一份財報都讓你更不確定。你以為你在比較績效，實際上你在放大自己的猶豫。

會看財報只是基本功，決策需要的是取捨、權衡與信任感。當你不停搜尋新數據，就是因為你不信任自己能做出好決定。你追求的不是更準的財報解讀，而是希望出現某個神奇的訊號幫你蓋章：「這間沒問題，買就對了。」但真實世界沒有這種保證。數據是參考，不是保證書。你不會因為看了更多報表就變得更果斷，反而可能陷入選擇麻痺。

知識太多，反而會讓你變鈍

這聽起來有點反直覺，但真的有心理學研究證明：當資訊量超過某個臨界點後，人類的決策品質反而會下降。這叫

9.2 你查了 10 個財報，還是無法做決定

做「資訊癱瘓效應（information paralysis）」，你的大腦為了避免做錯選擇，會選擇不選，或者一直延遲。

查資料本來是想幫助自己更有信心，結果卻變成讓你更恐懼的來源。你知道這公司 EPS 穩定、毛利率不錯，但你也看到別的公司在高成長、這家又有業外損失，那家有匯損、原物料上漲、AI 技術滲透率不夠……最後你不是從資料中得到清晰的輪廓，而是被一堆變數淹沒。

當你的大腦同時要思考太多風險和太多數據時，它不是更聰明，而是更想逃避。你會開始想：「等下一季財報出來再說」、「等股價回測我再看」。這一等，就是一年半載。

你不是缺資訊，是缺判斷原則

如果你查了十份財報還沒辦法做決定，那就代表問題不是資料量不夠，而是你缺少一套屬於自己的判斷原則。你需要先知道自己在找什麼，而不是試圖全都懂。

設立三到五條簡單的評估標準：這家公司的營收有沒有年年成長？自由現金流有沒有穩定？是否在我熟悉的產業？是否具備可持續的競爭優勢？只要符合你設定的條件，就進一步考慮。不符合的，就果斷跳過。這不是簡化思考，而是把焦點放在你能控制的選擇上。

最怕的就是你想看「全局」，結果被全局吞沒。學會給

第九章　為什麼你總想「再看一下」,但永遠也看不完

自己設框架,比學會財報本身更重要。因為真正讓你成為投資者的,不是你會看幾個指標,而是你敢依自己的標準做決策,並承擔結果。

真正的自信,是敢用不完美的資訊做決定

很多人以為自信來自懂很多,其實不然。真正的投資自信,是你在資訊不完美時,也能做出選擇。這不是魯莽,而是現實的智慧。

市場永遠充滿變數,你永遠查不完所有財報。更何況,財報是過去的故事,不是未來的保證。你能做的,不是等到百分之百確定才行動,而是找到那個「我現在知道的,已經足夠讓我相信這個決定」的界線。

試著相信自己不需要萬全,只需要誠實。誠實面對自己的標準、風險承受度與操作習慣,而不是假裝自己要當半個分析師。從「我要懂更多」轉成「我決定相信這些就夠了」,你就會開始擺脫資訊焦慮,進入真正的行動力狀態。

9.3 做功課變成逃避的藉口

你不是準備太久,而是早就不想做決定

有時候你做功課做得很勤,查了產業趨勢、分析了籌碼變化、研究了 K 線型態,還畫了幾張思維導圖,但就是不下單。你說自己還在研究,還沒準備好,其實你早就準備好了,只是內心不想負責任地做決定。做功課變成了一種掩飾:你不是在進步,你是在拖延。

心理學上,這種行為叫做「偽進展行為(pseudo-progress behavior)」。它會讓你感覺「我很努力」,但實際上你一點也沒往前走。你在建立資料夾、做筆記、滑財經新聞,但從來沒真正進場。這不是投資策略,是完美主義與恐懼感的混合體。你怕錯,怕輸錢,怕決定之後要承擔結果,所以寧可卡在永遠的準備期裡。

學習和行動之間,有一條心理界線

你可能覺得,做功課本來就是投資的一部分,這沒錯。但做功課只是前置,不是最終目的。如果你把大部分時間花

第九章　為什麼你總想「再看一下」，但永遠也看不完

在整理資訊，而不是拿資訊來做出行動，那你就是停留在表面學習。

要跨過那條界線，你得問自己：「我現在知道的這些，有哪一項是足以支持我下決策的？」如果你的答案永遠是「還不夠」、「再等等」，那就表示你不是資訊不足，而是信心不足。把學習當成進展，只會讓你對行動越來越遲鈍。你需要的，不是更多筆記，而是更多行動的勇氣。

真正的學習，是和不確定性共處

做功課是好事，但它不是萬靈丹。很多時候我們用學習來麻痺內心的不安，就像有人工作前一定要把桌子整理一遍，明明事情擺在眼前，就是不肯開始。投資也一樣，有些人不是不知道怎麼選股，而是潛意識想拖延決策的時刻，因為那象徵著風險與責任。

學習的目的，是為了讓你能更好地面對不確定，而不是消除不確定。你要接受一個事實：沒有任何一種功課能保證你一定賺錢。如果你以為自己只要準備夠多、理解夠深就能躲過虧損，那你會永遠在準備中原地打轉。

9.3 做功課變成逃避的藉口

從「我還要再學」變成「我已經可以試」

投資學不等於準備學,它需要你勇敢嘗試、在有限資訊下做出選擇,並從行動中得到真實的學習。你需要的,不是「再做一點功課」,而是「開始去承擔行動的結果」。哪怕只是小額進場,也是一種轉變的開始。

下次當你又想再讀一篇文章、再看一部影片前,先問自己:「這真的能幫我做決定,還是只是在拖延?」讓學習服務於行動,而不是逃避。當你願意放下「我還不夠好」的焦慮,你才會真的開始走上投資的旅程。

第九章 為什麼你總想「再看一下」,但永遠也看不完

9.4
小道消息讓你安心,因為你想有人背書

為什麼我們特別愛聽「別人說」?

你可能常常在投資社團看到這種訊息:「我朋友在某券商工作,他說這支有消息」、「有內部人士透露,年底前這家會有大單」——這些話看起來好像沒有根據,但偏偏讓人特別安心。因為它不是冷冰冰的數字,也不是你自己瞎猜,而是「別人說的」,而那個「別人」還多半有點神祕或專業背景,彷彿他有通天的情報。

這就是小道消息吸引人的地方。它不一定可信,但它滿足了人類對「確定性」的渴望。我們渴望有人來告訴我們該怎麼做、哪裡安全、怎麼走比較穩。小道消息本質上不是資訊,而是心理上的「背書」。你不是在尋找真相,你是在尋找一種讓自己不用負責的方式。

小道消息給的是情緒慰藉,不是決策品質

每當市場震盪、自己不確定該不該買的時候,小道消息就像一劑安定劑。它給你一個情緒上的依靠,讓你覺得「至

9.4 小道消息讓你安心，因為你想有人背書

少有人知道些什麼」，你也就不用再為自己的選擇焦慮。但問題是，這種資訊的來源往往模糊、驗證不易，而且會讓你對自己的判斷越來越不信任。

久而久之，你就會變成一個不敢自己做功課、不敢自己下單，只敢等著別人說「可以了」你才敢動的人。這不是做投資，是在尋找一個可以推卸責任的對象。小道消息降低你的風險感，但也同時削弱你的決策肌肉。你愈依賴，就愈退化。

為什麼我們寧可相信別人也不信自己？

這背後其實跟自我效能感（self-efficacy）有關。當你不相信自己能做出正確的決策，就會想依賴別人來給你方向。哪怕你自己已經做了一些研究，也會選擇去問問「高手」或「朋友」的看法，彷彿只要他們點頭，你就比較不會犯錯。

但現實是，市場沒有人能真正「保你不賠」。那些口頭保證的建議，聽起來再篤定，也經不起市場的無情波動。你靠別人下單，下跌的時候難道就不會痛嗎？你還是得自己承擔損失。所以與其尋找某個人來背書，不如練習建立自己的判斷框架。與其問：「大家怎麼看？」不如問：「我的標準是什麼？」

第九章 為什麼你總想「再看一下」,但永遠也看不完

投資不是找人指路,而是走出自己的判斷系統

如果你發現自己總是在 LINE 群組、社團留言區、論壇潛水,等著看「有人說什麼」才敢行動,那就該停下來問問自己:我是真的想做這個決定,還是只是希望有人幫我背書?

投資從來不是一種群體活動,它是你對風險的選擇、對資源的安排、對未來的信念。真正有價值的訊息,不是那些「可能有內線」的八卦,而是能經得起自己標準驗證的資料。真正該建立的,是屬於你的決策流程、風險承擔方式與信念系統。

下次當你聽到「有人說這支會漲」時,不要先信,也不要先否定,而是問自己:「如果沒有人說,我還會做這個選擇嗎?」讓自己從尋找背書,轉為建立責任,這才是真正長遠的投資心法。

9.5 決策癱瘓是怎麼養出來的？從閱讀過度開始

讀越多，想越久，卻永遠卡在原地

你可能會以為，決策癱瘓是因為資訊太少，其實剛好相反，它通常是從「閱讀太多」開始。當你閱讀一篇又一篇的文章、觀看一部又一部的投資影片、聽了十個不同人的意見，你的大腦會進入一種資訊混戰的狀態。每一個聲音都看似合理，卻又互相矛盾；每一份資料都帶來一點信心，同時也挖出更多疑慮。於是你開始拖延，反覆考慮，最後乾脆不做決定，讓自己停留在「再等等」的無限循環裡。

這不是懶惰，而是一種被資訊過度轟炸的副作用。你不是不願意做選擇，而是你的大腦根本沒有餘裕消化那麼多資訊，進而無法形成清晰的判斷。這樣的狀況會讓你愈讀愈迷惘，最後只剩一個念頭：「還不夠，再找一點。」

過度閱讀的心理誘因：你想找到「完美答案」

導致決策癱瘓的真正心理根源，是你對「完美答案」的幻想。你潛意識裡希望，某一天會出現一份報告、一則影片、一個數字，能完全解答你的所有疑問，讓你百分百確定該買

什麼、何時買、怎麼買。這種完美主義的心態讓你不停往外尋找資訊，以為再多讀一篇就能更靠近真理。

但事實上，投資從來不是靠找到正確答案來獲利，而是靠在不確定中做出最適合當下的選擇。你不需要解完所有變數，只需要有足夠的理由去行動，並承擔風險。過度閱讀只是讓你延後承擔風險的時間，卻沒有提升你的行動品質。

真正需要的是決策的勇氣，不是知識的堆疊

許多投資新手以為自己缺的是知識，但其實缺的是決策的勇氣。資訊永遠都會不完整、分析永遠都有不同角度、專家之間也常常互相矛盾。與其一再堆疊更多資訊，不如練習從有限的資料中做出選擇。

當你有基本的研究基礎、懂得幾個核心指標、有自己的操作邏輯時，其實你就已經有能力下決定了。你不需要再多讀五篇產業報告，只需要靜下來問自己：「我現在知道的，夠我做這個決定嗎？」這句話比任何閱讀更能幫你突破卡關。

決策癱瘓的解方，是設定一個「行動門檻」

與其追求完美準備，不如設立一個你自己定義的「行動門檻」。例如：只要符合三個條件（基本面穩健、技術面在上升趨勢、自己可承受風險範圍內），就進場嘗試。這樣的門檻

9.5 決策癱瘓是怎麼養出來的？從閱讀過度開始

能幫你建立明確的執行機制，而不是任由大腦一直處在猶豫模式裡。

別等到「看完全部」才行動，因為你永遠看不完。資訊只是工具，真正讓你往前的是選擇的勇氣與責任感。行動不一定完美，但不行動就等於放棄所有可能。讓自己從過度閱讀的泥沼中跳出來，建立一套行動導向的思考流程，你才會真正走上投資的路。

9.6 你沒在學投資，你只是沉浸在追劇的幻覺裡

學投資變成娛樂消費的一部分

你有沒有注意到，現在的財經內容做得越來越像娛樂節目？標題聳動、剪輯快速、語氣誇張，再加上動態字卡與情緒鋪陳，根本就像在看投資版的綜藝節目。你原本只是想學點東西，結果一不小心就連續看了五部影片、三個直播、兩場財報分析會，最後腦袋還是一團亂，沒有一個明確的結論。你以為你在學習，其實你只是在追劇。

學投資這件事，已經不知不覺變成了一種消費行為：你追的是一種「我有在關注財經」的感覺，而不是「我真的有做出決策」。這種資訊娛樂化的現象，讓人誤以為只要一直接收內容，就等於有在前進。但現實是，你的行動一點都沒變。你看的愈多，做的愈少。

追劇式學習為什麼讓你陷得更深？

追劇會上癮，是因為它提供了源源不絕的刺激感。今天這位分析師說股市要反彈，明天那位主播說會回測支撐，再

9.6 你沒在學投資,你只是沉浸在追劇的幻覺裡

來一個 KOL 跳出來分享「五年賺三倍」的密技。每一段內容都激起你的情緒,讓你感覺自己快要學會了、快要抓到竅門了,但實際上你只是陷入一種「虛假進展感」裡。

這種進展感是很危險的心理陷阱,它會讓你一直處在「快要懂了」的興奮狀態中,卻始終不去行動。你對投資的理解停留在感覺層面,而不是系統與策略層面。當你腦中充滿了各種 K 線術語、技術型態、基金評比資訊,卻連一次下單都沒有,那你要很誠實地告訴自己:你不是在投資,你只是在觀賞投資的戲碼。

學習應該帶來清晰,而不是更多懷疑

真正有效的學習,是能幫助你做出清晰選擇的學習。你今天看完一部影片,應該要知道:「我下一步可以怎麼做」、「這對我目前的操作有什麼幫助」、「哪些內容不需要理會」。但如果你看完只留下更多問號,只是覺得「哇,好多要學喔」、「原來還有這個策略喔」,那你就不是在收斂資訊,而是在擴散焦慮。

當你追劇式學投資,你的腦袋會不斷冒出更多「我是不是也該懂那個」的念頭,最後形成資訊焦慮與行動癱瘓的雙重夾擊。學習的目的不是為了讓你變得複雜,而是讓你能更簡單地做決策。清晰來自於刪減,而不是堆疊。

第九章　為什麼你總想「再看一下」,但永遠也看不完

該停下來,從觀眾變成參與者

　　你不需要停止學習,但你需要停止「只學不做」。學投資不是為了讓你變成資料控,而是為了讓你敢踏出第一步。下次當你又要點開一支財經影片時,先問自己:「我看這個,是為了幫助我什麼決策?還是只是想讓自己感覺有在努力?」

　　試著設定「行動輸出」來取代「內容輸入」:看完一個教學,就實際照著做一次;讀完一篇分析,就寫下你會不會買這家公司、為什麼。從觀眾變成參與者,你才會真正感受到投資不是在看戲,而是在經營你自己的未來。

9.7 懂一點不如相信一種──簡化才是高手思維

為什麼懂得愈多,反而愈容易卡住?

投資新手常有一種焦慮:「我懂的不夠多,所以才會不敢下手。」但你有沒有發現,有些人什麼都想懂,結果卻永遠無法做決策?這是因為當你吸收了太多零碎知識,每個觀點都合理、每個策略都有道理,反而讓你不知道該相信哪一種,也不知道該從哪裡開始。這就是「知識過載」與「策略焦慮」的典型結合。

真正的高手並不是懂得最多的人,而是能選擇一套簡單可行方法,並且長期堅持執行的人。他們知道自己用哪種方式觀察市場、如何選股、什麼情況進出場,其它的通通跳過。他們不會讓自己陷在每天更新的投資意見中搖擺不定,因為他們早就確定自己的思維路線。

精簡是一種決策策略,不是偷懶

很多人會把「簡化」誤解成「懶惰」、「不夠謹慎」,但簡化其實是為了提升行動效率。在資訊爆炸的投資環境裡,如

第九章　為什麼你總想「再看一下」,但永遠也看不完

果你沒有一套簡單明確的決策邏輯,你會被每一則新聞牽著走,每一個數據都讓你重新思考,每一次市場波動都讓你想重來一次。

簡化不是少學,而是主動選擇學什麼、不學什麼。與其每種策略都略懂一點,不如深入了解並執行一套適合你的方法。這不僅能減少決策時的猶豫,也能幫你長期累積信心,因為你有可依靠的系統,而不是隨機應變的臨場反應。

善用「減法思維」,讓你聚焦核心

高手思維的關鍵之一,就是「減法思維」—— 不是增加知識,而是刪去干擾。與其在 50 個財經頻道之間跳來跳去,不如選兩個最適合你的風格;與其同時研究價值投資、技術分析、量化模型、ETF 配置,不如先專注一項,做到熟練。

減法能幫助你建立明確的邊界。只要超出你的理解範圍或投資目標,就不考慮。這不是封閉,而是專注。當你能減少雜音、保留重點,你的判斷力會更純粹,行動會更果斷。你不會再被雜訊干擾,因為你已經建立了屬於你的投資篩選機制。

簡化不是降低標準,而是提升節奏感

很多人說要「看多一點」、「學多一點」才放心進場,但其實你需要的不是更多知識,而是更快的節奏。所謂高手,

9.7 懂一點不如相信一種—簡化才是高手思維

不是每天比別人多學一點，而是能在該動的時候立刻做出行動的人。你不會因為懂得多就贏，而是因為你懂得快、動得準。

所以與其不斷擴充你「懂」的範圍，不如開始建立「我信什麼」、「我只做這幾件事」的節奏。讓你的投資變成一種有邏輯、有節奏的反射行為，而不是每次都得重新掙扎一次的思考過程。簡化，是讓你從資訊世界脫身，真正走進行動的關鍵。

第九章　為什麼你總想「再看一下」,但永遠也看不完

第十章
意志力不夠？
錯，是環境一直在誘惑你

10.1 打開券商 App 就像打開一臺自動洗腦機

投資軟體的設計，比你以為的還要操控人心

你是不是有這樣的習慣？一天之內打開券商 App 五次、十次，有時只是滑一下看盤，也沒打算操作，卻還是忍不住點開。這種行為看似無害，實際上你已經被設計了。那些畫面上的紅綠跳動、即時推播、獲利提醒，甚至是介面配色與按鈕位置，全都是經過精心安排，讓你上癮、讓你不斷回來的心理操作。

券商 App 不是工具，它是一臺行為控制機器。它不只是提供資訊，它誘導你操作。從行為心理學角度來看，這些 App 的介面設計根本就是利用「強化作用原理（reinforcement）」的實驗場。你每一次點開看到漲幅榜，心裡就燃起一次「我是不是該衝」的欲望。每一次提醒推播出現，就像實驗中的老鼠聽到鈴聲後期待獎勵。久而久之，你不是在交易，而是在被馴化。

10.1　打開券商 App 就像打開一臺自動洗腦機

「免費資訊」的代價,是注意力與焦慮感

你以為這些 App 是在幫你?事實上你是在幫它們。你的點擊、瀏覽、買進與賣出,全都是它們蒐集的行為數據。這些數據不只是被用來優化系統,更可能被分析、推送你容易受影響的內容。你在不知不覺中被包圍在一個強化焦慮、刺激交易的演算法泡泡裡。

免費的代價從來都不便宜。當你每一天不自覺地滑開券商 App,就像進到一間掛滿 LED 閃燈的賭場,它讓你以為自己在做理性決策,實際上你的每一個選擇都可能是被環境觸發的自動反應。你不是在用工具,你是被工具操縱。

每次點開 App,都是一次心理疲勞累積

最可怕的是,這些 App 不只是讓你做錯投資決策,更會偷偷偷走你的意志力。根據心理學研究,人的自我控制力是有限的,每次要做選擇(買或不買、賣或不賣)都會消耗這份心理資源。當你一整天都在滑 App、看股價、分析走勢,你的腦袋早就疲乏,真正需要做重大決定時,你卻已經耗盡力氣。

這就是為什麼很多人早上分析得頭頭是道,到了下午卻亂買亂賣。因為你不是缺乏紀律,而是你的意志力早就被那

第十章　意志力不夠？錯，是環境一直在誘惑你

些「一點點就好」的滑動給消耗光了。每一次點開 App 都是一次微消耗，但加起來就是長期的心智虛耗。

真正理性的操作，是減少接觸頻率

與其說要強化意志力，不如說要調整環境。把 App 放到資料夾最底層，關掉推播通知，限制自己每天只能看盤一次。你不需要隨時知道股價變化，你需要的是清晰的策略與執行力。

如果你真的想讓自己更穩定地投資，不是從練心開始，而是從改變接觸頻率下手。讓手機回歸工具的角色，而不是你的情緒操控臺。當你不再隨時滑動、查看、反應，你才有機會真正掌控投資，而不是被投資綁架。

10.2
設定提醒不是效率，是焦慮上癮

提醒設太多，
不是幫助你，而是在逼迫你焦慮

很多人以為設定投資提醒是個聰明做法：什麼時候股價到達某個區間、哪支股票波動異常、某支 ETF 除息日快到了，全部都設好通知，好像這樣就不會漏掉什麼。乍聽之下很有效率，但實際上這些提醒可能正是讓你情緒起伏、無法冷靜判斷的主因。它們不是工具，而是焦慮的觸媒。

你明明正在專心工作，手機震動一下：「你的觀察股跌破支撐價位」，接著你馬上跳出專注模式、開始想是不是該賣；晚上準備休息，又跳出推播：「今天臺股漲 2.5%，你追蹤的產業 ETF 漲幅最大」，你又忍不住想要打開來看更多細節。這些提醒讓你整天處於「應該做點什麼」的焦躁狀態，而非「按計畫執行」的冷靜節奏。

提醒的成癮性，會讓你養成追盤的慣性

這些看似中立的提醒，其實是設計來刺激你回到 App、打開系統、進入交易頁面的誘餌。每一則通知都是一次「你

第十章　意志力不夠？錯，是環境一直在誘惑你

可能錯過了什麼」的心理暗示，而這種 FOMO（害怕錯過）的心理，是刺激投資過度行為的核心原因之一。

久而久之，你會養成一種條件反射式的追盤行為。只要手機震動你就想看、只要紅字跳出你就想點開。你的交易不再來自策略或計畫，而是來自一個接一個的提醒通知。這已經不是投資行為，而是一種焦慮習慣。

提醒不是效率管理，是注意力的耗損器

提醒功能本來是為了讓人記得重要的事，但當提醒變成連呼吸都被干擾的頻率時，它就不是效率工具，而是注意力竊賊。你的大腦需要有「預測性」的行動計畫，才能產生清晰的決策流程；而這些不斷打斷你思緒的彈跳式訊息，正好破壞了這個過程。

你可能覺得設定提醒能幫你「即時反應」，但真正有紀律的投資人，其實是「定時檢查」而非「即時反應」。一天一到兩次的固定檢查點，比全天候的不斷提醒，更能讓你專注，也更不會陷入短線波動的情緒雲霄飛車裡。

戒掉提醒，是建立專注系統的第一步

想要在投資上穩定，先從戒掉不必要的提醒開始。關掉那些會讓你想馬上做決定的通知，改用固定時間檢查策略進

10.2 設定提醒不是效率,是焦慮上癮

度的方式。你會發現,一整天下來你反而更輕鬆、更冷靜,而且更容易遵守原本設定的操作計畫。

把提醒變少,行動變慢,才能讓策略變清晰。與其在每一個小波動都做反應,不如在固定時間做整體判斷。焦慮不是效率,節奏才是。你要學的不是怎麼追蹤市場每一個變化,而是如何讓自己不被變化帶著走。

10.3
為什麼你早上理性，晚上卻亂下單？

大腦在不同時間，有不同的決策模式

你可能早上信心滿滿地告訴自己：「今天不操作，觀望就好。」結果到了晚上，卻突然因為一則消息、或某個群組的討論，忍不住就按下了買進鍵。為什麼同一個你，在同一天內會出現兩種完全不同的行為？原因其實不是你意志力太差，而是你的大腦會隨著時間變化而轉換狀態。

早上醒來後，大腦的認知控制功能是最清晰的。這段時間，你的思緒條理清楚、情緒穩定、邏輯力強，做出的決定通常比較有計畫性。但到了晚上，尤其經過一整天的刺激與消耗後，大腦的自我控制系統會進入疲勞狀態。這時候，你更容易被情緒牽動，也更傾向做出即時獎勵導向的選擇，像是衝動買股、追高殺低等短視行為。

情緒與體力消耗，是投資判斷的大敵

投資不是只有在「下單」那一刻才在做決策，其實你整天都在做選擇：要不要看盤、看了要不要查資料、看到資料要

不要反應⋯⋯這些微小的決定都在消耗你的心理能量。當這種消耗累積到晚上,你的理性已經所剩無幾。

再加上情緒的累積。工作壓力、社交訊息、財經新聞、績效比較,這些不斷滲透你思緒的情緒雜訊會逐漸蓄積,到晚上就像鍋爐快爆炸一樣,一個刺激就能引爆。你以為是自己忽然改變主意,其實是你的心理能量早就透支了,理性早就下線,只剩下「現在就做點什麼」的欲望在作祟。

投資行為,也會被生理時鐘牽著走

不只是心理能量,連身體節奏也在影響你。生理時鐘（circadian rhythm）控制著我們的大腦活動與身體狀態,它會決定你在什麼時段判斷力最好、情緒最穩定。許多研究指出,早上的大腦有較高的活躍度與抑制力,能抑制衝動行為;而傍晚至夜晚的時間,這種抑制力則會下降。

這也就是為什麼,你在白天思考周全,晚上卻容易衝動亂下單。你的身體不是叛變了,而是回到一種「想快點解決焦慮」的狀態。如果你白天看了太多資訊,到了晚上未被消化的焦慮會悄悄浮現,而你會誤以為下單是一種解脫,其實是情緒的出口。

第十章　意志力不夠？錯，是環境一直在誘惑你

真正的策略，是預先規劃行動窗口

與其在晚上任由情緒帶著你亂走，不如在自己最理性的時段，先預設好行動邊界。比如，你可以在早上精神最好的時候，檢視你的操作策略與市場條件，然後寫下「今天不進場的理由」或「若跌破某價位才考慮加碼」。這樣你在晚上的時候，看到波動也能提醒自己：「我早上已經決定過，現在不是出手時機。」

投資的關鍵從來不是全靠意志力，而是了解自己的節奏，並預先設計環境來保護自己不做出衝動決策。你不需要強迫自己晚上還要思考操作，反而應該在那段時間，盡量遠離會引發決策的環境，比如關掉看盤軟體、避開討論群組、限制自己晚上不看財經頻道。真正的穩定，是掌握自己什麼時候該行動、什麼時候該休息。

10.4 環境中藏滿了讓你「失控」的設計

你以為自己在控制，其實是環境在牽著你走

很多人都以為，投資的成功與否只跟個人的紀律、策略、知識有關，但其實有個被忽略的重要因素：環境設計。你每天滑的介面、接觸的資訊、甚至螢幕上的色彩與排版，都在悄悄影響你的情緒與行動。你以為自己是冷靜判斷，其實很多時候只是被環境設定誘導去做出某種反應。

這就是所謂的「行為設計（behavioral design）」。許多看似中立的操作介面，其實藏滿了讓你「快點做決定」的心理誘導。從閃爍的 K 線圖、即時報價跳動、推播提醒、社群互動按鈕、限時活動通知，每一個設計背後都是為了讓你更快、更多地操作。你不是在用平臺，而是活在一個精心鋪設的決策陷阱中。

顏色、音效、字體，都是情緒的操控器

別小看畫面上紅漲綠跌的顏色搭配，那些都是根據心理學與神經科學測試過的結果。紅色讓人感受到緊迫與危機，綠色則激發希望與行動欲望。再加上特定的音效提醒、粗體

第十章　意志力不夠？錯，是環境一直在誘惑你

字警告、動畫閃動，這些都是在強化你的感官壓力。

這種視覺與聽覺的連續轟炸會造成一種「操作催眠」的效果。你越被刺激，就越想反應。久而久之，你的行動不再來自清晰的分析，而是來自條件反射。這樣的狀態對長期投資極為不利，因為它讓你不斷在追求短期情緒釋放，而不是根據策略執行。

社群回饋與人氣榜單，是現代版的賭場設計

不只是平臺介面，現在的投資環境還多了另一種強力操控裝置──社群機制。你是不是也會在投資社團裡看到「今天誰又賺多少」、「這支股票討論熱度第一」、「大家都在買某ETF」？這些機制表面上是資訊分享，實際上是一種群體壓力的營造。

這種設計背後的邏輯，就跟賭場放一排拉霸機一樣，讓你看到別人中獎、看到燈光閃爍、看到熱區人潮聚集，你會下意識地覺得「我也該試試」。這些排行榜、熱門股推薦、點閱率前十名影片，都是現代版的「群體強化機制」。它讓你不自覺放棄原本的計畫，轉而追隨眼前的熱度與人氣。

10.4 環境中藏滿了讓你「失控」的設計

要做出好決策，就要從環境下手

改變行為的第一步，不是強化自制力，而是調整環境的輸入。你可以開始從這幾個小地方著手：

- 關掉 App 推播與動態提醒
- 設定每天固定看盤時間，不即時反應
- 刪除過度煽動情緒的財經頻道與社團
- 把操作介面簡化，只留下你需要的功能與指標

真正的自律，不是你多會忍耐，而是你設計了一個讓你不需要忍耐的環境。環境可以成為你的敵人，也可以變成你的盟友。如果你想要在投資中活得久、活得穩，請記得：先調整外在條件，再談內在紀律。這不是逃避，而是你跟環境鬥智的開始。

第十章　意志力不夠？錯，是環境一直在誘惑你

10.5
打造自己的投資環境，而不是練習忍耐

意志力不該是你唯一的防線

許多投資新手會把重點放在「我要更有自制力」、「我要學會忍住不亂下單」，但事實上，單靠意志力撐住長期操作，就像拿吸管去撐房子一樣，是撐不久的。人的意志力就像手機電量，用久會耗，一旦耗光，你就會陷入反射性的行為模式，該冷靜時衝動，該退出時硬撐。

所以真正該練習的，不是怎麼更有意志力，而是怎麼設計出一個讓你不需要過度用意志力的環境。換句話說，你應該讓「不亂下單」這件事變簡單，而不是用力壓抑。

你可以設計出更不容易犯錯的環境

從今天開始，你可以試著把投資環境做出幾個微調。例如：

- 把券商 App 移到不常用的資料夾
- 刪除短線交易提示通知
- 設定「只在週一與週五看盤」的規則

10.5　打造自己的投資環境，而不是練習忍耐

▪ 改用筆記本記錄投資想法，而不是直接登入帳戶操作

這些動作聽起來很小，但它們的本質是幫你降低「隨手亂操作」的機會。當你需要經過幾個步驟才能下單，或當你設下某些固定節奏，就能阻斷那些來自情緒波動的即時反應。這不是偷懶，而是高效決策的條件建設。

別把抗壓當成唯一求生工具

許多人在投資虧損後會告訴自己：「我要更強大」、「我要承受得住壓力」，但其實更聰明的做法是：「我要讓壓力更少出現」。當你減少接觸容易引爆焦慮的內容、減少不必要的資訊輸入、減少雜訊干擾，你自然就不需要一直處於備戰狀態，也就不會那麼容易爆衝或崩潰。

建立好的投資環境，其實就是在建立你的決策預設值。像是「跌破幾％才檢查資產」、「只在週末重新調整部位」、「不看當沖排行」……這些都是可以事先設好的操作規則。你不需要時時刻刻用腦，而是把大腦省下來給真正關鍵的判斷時刻。

環境設計，是投資穩定的隱形推手

你不會每天重擬投資哲學，但你每天會用好幾次手機；你不會天天寫策略報告，但你天天會收到財經推播。與其一

第十章　意志力不夠？錯，是環境一直在誘惑你

直自我勉勵「我可以冷靜、我不會衝動」，不如把你會衝動的那些環境條件改掉，這才是長期的對策。

真正的高手不是意志力特強，而是知道怎麼設計出對自己有利的局。讓你的環境少一點誘惑、少一點干擾、少一點誘導，你就會多出更多空間來做出清楚又穩定的決策。投資不該是與欲望搏鬥的戰場，而是與節奏共處的日常。

10.6 用規則代替意志力,是投資生存之道

人的意志力有限,但規則可以無限延伸

多數人把投資操作的穩定性寄託在自己的意志力上,但你應該早就發現,當市場震盪、情緒波動、資訊狂炸時,所謂的自制根本不堪一擊。這不是你個人不夠強,而是人類大腦本來就無法長時間維持高強度的抑制力。真正長期穩定的投資人,靠的不是「撐住」,而是「設好規則、照表操課」。

意志力會疲乏,但規則不會。當你習慣依照一套邏輯與步驟做事時,就能把投資變成流程,而不是戰鬥。你不需要每天重新選擇,只需要依照事前設定的流程前進,這會大大降低你在關鍵時刻做出情緒決策的機率。

「當……就……」的規則句,是你的行動防撞帶

你可以開始為自己設計「當……就……」型的行動規則。例如:

- 當某支股票跌超過 10%,我就重新檢視基本面
- 當某 ETF 報酬超過 20%,我就獲利了結一半

第十章　意志力不夠？錯，是環境一直在誘惑你

- 當我情緒焦躁想操作時，我就先關掉 App、喝水、寫下當下情緒

這些簡單的句型，就是在幫你設計「反射性對策」。因為你已經事先決定好要怎麼處理特定情境，當狀況發生時，你不用重新思考，只需要照著規則走。這不只是節省腦力，更是幫你建立穩定感與安全邊界。

用流程圖，而不是情緒決定方向

投資操作如果每次都靠當下感覺來決定進出場時機，那你就很容易陷入市場的節奏，而不是自己的節奏。與其這樣，不如把你的操作設計成「流程圖」。例如：

- 每週一盤點持股→是否達到目標價格？→是→評估是否獲利了結／否→繼續觀察
- 每月檢視資產配置→是否失衡超過 15%？→是→重新調整比例／否→無需變動

這種視覺化與程序化的處理方式，會讓你在混亂的市場裡保持邏輯感。不管新聞多恐慌、股價多刺激，你的動作都是來自預先設好的邏輯，而不是當下的恐慌或貪婪。

10.6　用規則代替意志力，是投資生存之道

生存下來的關鍵，不是天賦，是系統

別再羨慕那些操作神準、出手如神的高手了。他們的穩定不是靠天賦，而是靠「規則內化成反射」。一個成熟的投資人，行為模式會像運動員一樣：比的是誰的反應穩定、節奏一致、失誤率低，而不是誰最會憑感覺臨場決定。

你可以從今天開始，寫下一張「我的投資操作守則」。不用太多，五條就好。然後練習每次操作都要對照這張守則。日子一久，你會發現：你不是靠忍耐活下來，而是靠規則活下來。那就是你真正成為投資人的轉捩點。

10.7 能活著、穩著,就是最大勝利

投資不是比快,而是比活得久

很多人進入投資市場,都抱著「我要一年翻倍」、「我要三年財富自由」的夢想。但現實是,那些能穩穩做十年、二十年的投資人,才是最後的贏家。投資不是短跑衝刺,而是長途耐力賽。不是誰跑得最快,而是誰能少犯錯、不出局、保持節奏,活得久。

你不需要擊敗市場、超越所有人,你只需要活著,穩著。市場會給你機會,但前提是你得先在場。這意味著你要懂得風險控制、懂得避開情緒陷阱、懂得休息,甚至懂得什麼時候什麼都不做。真正的勝利,不是一次華麗操作的暴利,而是穩定複利的累積。

減少失誤,就是一種頂尖策略

許多研究指出,投資績效最好的投資人,不是操作最頻繁、資訊最多的那群人,而是那些很少動作、犯錯率低、穩定操作的人。甚至有個知名數據曾指出:某些表現最好的投

資帳戶,來自那些帳戶主人已經過世或忘了自己還有帳戶的人。

這不是神話,而是揭示一個關鍵:穩定勝過激進。當你能夠減少操作頻率、避免在高波動時追漲殺跌、避免受新聞情緒影響下單,你就自動排除了市場中80%的大錯。少犯錯,本身就是一種高階策略。

穩定心態來自規律節奏,不是靠激情撐起來的意志

很多人會羨慕那些天天關注盤勢、精準抓波段的人,但如果你要的是一個可以長期維持的投資人生,那你應該追求的是一種可持續的節奏。每天觀察、每週檢視、每月調整,每一步都有框架、有頻率、有冷靜。

你不需要永遠衝刺,也不必隨市場節奏起舞,而是讓自己的操作節奏變成生活的一部分。一套簡單、可複製、讓你心情不焦躁的操作流程,才是穩定的基礎。這種穩,不是保守,而是有紀律的彈性,是能面對各種變局的心理韌性。

穩健不是沒追求,而是最有遠見的選擇

別小看「穩健」這兩個字,它不是投降、不是平庸,而是一種深思熟慮後的選擇。真正有遠見的投資人,不會把自己

丟進賭桌,而是站在場邊觀察風向、等到符合自己標準的機會才出手。他們知道,市場永遠會再來一次,錯過這一波,不代表失敗;衝動進場虧大錢,才是真的出局。

如果你真的想要在投資路上走得長遠,請記得:每一次穩住情緒、每一次忍住衝動、每一次照著規則來,其實都是你在累積自己的長期勝率。這不是輸贏的瞬間,而是一場選擇活著、穩著的長跑。而你願意這樣跑下去的那一刻,就是你離財務自由最近的那一刻。

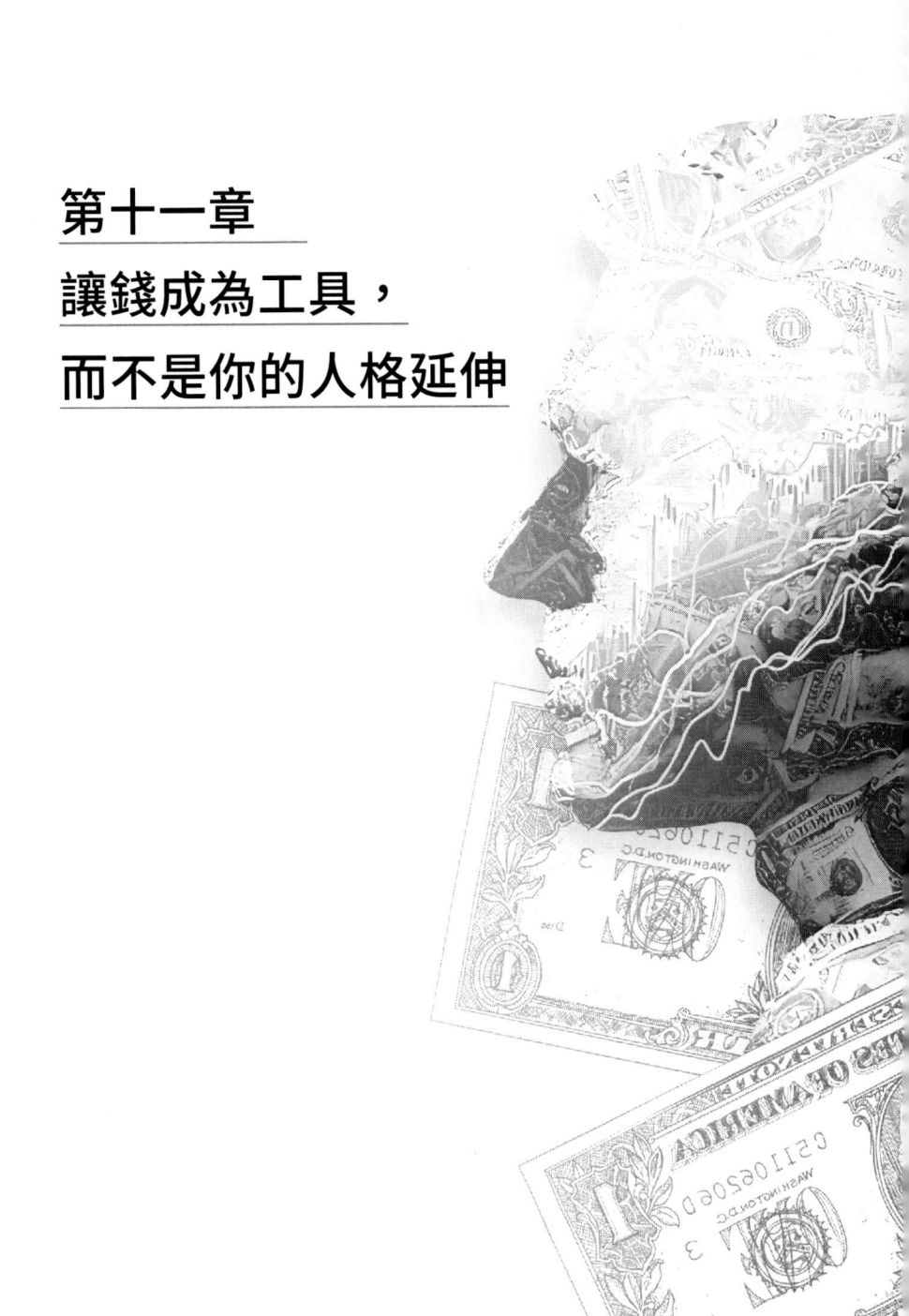

第十一章
讓錢成為工具，而不是你的人格延伸

第十一章　讓錢成為工具，而不是你的人格延伸

11.1 錢是錢，不是你的價值證明

錢不是你這個人，而是你使用的工具

你在買第一張股票時，是不是也曾經偷偷想過：「如果賺了，我是不是就證明自己很聰明？」我們活在一個太容易把財富等同於價值的社會，只要誰說年薪七位數，誰就是「人生勝利組」，只要誰虧錢了，就彷彿代表這個人「不夠厲害」。但這其實是個極具破壞性的思維：你把自己的價值，綁在了一個根本不是你能完全掌控的東西上。

錢是工具，它不是你的價值證明。工具用得好，可以幫助你生活得更自在；用得不好，也不代表你這個人失敗。就像一把刀子，有人拿來煮飯，有人不小心割傷自己，但這把刀子本身，從來不是人品的代表。

賺錢不是榮耀，虧錢也不是恥辱

很多人在投資虧損後，不只是難過錢少了，而是會感到羞愧，甚至質疑自己是不是「笨」、「不適合投資」、「不夠聰明」。這種自我否定，其實來自一個錯誤的前提：你以為績

效就是你能力的全部體現。但事實上,投資成果除了能力,還包含運氣、市場狀況、政策變動、甚至突如其來的全球事件。績效不等於價值,虧損不等於你輸了人生。

相反的,把投資當成一種與世界互動的方式,你會慢慢建立出新的價值觀:我可以從判斷錯誤中學習,我可以修正策略,我可以調整心態。錢來錢去,它只是在測試你能不能成為一個更成熟、更冷靜、更有策略的人。錢,是陪你一起成長的對象,不是你價值的分數卡。

別讓市場來定義你的自尊

投資人常常會有這樣的情緒起伏:帳戶一綠,就覺得自己是失敗者;帳戶一紅,就開始覺得自己無所不能。這種過度依賴市場表現來評價自我價值的習慣,非常危險。你會把自己的自尊與情緒交到一個你無法控制的東西手上,而那個東西,24 小時都可能背叛你。

如果你每天早上打開 App,只是為了知道自己今天可不可以高興、值不值得自信,那你已經不是在投資,你是在賭一種虛假的安全感。你要學會把錢的波動,從你「是誰」的判斷標準中剝離開來。你不是帳戶的數字,你是那個正在建立策略、調整方向、願意學習的人。你可以輸一次,但你不能把自我價值也跟著賠掉。

第十一章　讓錢成為工具，而不是你的人格延伸

投資賺錢的目的是生活，而不是炫耀

別再被那種「賺越多就越成功」的聲音綁架了。錢，是讓你買自由、買選擇、買安心的工具。它不應該成為你炫耀自己的方式，更不應該成為你證明自己存在價值的憑證。真正厲害的投資人，是能讓錢變成實現人生目標的幫手，而不是每天和別人比誰數字大。

當你開始把錢當工具而不是徽章，你就會少一點焦慮、少一點衝動、多一點清楚。你會願意等待、願意調整、願意承認自己不知道，因為你不再急著用它來定義自己。那一刻開始，你才是真正掌握投資節奏的人，也才有可能走出一條屬於你自己的財務自由之路。

11.2 從「我值得」到「我需要」是理財覺醒

「我值得」聽起來正面，卻可能是陷阱開場

當你告訴自己：「我這麼辛苦，值得買一個新手機」、「我最近壓力很大，該對自己好一點」，這些聽起來像是合理的慰勞，但它背後藏著一個理財陷阱：你在用「值得」當作所有消費行為的正當化藉口。只要你覺得自己「值得」，你就可以不考慮預算、不看需求、不問必要性，直接買單。

這種思維一旦被習慣化，你的消費就會失去重心。因為「我值得」永遠說得通，而「我需要」卻需要你認真面對真實的自己。你值得快樂，但不代表你需要每一個用來填補壓力的物品；你值得更好的生活，但不是透過不斷購物來證明生活的意義。

從情緒補償轉向目標導向，是轉捩點

理財真正的轉折點，不是你會記帳、會算報酬率，而是你開始從「情緒補償型消費」轉向「目標導向型消費」。情緒補償是：「我今天被主管罵了，我應該買點什麼讓自己好過

點」；目標導向則是：「我希望三年後存到頭期款，所以這筆開銷先延後」。

兩者的差異在於，你是否願意面對自己的需求真相。「我值得」只是一句很方便的心理麻醉劑，它讓你不去面對焦慮、不去思考選擇。但「我需要」會逼你停下來，問自己：「這筆錢，是我要的人生方向的一部分嗎？」這個問題很不舒服，卻也很有力量，因為它會把你帶往更長遠的清晰目標，而不是短期的情緒安慰。

真正的覺醒，是把需求放在情緒前面

當你開始練習「我需要什麼」這個思考順序，你就會發現自己其實有很多衝動，是在填補空虛或擺脫壓力，根本不是為了生活必需。你不是不值得過得好，而是你過得好不應該建築在即時消費與短暫興奮之上。

問問自己：「這筆花費，解決的是什麼問題？是真的需要，還是情緒想找出口？」每次能誠實回答這個問題一次，你的金錢就多了一點清醒。從「值得」跳到「需要」，不是抹滅享受，而是讓你真正享受得起──因為你已經擁有決定什麼才重要的能力。

11.2 從「我值得」到「我需要」是理財覺醒

> **你越清楚需求,就越能掌握自由**

理財的終點,不是讓你什麼都不能花,而是讓你能自在地決定「我要花在哪裡」。而要走到這一步,前提是你得把價值感建立在「我知道自己需要什麼」,而不是「我值得別人羨慕什麼」。

當你開始追問「我需要什麼」,你會做出更有節奏、更有意識的金錢決策。你會願意延後滿足、願意做選擇、願意承擔結果。這些都不是壓抑,而是覺醒。真正的理財自由,不是賺更多,而是你能不被「值得」綁架,轉而活成你真正「需要」的人生。

第十一章　讓錢成為工具，而不是你的人格延伸

11.3
自尊別綁在帳戶數字上

帳戶數字是變動的，自我價值不該跟著起伏

你有沒有這種經驗？某天看到帳戶變綠，整個人情緒低落、懷疑自己是不是判斷有誤；隔天一翻紅，又覺得自己很有眼光、值得信任。這種情緒起伏不是來自市場，而是來自你把自尊綁在帳戶上。投資成績好就有價值、績效差就自我懷疑，這是最容易讓人陷入焦慮循環的思維陷阱。

自尊感應該建立在穩固的自我認知上，而不是浮動的市場數字上。你是誰、你的價值，不會因為某支股票漲跌幾%就改變。帳戶的數字是工具，是量化資源的方式，不是衡量人格的尺標。如果你讓數字來決定你今天配不配快樂、值不值得自信，那你就把整個情緒主導權交給了市場，這對你來說是種長期的心理耗損。

「賺錢」不該是用來撐住自尊的支柱

許多人不自覺地把投資績效當作自尊來源。尤其當你身邊有人賺了錢、分享報酬率，甚至在社群上炫耀績效時，你可能會產生一種競爭焦慮：「我也該更努力賺才行，不然顯得

自己不行。」但這不是投資,而是在用成績撐起不安的內心。

當你把「賺得好」等於「我是個值得被尊敬的人」,那只要市場一變臉,你就會陷入自我否定。這樣的思維會讓你愈來愈依賴外在表現來維持內在穩定,一旦跌破某個數字,你的情緒也跟著崩潰。真正穩定的投資人,從不讓績效定義自我,而是讓自我價值決定投資方式。

投資表現好壞,跟你的價值無關

你可以是一個好投資人,但偶爾會判斷錯;你也可以是一個非常聰明的人,卻遇到不理性的市場。這些情況都不會改變你本身的價值。會變的只是資產淨值,不是你的人格特質。

市場表現好,不代表你比別人優越;表現差,也不代表你比較失敗。你只是做了選擇,遇上了結果。這中間的因果關係,有時甚至不完全可控。把投資當作一場長期的技能與習慣養成,而不是一場自我價值的測驗,你才不會讓每一次波動都傷害你的內心穩定性。

自尊感來自選擇,而非成績

最成熟的自尊,不是「我贏了,所以我很棒」,而是「即使輸了,我也知道自己值得」。當你把焦點從「我帳戶多少

錢」轉向「我是否忠於自己的策略」、「我是否持續學習」、「我是否在做長遠對我有意義的選擇」,你就會逐漸建立出一種穩定的自我價值基礎。

這種價值不是靠比較、不是靠炫耀,而是靠你面對市場時的態度與選擇所累積出來的。帳戶數字會上上下下,但你的信念、你的節奏、你的風格,可以是穩定的。而這份穩定,就是你在投資市場最難被動搖的本錢。

11.4 投資輸了不是你輸,是策略需要換

錯的不是你,而是當時的判斷機制

當你遇到虧損時,很容易就把矛頭指向自己:「我是不是不夠聰明?我是不是沒眼光?」但請記住,虧損不是個人價值的審判,它只是反映當下策略在那個市場情境中不適用而已。這世界上沒有永遠有效的策略,也沒有完全無懈可擊的操作邏輯,有的只是「適合當下」與「需要調整」。

如果你一虧錢就開始懷疑自己整個人,那你就很難在市場裡長期生存。你要做的,不是自責,而是回頭檢視:「這個策略當初為什麼成立?現在失效是因為市場變了、還是我執行錯了?有沒有新的資訊改變了前提?」與其懊悔過去,不如修正未來。

一次錯誤不代表你整體思維有問題

太多人會因為某一筆失誤的交易,完全否定自己的能力與邏輯。但事實是,每一筆投資都是獨立事件,是一組資訊條件下的行為反應,不應該成為對整體自我的評價基礎。你不會因為考一次試沒考好,就說你整個人不配活在這世界上;

第十一章　讓錢成為工具，而不是你的人格延伸

同樣地，一次失敗的投資也不代表你不適合投資。

要有這樣的覺察：失敗只是讓你發現某個方向走不通，它不否定你有探索的能力。你可以透過回顧、記錄、反思來優化策略，而不是透過自我否定來麻痺錯誤。輸一次沒關係，只要你不重複一樣的錯，那次輸其實就是你進化的起點。

放棄「我要贏」的心態，轉向「我要調整」

投資不是一場輸贏遊戲，而是一個長期的適應過程。把心態從「我一定要贏」轉為「我需要調整」，你會輕鬆很多。你不是為了證明自己比市場聰明才來投資，而是希望透過市場讓資源分配更有效。

當你開始用「策略是否合適」而不是「我是不是失敗者」來判斷每一次結果，你就會走出那種「輸＝我不好」的心理陷阱。這不代表你對績效不在意，而是你知道績效只是結果，策略才是你可以持續優化的方向。

長期活下來的人，都學會了溫柔對待錯誤

那些能在市場中活得久、走得遠的人，不是因為他們從沒犯錯，而是他們懂得錯了就換策略，不拖、不硬撐、不否定自己。他們知道市場會變、情境會變、人也會變，所以策

11.4　投資輸了不是你輸,是策略需要換

略也該跟著調整。重點不是你現在對不對,而是你能不能在錯的時候,願意承認、願意修正。

請記住:投資是一場演化,不是一場論輸贏的決鬥。下一次當你輸錢時,請不要說「我失敗了」,而是說「這個策略該換了」。你就會在一次次調整中,成為那個能在市場長期生存、穩定成長的人。

第十一章　讓錢成為工具，而不是你的人格延伸

11.5 別讓市場的漲跌定義你的情緒起伏

市場在動，但你不需要跟著起舞

你早上醒來打開手機看到大跌，整個人情緒低落；中午看到反彈，又突然精神振奮。這樣的狀態你熟悉嗎？當你的心情開始隨著指數上下波動，就代表你已經被市場牽著走。市場漲，你就快樂；市場跌，你就煩躁。長期下來，你不是在理財，而是讓市場在主導你的情緒人生。

市場本來就會波動，這是它的本性，不是異常。問題不在於市場怎麼動，而是你怎麼反應。如果你每一個小變動都當成世界末日或大好機會，那你就會處於一種永遠不安、永遠被動的狀態中。真正成熟的投資人，情緒穩定不是因為他們不在乎績效，而是因為他們不讓市場來決定今天該不該焦慮。

情緒不是你的錯，但可以被設計

我們不是機器，當然會有情緒反應。但重要的是，你可以設計一套「情緒隔離機制」，讓情緒不直接影響你的行為。你可以這樣做：

11.5　別讓市場的漲跌定義你的情緒起伏

- 每週只檢查一次資產變化,而不是天天看
- 每次看帳戶前先問自己:「我現在是為了做決策,還是只是想知道漲跌?」
- 把看盤時間限制在特定時段,不讓它滲透整天的生活

這些做法不是逃避,而是讓你建立出一層緩衝,讓市場的聲音不至於直接敲打你的內心。這樣的心理設計,會讓你更有空間去思考、去規劃,而不是被數字拖著走。

情緒起伏越大,錯誤機率越高

投資中最危險的行為,往往來自情緒驅動:恐慌殺出、過度加碼、追高追低。這些行為發生的當下,你都覺得「很合理」,但事後回顧,往往就是績效崩壞的起點。如果你讓情緒決定操作,你就會變成市場的附屬物,被它牽著跑。

你要訓練的是「看見自己的情緒,但不急著反應」。當你意識到自己因為下跌而心慌,或因為上漲而過度自信時,請不要立刻做出任何動作。先停下來,寫下你的感受、重新翻閱自己的操作計畫。這種自我回應的能力,才是真正的情緒肌肉。

真正的穩定,是「不讓市場決定你是誰」

你可以是一個每天有操作的人,也可以是每週只看一次盤的人。重點從來不是你看得多頻繁、動得多快,而是你

第十一章　讓錢成為工具，而不是你的人格延伸

的心有沒有被市場牽著走。如果你每天的快樂與否，都要交給一張帳戶報表來決定，那你就是在把自己的人生外包給股市。

你應該回到自己的節奏、目標與價值感。帳戶的數字只是財務上的反應，不是你人格的成績單。當你能夠說出：「今天跌，但我不急，我知道自己在做什麼」的時候，你就已經從被市場操控，走向掌控自己人生的狀態。

記住，不讓市場定義你的情緒，是投資心理的分水嶺。從這一刻起，讓自己開始練習：市場可以動，但我不一定要動；市場可以吵，但我可以靜。

11.6 搞清楚你想用錢完成什麼，比賺多少重要

錢本來就不是目的，而是手段

許多人在開始理財或投資的時候，第一個目標就是「我要賺很多錢」。但當你問自己：「賺了這麼多錢之後要做什麼？」卻又常常答不出來。這正是問題所在 —— 你忙著追求「數字」，卻沒有思考那個數字背後代表什麼意義。如果你沒想清楚錢要帶你去哪裡，那不管賺多少，都只是瞎忙。

錢不是最終目的，它只是工具。這個工具要拿來換什麼，是你人生的選擇。如果你不知道自己要什麼，那錢只會讓你走得更快，但不一定走得更對。搞清楚錢的用途，才能讓財務規劃有重心、有方向，不再只是盲目衝刺。

資產目標不等於人生目標

很多人設了理財目標：「三年內存到三百萬」、「每月多一萬被動收入」，但卻沒有配上清楚的人生目標。你想三百萬來做什麼？是買房？換工作？提前退休？還是支持某個夢想？如果資產目標沒有連接到人生目標，那就很容易變成：「數字到了，但生活沒變。」你以為你完成了財務自由，其實只是

第十一章　讓錢成為工具，而不是你的人格延伸

進入另一輪焦慮的開始。

真正有力量的財務規劃，是從「我想過什麼生活」出發，再回推「這樣的生活需要多少錢」。這樣你在每一筆支出與投資時，才知道自己是在靠近還是偏離目標，而不會只是憑感覺操作或被別人的節奏牽動。

當你知道目的，就比較不容易被市場帶走

投資中最容易失控的，是那種「反正現在大家都在買，我也來一下」的心態。但當你知道自己的錢是要拿來做什麼的，你就會更有自律。你會問自己：「這樣做有幫助我接近目標嗎？」如果答案是否，你就會停下來。這不是保守，而是清醒。

市場本來就有高潮低谷，你的目的感就是穩定器。它會幫你過濾那些短期誘惑、社群比較、熱門話題。因為你有自己的方向，就不容易迷路。你知道錢不是用來證明自己贏過別人，而是幫你走向更清楚的自己。

想清楚你要什麼，比賺到什麼更重要

不要再問「我要賺多少」，而是問「我希望自己用錢完成什麼」。當你對這個問題越清楚，你的金錢選擇就會越有力。也只有當你知道錢是為了讓你更自由、更穩定、更踏實地生

11.6　搞清楚你想用錢完成什麼，比賺多少重要

活時，你才會真正擁有財務的主導權。

如果你賺了很多錢，但每天都焦慮、迷失、忙碌，那你只是帳戶富有，人生貧乏。但如果你賺得剛剛好，卻過得踏實、有選擇、有空間，那你就已經達成真正的財務意義了。記住，投資的終點不是「錢變多」，而是「我更看清自己」。

第十一章　讓錢成為工具，而不是你的人格延伸

11.7
投資的終點，不是翻倍，是自在

錢夠用，不等於心安穩

有些人投資的理由看似很實際：「我想讓資產翻倍」、「我想提早退休」、「我希望每月有穩定被動收入」。這些目標都很好，但你真的想過它背後的情緒狀態是什麼嗎？你真正追求的，不是更多錢，而是更多安全感、自由感與從容感。

換句話說，投資的終點不是帳面數字翻幾倍，而是你有沒有因為投資，而讓生活更自在。自在不是有幾棟房、多少股，而是你能不能不再每天為了錢焦慮、能不能更有餘裕做自己想做的事。你若不自在，就算帳戶再大，也只是壓力的放大器。

財務自由不是數字，是心理狀態

很多人以為財務自由等於某個固定的數字：一千萬？三千萬？但你會發現，當你追到了這個數字之後，很可能又會設下一個更高的門檻。這不是因為你不知足，而是你根本沒有去問：「我什麼時候才算安心？」

真正的財務自由，是一種「我知道我可以掌控自己生活」

11.7 投資的終點,不是翻倍,是自在

的感覺。這來自於你有一套自己信任的金錢邏輯、一種你能駕馭的生活節奏,而不是市場的漲跌或他人的標準。當你內心知道:「即使市場大跌,我也有備案;即使收入波動,我還能照我想要的方式過日子」——這就是自在。

投資是為了放鬆生活,不是擾亂生活

你可能會說:「我就是想靠投資改變命運啊!」沒錯,但這個「改變」應該是讓你更有主動權,而不是更容易被影響。如果你因為投資變得更焦慮、更緊張、生活更不平衡,那你可能不是在用投資改善生活,而是在用投資掩飾混亂。

你可以每天研究盤勢、關注市場,但這些行為應該是出於興趣與目標一致,而不是被恐懼驅動。你要問自己:「投資有沒有讓我變得更從容?我有沒有因為這樣的操作而感到平靜一點?」如果沒有,那就要回頭檢查:我是在打造財務自由,還是在不斷創造心理壓力?

真正的贏家,是懂得「夠了」的人

市場上永遠有人賺得比你多、看得比你準、操作得比你狠。但這些比較不會幫你過得比較好,只會讓你一直陷在不夠的焦慮裡。真正能從投資中走得長遠的人,不是看誰翻倍最多,而是誰最知道「什麼對我來說,剛剛好」。

第十一章　讓錢成為工具,而不是你的人格延伸

當你可以說出:「我不需要贏過每一個人,我只要活成我想要的樣子就好」的時候,你就已經贏了。自在不是沒有煩惱,而是煩惱不再支配你。投資也不該是折磨自己的修羅場,而是打造生活節奏的工具。

所以,別再問「我可以翻幾倍」,而是問「我能不能過得更安心、更自在?」這才是真正長期穩定的財務終點。

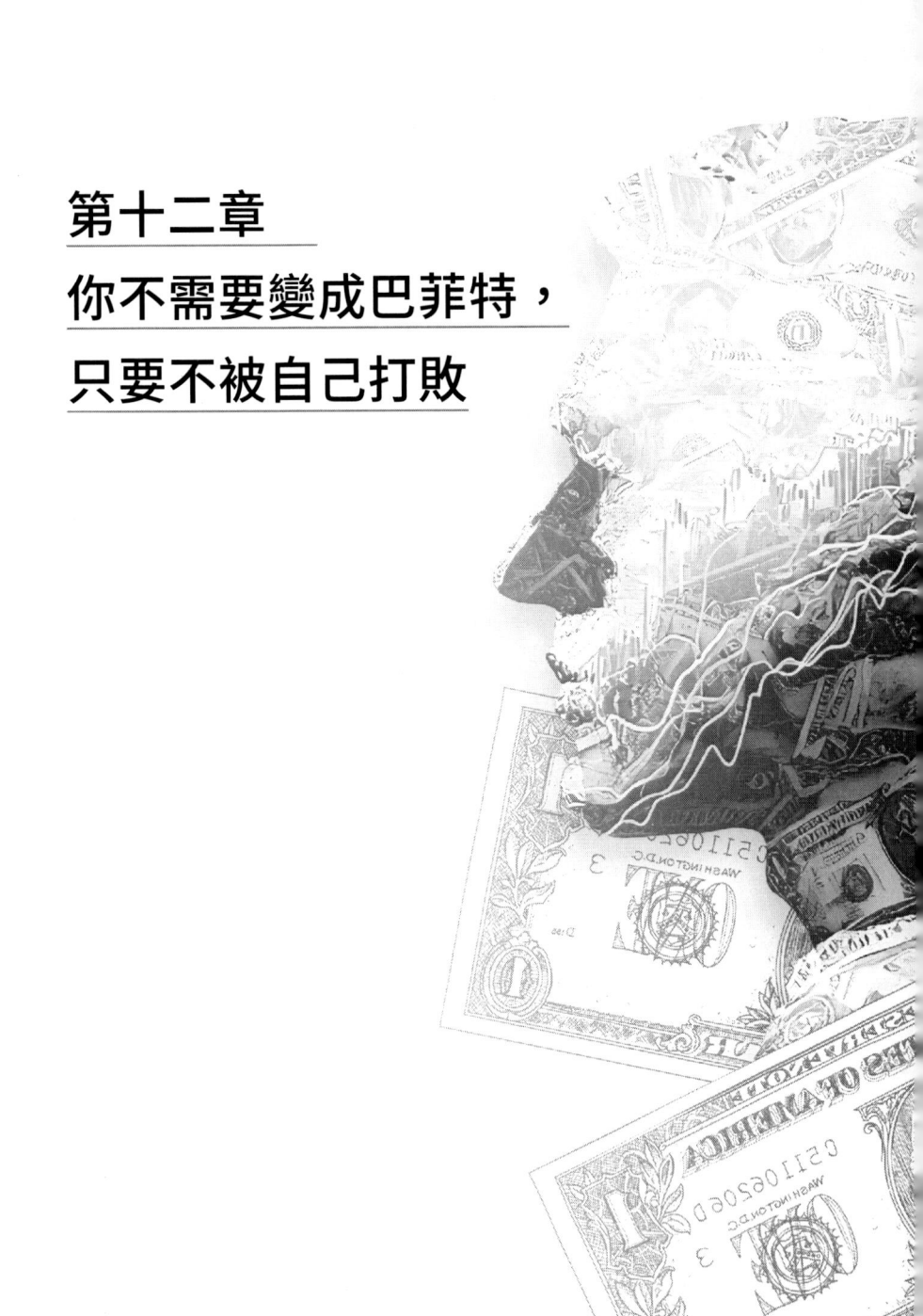

第十二章
你不需要變成巴菲特,
只要不被自己打敗

12.1 投資這件事,不需要超人腦袋

理財不是天才專利,是一種生活技能

你可能以為,投資要做得好,一定要精通數學、懂得統計分析、能夠秒算報酬率,最好還有一點金融背景。但事實上,能把錢管好的人,多數不是那些數學冠軍,而是能夠保持紀律、願意學習、願意面對錯誤的人。投資這件事,不需要超人腦袋,而是需要一個願意慢慢變聰明的大腦。

你不需要記得每一檔股票的 PE 值,也不需要秒懂每一張 K 線圖,你只需要理解一些簡單的原則 —— 風險分散、長期思維、現金流規劃,然後願意一點一滴去練習。就像開車、煮飯一樣,理財是一種技能,不是天分。那些最會理財的人,靠的不是智力壓制,而是穩定練習。

懂得少,不代表不能開始

很多人遲遲不敢踏出投資第一步,是因為覺得自己「還不夠懂」。但事實是,你永遠不會感覺「夠懂」,因為市場一直在變、工具一直在變、資訊永遠爆炸。你在等的那一刻「萬事俱備」,它可能一輩子都不會來。

12.1 投資這件事,不需要超人腦袋

與其等自己準備好,不如從小額、低風險、簡單的產品開始,邊做邊學。你會發現,真正讓你進步的不是讀完十本書,而是開始動手操作那一刻。市場會教你很多東西,但前提是你先加入那堂課。光坐在教室門口等教授叫你進去,是永遠不會開課的。

專業的重點不是「懂最多」,而是「能應用」

你可以讀再多的財經報導、看再多的 YouTube 頻道,但如果這些知識沒辦法幫你做出選擇,那就只是資訊,不是能力。真正的專業不是會背誦,而是能轉換:我知道自己為什麼要這樣配置資產,我能說出我選這支 ETF 的邏輯,我能預期最壞情況時該怎麼處理。

這些能力,不需要博士學歷,不需要華爾街工作經歷。它們需要的是持續學習、反覆實踐與誠實面對自己。你只要專心搞懂一套簡單方法,然後堅持用它慢慢成長,就已經贏過一大堆每週換策略、天天追新聞的人了。

別再推開投資,把它當作「會呼吸」的一部分

當你說「我不懂投資,所以不碰」的時候,其實你不是避開風險,而是在把風險外包給運氣。因為不管你有沒有在投資,你的錢每天都在被通膨吃掉、被銀行利率影響、被政策

牽動。你不能說「我不會游泳所以不下水」，結果你每天都站在漲潮的海邊。

投資不是專業人士的專利，而是現代生活的必備技能。你不需要超能力，只需要願意開始、持續練習、相信自己能越來越好。真正的差距從來不是聰明與否，而是你有沒有下定決心：從今天起，不再把投資當成別人的事，而是屬於我自己的能力清單。

12.2 「普通人也能做好投資」不是安慰,而是事實

投資不是菁英遊戲,而是日常選擇的延伸

我們從小就被灌輸一種想法:投資是聰明人的事,是有錢人才玩的遊戲。但這其實是一種錯誤的迷思。你不需要有高學歷、不需要進入金融圈、不需要每天看盤 10 小時,才能做好投資。你只需要開始有意識地面對金錢,做出幾個清楚的選擇,就已經走在比大多數人更穩的路上了。

投資這件事的門檻,不在知識的深度,而在行動的態度。你可以是個全職上班族、自由工作者、甚至剛出社會的新鮮人,只要願意定期投入、分散風險、設定合理目標,你就已經在實踐投資這件事了。普通人可以做得好,因為市場不是在找天才,而是在找耐得住性子、懂得長期思維的人。

平凡的做法,只要穩定,就會勝過華麗的操作

你不需要找到下一個特斯拉,也不必研究複雜的期貨槓桿策略。你只要搞懂自己在做什麼、為什麼這樣配置資產、出場與再投入的原則在哪裡,這就已經是非常高水準的操作。

第十二章　你不需要變成巴菲特，只要不被自己打敗

大多數會虧大錢的人，不是因為不聰明，而是因為太想表現得很聰明。反而是那些乖乖定期定額、不追高殺低、不三天兩頭換策略的人，默默累積了穩健的資產。你不需要華麗的操作，只需要一套不讓你頻繁動搖的投資機制，這樣你就能把平凡變成超能力。

你不需要變別人，只要搞懂自己

很多人一開始投資，會拚命模仿成功人士的做法，但那些方法未必適合你。重點不是照抄別人的投資組合，而是要找到適合自己節奏與風險承受度的方式。你可以風格簡單，也可以工具單一，只要能夠長期維持，就會變成你的優勢。

投資不是考試，沒有標準答案。別人賺得多，不代表你做錯；你走得慢，也不代表你落後。投資最怕的是走著走著就迷失自己，最強的反而是那種一直知道自己為什麼要這樣做的人。普通人的成功祕訣，不是變成別人，而是更像自己。

成功投資不是特例，而是可以複製的日常

每個月自動扣款投資 ETF、固定時間檢視資產配置、不被短期新聞干擾、留有應急現金部位──這些看似普通的習慣，卻是累積財富的真正根基。你不用天賦異稟，只要做對

12.2 「普通人也能做好投資」不是安慰,而是事實

幾件事、持續做夠久,就能享受長期穩定的成效。

「普通人也能做好投資」這句話,不是拿來安慰你的,而是統計證實的事實。市場不獎勵最聰明的人,而是獎勵最持久的人。所以請放下「我是不是不夠格」的焦慮,因為你本來就夠格,只是社會太常讓你以為你不行。從今天開始,把投資當作生活的一部分,而不是一場考驗,你就會發現,原來穩定致富,是普通人也做得到的日常。

12.3
你的敵人不是市場,是自己那顆慌亂的心

真正讓你賠錢的,從來不是外部環境

市場會波動,政策會變,經濟會起起伏伏,這些都是投資人無法控制的事實。但很多時候,真正導致虧損的,不是市場本身,而是你在面對市場時那顆慌亂的心。新聞一出就緊張、群組一熱就想追、帳戶一跌就開始自我懷疑……這些反應不是策略,是情緒。

情緒如果沒有被覺察,就會變成行為。而投資這件事,最怕的就是情緒變成行為——恐慌賣出、貪婪加碼、焦慮亂動。你的敵人不是那條紅線或那個 K 棒,而是你沒注意到的焦躁、比較、害怕與僥倖。

市場測的是你的心性,不是智商

許多人誤以為投資是場智慧比賽,其實它更像是一場心理耐力賽。能撐過震盪的,不是 IQ 最高的人,而是能夠管住自己情緒、堅持計畫、不隨波逐流的人。這不是要你冷血,而是要你清醒。

市場在測試你的信心、穩定、紀律,甚至是你能不能誠

實面對自己的恐懼。很多人不是輸在策略錯，而是輸在「心沒定」。看到別人賺就想換策略，看到自己跌就想逃，這樣的投資行為就像在風浪中換船，風越大，你越危險。

情緒管理，才是真正的風險控管

我們花很多時間學 K 線、估價、財報，卻很少練習「怎麼穩住自己的心」。但事實上，情緒管理才是每一筆投資背後的關鍵系統。如果你能在市場狂跌時不驚、不亂動，在賺錢時不飄、不過度加碼，那你就比大多數人多了一道強力的風險防線。

這不是壓抑情緒，而是你能看見情緒，卻不被牽著走。你可以心跳加快，卻還是選擇照計畫操作；你可以有波動感受，但不需要立刻反應。這種自我控制，才是你從普通投資人升級為成熟投資人的關鍵。

成熟的投資人，從來不是無懼者，而是能自控者

沒有人真的不怕虧錢，也沒有人不在乎績效。差別在於，有些人被這些情緒操控，有些人則是學會跟它們和平共處。你不需要成為鐵石心腸的人，但你需要有一個清楚的系統，來幫助你在慌亂時穩住自己。

第十二章　你不需要變成巴菲特，只要不被自己打敗

　　你可以寫下你的情緒反應日誌，也可以固定在每次操作前問自己：「我現在是出於恐懼還是計畫？」這些小練習會讓你慢慢看懂自己的情緒模式，而不再成為它的俘虜。

　　當你發現最大的敵人其實不是市場，而是那顆沒被照顧、沒被理解的心時，你就會知道，投資真正的修練場，不在圖表裡，而是在你自己的情緒深處。贏得這場內在戰爭，才是真的贏。

12.4
不用完美紀律，也能有穩健報酬

投資不是零或一，而是灰階的選擇空間

許多人誤以為要在投資市場穩定獲利，必須擁有鐵一般的紀律——每天看盤、固定時間操作、絕對遵守每一個規則。但現實是，沒有人可以百分之百不犯錯，也沒有人能永遠按照理論行動。你不是機器，你有情緒、有生活、有變數。真正的關鍵，不是完美紀律，而是「大致穩定」就好。

穩定報酬來自長期執行正確的大方向，而不是對每一個小波動都反應精準。你可以偶爾脫軌，只要你有能力修正；你可以偶爾懶惰，只要你知道什麼時候該拉回正軌。完美不重要，持續才重要。讓投資變成你可以長期做下去的生活習慣，而不是壓力來源。

堅持「大原則」，勝過執著「小細節」

所謂大原則，是像這樣的基本架構：資產配置要分散、長期持有才有優勢、不要在情緒極端時做決策。這些原則才是影響你最終報酬的主幹。相對地，小細節如：這支股票該不該加碼？ETF 該月初還是月底買？這些都屬於戰術層次，

第十二章　你不需要變成巴菲特，只要不被自己打敗

不需要給自己太多壓力。

如果你每一次投資都要求自己完美執行、零瑕疵，那你會很快就疲乏，甚至放棄整個理財計畫。比起短期內做得極致，不如長期內做得一致。你不是來考試，你是來生活。讓你能夠持續下去的策略，才是真正有效的策略。

彈性，是你長期穩定的保護傘

生活不會天天按照計畫走，投資當然也是。有時候你臨時要用錢、有時候市場出現你沒預期的波動、有時候你單純不想動。這些都不是失敗，只是人性。真正穩定的系統，會允許自己有彈性空間，不會因為某次「沒照著做」就全盤否定。

給自己一點空間，不代表放縱，而是讓你在錯誤中也能活得下來。這種「可回復性」才是資產穩定的關鍵能力。你不需要永遠做對，只要你犯錯的時候不會重傷自己，就已經是超越市場的好選手。

投資要長期，就要先讓自己能撐得住

我們總說複利是投資的魔法，但這個魔法有一個前提：你要活得夠久。不是年齡上的「活著」，而是心理上的「沒放棄」。如果你把投資變成一套自己壓力爆表、情緒時常崩潰的

12.4　不用完美紀律,也能有穩健報酬

機制,那你很難撐超過三年。

　　穩健報酬的本質,是「你願意一直做下去」,而不是「你做得多完美」。與其強迫自己追求無懈可擊,不如建立一套讓你有餘裕、有彈性、有空間喘息的操作框架。真正能陪你走到最後的策略,是你做起來不累,遇到亂流也不慌的那一套。記住,完美只是幻覺,穩定才是實力。

第十二章　你不需要變成巴菲特，只要不被自己打敗

12.5
放下執念，會讓你更容易賺錢

執著於「一定要對」反而讓你判斷失真

許多人在投資上最大的障礙，不是資訊太少，而是太想證明自己是對的。你可能買了一檔股票，跌了卻死不賣，因為你心裡想的是：「我不能認輸，我要撐到它漲回來。」這不是策略，是執念。你不是在管理資產，而是在維護自尊。而當自尊介入決策，你就很難做出有彈性的調整。

放下「非贏不可」的執念，不代表你不在乎績效，而是你開始更在乎整體方向。市場本來就有不確定性，沒有誰永遠看對趨勢。與其硬撐一個錯誤，不如學會在資訊更新時轉彎。真正靈活的人，不是變來變去，而是知道什麼時候該堅持、什麼時候該放手。

理性調整，才是穩定獲利的基礎

當你能放下「我不能輸」的心理，你才有餘裕去問：「這個策略現在還合適嗎？」這是一種成熟的判斷方式。不是為了面子繼續持有，而是為了邏輯重新檢視。不再糾結「當初就該怎樣」，而是專注於「現在怎麼做比較好」。這種轉念，

12.5　放下執念，會讓你更容易賺錢

會讓你更容易做出客觀的調整，也更容易止損止盈。

市場上最穩定的獲利者，從來不是最頑強的那一群，而是最懂得調整的一群。他們知道判斷錯是常態，對的時候要擴大成果，錯的時候就迅速收手。少一點面子問題，多一點策略彈性，你就會發現，原來放下執念，也能讓你賺更多。

執著會模糊風險，讓你陷得更深

當你太想證明一個決定沒錯，你就會開始忽略所有反面訊號，甚至說服自己「這只是短暫的回檔」、「我再等一下應該就回來了」。這時候你不是在分析，而是在自我催眠。你越執著，就越不願意承認風險的存在，反而讓自己暴露在更大的風險中。

風險從來都在，只是你有沒有看見。有時候承認「我看錯了」不是失敗，而是一種更高層次的成熟。因為你知道，投資不是一場論輸贏的戰爭，而是一場選擇退出的藝術。當你懂得設停損、懂得修正方向，你就已經是市場中的強者。

能賺錢的人，通常不是最固執的那個

真正穩定賺錢的人，不是那種永遠不退讓、每次都看準的神人，而是那些願意因應現況調整策略、時刻保持彈性與冷靜的人。他們的厲害之處，不在於預測正確率，而在於出

第十二章　你不需要變成巴菲特，只要不被自己打敗

錯時的反應速度。

如果你每次操作都背負著「我不能輸」的壓力，你就會越來越害怕修正，最後陷在自己的執念裡動彈不得。但如果你願意相信：修正不是否定，而是升級，你就會越來越能看清局勢、做出對自己更有利的選擇。

放下執念，不是放棄，而是釋放出你真正的投資實力。當你不再為了面子操作，而是為了邏輯與長遠，你的每一次調整，都是在幫自己的資產爭取更多自由。

12.6 少做點錯事，就是最大的優勢

不必每次都贏，只要少輸就好

很多人以為投資要成功，就是要每一筆都贏、每一次都抓到最佳時機。但真正穩定獲利的投資人，靠的不是超高命中率，而是「盡量少犯錯」。市場從來不需要你完美，只需要你避開那些會讓你大失血的大錯。投資的比賽，不是看誰得分最多，而是看誰失誤最少。

當你能避開追高殺低、情緒操作、過度加碼、資訊焦慮等常見錯誤時，你就已經領先大多數人。這不是悲觀的消極策略，而是最務實的穩健操作。因為在變動的市場中，控制失誤比追求神操作，更能幫你拉高長期報酬。

你不需要「做對很多事」，而是「別做錯關鍵事」

市面上充斥著各種「快速致富」、「神人策略」，讓人誤以為投資是一場技巧競賽。但事實上，避開以下這些基本錯誤，就能大幅提升你在市場的存活率：

第十二章　你不需要變成巴菲特，只要不被自己打敗

- 沒有備用現金就全押進股市
- 因為朋友說好就盲目買入
- 每天追盤但沒長期策略
- 漲時不設停利，跌時死不認輸

你可以平凡、簡單，甚至不懂太多財經術語，只要不犯致命錯誤，你就已經站在贏家的起跑點。就像開車，沒有人要你技術像車神，只要不闖紅燈、不逆向行駛，就比大多數人安全。

成熟的投資人，都擁有「減錯」的自覺

很多人一旦賺到錢，就誤以為自己找到聖杯，開始加碼、加槓桿、增加操作頻率。其實真正厲害的投資人，反而會在賺錢時提醒自己：是不是太順利了？有沒有哪裡過度自信？該不該降低風險暴露？

這種「減錯」的自覺，是一種成熟的自我對話。因為他們知道，錯誤無法完全避免，但可以提早發現、迅速止損、避免重複。這樣的風控思維，才是投資穩定輸出的保險機制。

投資不是炫技，而是活下來的藝術

不要再把投資當成一場比誰更會操作的競技，而是當成一場誰能夠冷靜、謹慎、穩定地活到最後的長跑。你的勝利

12.6 少做點錯事，就是最大的優勢

來自於你避開了多少危機、守住了多少紀律、承認了多少錯誤、修正了多少偏差。

少做點錯事，不只是降低損失的策略，更是一種投資哲學。你越能降低判斷誤差，就越不需要靠「神操作」來翻盤。投資真正的高手，往往不是天天出手，而是知道什麼時候不該動手。少錯，就是你的最大優勢。

第十二章　你不需要變成巴菲特，只要不被自己打敗

12.7
你不需要變多厲害，只要越來越少犯傻

投資的本質，是不斷修正自己的盲點

很多人以為要成為優秀的投資人，就要變得比別人更聰明、更會算、更懂市場。但其實，多數人無法穩定獲利，並不是因為不夠厲害，而是因為犯了太多重複的錯。那些看起來很有天分的投資人，其實只是比別人少犯幾次傻事。

少一點衝動、少一點跟風、少一點僥倖心理，反而能讓你走得更穩、更久。你不需要變身超人，而是需要變得更有意識、更願意反省。你犯的每一個傻，都不是失敗，而是提醒：你還可以更清楚、更冷靜、更成熟。

成熟不是全懂，而是知道什麼時候該停

投資不是一場「知識比拚」，而是一場「選擇比拚」。有些人讀了很多書、參加無數講座，操作起來還是容易犯錯；有些人只懂幾個簡單原則，卻能穩定執行。差別在於：前者還在尋找必勝的答案，後者已經接受不完美的現實。

你要學會的，不是把每個決定做到極致，而是知道什麼時候該停、該等、該放手。你只要在每一次想亂動的時候停

一下腳步,在每一次市場誘惑來臨時冷靜一下,就能少掉一堆事後後悔。這種「自我察覺」的能力,比任何財報分析都實用。

投資的進步,是從少犯一次開始

不用設定高大上的目標,也不用追求百分之百精準,只要一個小小的改變,就能在長期產生巨大效果:

- 今天少看一次市場熱帖
- 這次不急著追漲
- 下單前多等一晚冷靜期
- 虧損時先寫下情緒再做決定

這些小動作,也許改變不了你這個月的報酬率,但會改變你對投資的掌控感。一旦你開始更清楚地看見自己的習慣,你就會慢慢變成那種「不容易出錯」的人。而這樣的你,自然就更靠近穩定報酬了。

投資是修練,不是考試

別再給自己壓力,覺得「我應該要更厲害」、「為什麼我還是看不懂這些圖表」,這些聲音只會讓你不敢動手,或亂動手。投資不是考試,不是答對最多的人得高分,而是願意反

第十二章　你不需要變成巴菲特，只要不被自己打敗

覆練習、願意慢慢修正自己的人走得遠。

你不需要變得多厲害，只要越來越少犯傻。只要每一次錯誤比上一次少犯一點、每一次反應比上一次更冷靜一點、每一次操作比上一次更有邏輯一點，你就會一點一滴地靠近你要的結果。

投資的終點，不是贏過別人，而是掌握自己。當你再也不是那個被市場牽著鼻子走、被情緒操控決策的人，你就已經是高手。

第十三章
你的行為系統升級指南：
從覺察到改變的實戰練習

13.1 情緒為何這麼強？你的大腦不是為了投資而設計

「我真的不是沒想清楚，而是當下那個感覺太強了，我完全沒辦法理性處理⋯⋯」

這是一位投資人跟我說過的話，他不是新手，也不是毫無準備的跟單族。他看過書、做過功課，甚至寫下過「進出場原則」。但當他真正看到手中的股票大跌、跌破成本價10%，社群裡開始有人說「還會再殺一波」，他的第一反應不是分析，而是恐懼。那種來不及「思考」的情緒反應，就像地震時的本能閃躲一樣，自動接管了他原本預定的投資策略。

這件事點醒了我，也成為本章的開端：我們真的不能再對自己要求「冷靜理性」了，因為在錢面前，我們天生就不是理性的。

我們的情緒強度，是幾十萬年演化留下的預設程式

從演化心理學的角度來看，人類大腦的設計並不是為了應付「股票 K 線」、「基金波動」或「期貨合約」這種現代市場機制。大腦的演化發展，花了數十萬年的時間，是為了幫助

13.1　情緒為何這麼強？你的大腦不是為了投資而設計

我們在野外生存、逃離威脅、捕捉機會。在那個時代裡，做出「快速反應」往往比「深思熟慮」更能保命。

當我們看到一隻老虎，不能站在那裡思考「牠是不是對我構成威脅？我是不是應該選擇戰鬥？還是逃跑比較保險？」—— 這種反應太慢了。我們需要的是迅速的情緒判斷：「恐懼→逃跑」，而不是「理性→推論」。

而這套「快速啟動、迅速反應」的機制，主導的就是大腦中被稱為杏仁核（amygdala）的部位。它負責監測環境威脅、激發恐懼、產生逃避行為，讓我們在危險來臨前搶先反應。

問題是 —— 現代金融市場的波動，會被我們的杏仁核「誤判成威脅」。

當你看到股價一根長黑 K，或是一夜之間帳面縮水10%，大腦沒有給你機會用理性分析，它早已經拉起紅色警報：「危險來了，快跑！」結果，你不是根據資料做出策略性調整，而是根據情緒做出本能性逃避。

這不是你的錯，這是你還沒調整你腦子的使用場景。

行為經濟學：
你的「理性大腦」根本不是主控臺

諾貝爾經濟學獎得主丹尼爾・康納曼（Daniel Kahneman）在他的經典著作《快思慢想》中提出一個重要理論：人類的思

第十三章　你的行為系統升級指南：從覺察到改變的實戰練習

考運作可以分為「系統一」與「系統二」。

- 系統一：快、直覺、情緒化，反應迅速、幾乎無需意識參與
- 系統二：慢、邏輯、理性，需要努力與注意力

在投資這件事上，我們常以為自己是用系統二在做判斷（例如研究財報、比價位階、觀察線型），但事實上，絕大多數時候，我們真正下決策的當下，是被系統一的「快思反射」給控制的。

這解釋了為什麼你明明在前一晚寫好策略，隔天看到開盤瞬間下殺，卻還是忍不住下單砍出；或者看到別人賺錢了，原本說好「不追漲」的你，還是衝進去追高。這些都是系統一的「非理性自動駕駛」，不是你真的笨，而是你根本還沒啟動理性的系統二。

三個你以為自己在判斷，其實只是情緒反射的例子

1. 損失厭惡（loss aversion）

我們對損失的感受強烈程度，是獲利的 2 倍。也就是說，「少掉 10 萬」的痛，比「賺到 10 萬」的爽，還要難受得多。這也使得許多人寧願不認賠、不停損，最後賠得更

13.1 情緒為何這麼強？你的大腦不是為了投資而設計

大 —— 因為要面對損失那一刻太痛苦了，乾脆假裝它還沒發生。

2. 預期錯覺（anticipation bias）

當你覺得「接下來一定會反彈」、「這次會是 V 轉」、「大家都看好，應該不會錯」—— 你以為這是判斷，其實是情緒驅動的預測行為。行為經濟學稱這種現象為「過度自信」或「確認偏誤」的混合體，我們只看見支持我們期待的資訊，而忽略警訊。

3. 風險感知扭曲（risk perception bias）

你有沒有發現，股價上漲時，我們總覺得「沒什麼風險」，但股價一跌，就突然「風險爆棚」？事實上，風險的客觀性是相對穩定的，但我們對風險的主觀體感，卻是被情緒調節的。新聞媒體、社群情緒、甚至是股價顏色（紅、綠）都會影響我們對風險的誤判。

情緒不是敵人，而是你應該理解的同伴

請記住，你不是投資失敗，而是用錯了工具。

你的大腦是為了生存而設計，不是為了應對 K 線；

你的情緒是為了保護你，而不是害你虧錢。

你不是不夠理性，而是你沒給自己一個冷靜的空間。

第十三章　你的行為系統升級指南：從覺察到改變的實戰練習

　　這不是要你去壓抑情緒，而是要你學會看見它、聽懂它、設計一個機制來「等它過去」。接下來，我們會帶你一步步建立這樣的行為系統，從設計停損的方式，到建立自己的信念 SOP，讓你的大腦和錢包終於站在同一邊。

13.2 投資前的你長什麼樣？三個日常干擾場景還原

你是否有過這種經驗——明明前一天還信誓旦旦說「再怎麼樣都不會追高」，但隔天早上醒來，看見群組裡有人炫耀剛進場又賺了 10%，你的手指卻自己打開了交易 App？或者你在回家的捷運上滑手機，一邊看著 YouTuber 喊單，一邊開始懷疑自己是不是錯過了什麼？這些片段，不是你意志力薄弱，而是你身處的情境，已經悄悄激發了你「進場衝動」的自動模式。

這一節，我們來拆解三個最常見的「投資人情緒干擾場景」。你會發現，自己不是少數，而是大多數。這些故事，也許不是你的，但一定跟你很像。

場景一：睡前看到美股暴跌——「我是不是該先賣掉？」

時間是晚上 11 點 47 分，你原本準備關燈睡覺，習慣性打開新聞 App，第一條標題：「美股道瓊狂瀉 860 點，科技股重挫」。你瞬間清醒，點開臺股盤後資料，又看到明天開低機

率高；你手上還有兩檔高基期電子股，一直想賣卻捨不得。

你心裡浮出一句話：「不然先賣一半好了，至少保個命。」

你沒有確認個股基本面、也沒對照整體資產配置比例，只是因為 —— 你不想睡得不安穩。

這就是「情緒優先處理機制」啟動的時刻。

在這種場景中，關鍵問題不在於你該不該賣，而是：你是在資訊不完整、情緒高張的情況下，被迫想做點什麼，來解除不安。

這樣的反應來自人類對「不確定性」的強烈不適感，心理學稱為「模糊厭惡（ambiguity aversion）」。我們寧可錯，也不想等。

場景二：通勤路上看到飆股分析 ——「我是不是太保守了？」

早上通勤，你戴著耳機打開 Podcast，一位知名分析師大聲說：「今天是切入關鍵點，突破壓力區後空間打開，上看 15% 不是夢！」接著還有粉絲留言：「老師上週講的那支真的漲停了，太神了！」

你開始懷疑：我怎麼都沒跟到？

你打開股價 App，那支股票開高震盪，但漲幅還在 5% 以內，「現在上車還來得及嗎？」你一邊走一邊想，一邊告訴

13.2 投資前的你長什麼樣？三個日常干擾場景還原

自己：「只是看看啦⋯⋯」

其實你不是在看股票，而是在尋找認同與補償。

這種心理常被稱為「從眾偏誤（herd behavior）」與「比較型焦慮」。我們怕落後，怕沒跟上，怕自己被世界遺忘；這時候，我們不是在執行投資計畫，而是在安慰自己「我也有參與」。

真正的解方是：關掉節目，問自己一個問題：這是我自己研究過的標的嗎？還是只是想消除錯過的焦慮？

場景三：朋友聚會聊天夾帶推薦 ——「反正他很會賺，聽一下應該沒事吧」

週五晚上，你跟朋友吃飯。他是你大學同學，現在是某科技業 PM，也有在玩股票。他忽然提到：「欸你有看那個嗎？我這週進那支已經快 15％ 了耶，而且看起來還有得漲。」

你回家後躺在沙發上，腦中浮現他的語氣與表情。「他那麼忙都能研究到這支，應該是真的有機會。」

於是你默默加入自選股名單，甚至掛了試單。

你以為你是在「參考」，其實你是在「投射信任」。

這種來自「熟人推薦」的影響力，在心理學上稱為「近距影響（proximity effect）」。因為我們信任對方，所以不自覺降

低了查證門檻；我們會高估他們的判斷力，卻低估這個資訊是否適合我們自己的資產配置與風險承受度。

真正該問的是：他的風險習慣，是我能承擔的嗎？他的資產結構，是我能複製的嗎？

你不是意志力薄弱，而是暴露在太多無預警刺激中

這三個場景，沒有一個來自專業錯誤，全部來自日常生活。你不是犯錯，而是沒意識到，你早已身處在一個被演算法、社群、與人際刺激包圍的投資情境。

這些干擾不會消失，但你可以開始練習看見它。

你不需要 24 小時理性，只需要在下單前那五分鐘，給自己一個冷卻空間。

13.3 你的杏仁核搶先下單了：市場暴跌時的大腦生理反應

生理反應先於理性判斷

想像一下，你正看著自己的股票跌破 10%，畫面上一片綠色，甚至手機還跳出「停損建議」的推播。此時的你，是不是感到心跳加快、呼吸變急促、腦中只想著「快逃」？這不是誇張，而是你的大腦，特別是「杏仁核（Amygdala）」正在發出警報。

杏仁核是大腦中與情緒反應高度相關的區域，它負責快速識別潛在威脅，觸發生理上的「戰或逃（fight-or-flight）」反應。在市場劇烈波動時，這個系統會比理性邏輯還快好幾拍地介入判斷。這意味著你在按下賣出鍵的那一刻，很可能不是經過分析後的理性決定，而是一種「逃離恐懼源頭」的神經反射。

杏仁核與前額葉的角力戰

這不是你的錯，也不是你意志力薄弱，而是神經系統的保護機制在過度反應。當人們面對財務損失的壓力時，杏仁核的活動會顯著提升，而與理性思考、規劃與自我控制相關的「前額葉皮質（prefrontal cortex）」則會相對被壓制。

第十三章　你的行為系統升級指南：從覺察到改變的實戰練習

這也說明了為什麼許多投資人事後回顧操作時，會說：「我當下根本沒想太多，就直接砍了。」因為在那個當下，真正掌控你行為的，不是你熟知的邏輯與數據，而是大腦深處的求生本能。

建立「五分鐘冷卻空間」的必要性

那該怎麼辦？難道我們只能任由杏仁核控制我們的投資命運嗎？當然不是。你能做的第一件事，就是創造出一個「冷卻區」，讓情緒有時間退潮、理性有機會接管。

具體來說，當你發現自己開始出現以下身體反應：心跳加速、手心冒汗、呼吸急促、坐立不安 —— 請先做這件事：暫停五分鐘。

這五分鐘也許看似微不足道，卻可能是你理性與非理性之間的分水嶺。你可以：

- 喝口水
- 起身走動一下
- 寫下一句話：「我現在想砍單，是出於分析，還是逃避？」
- 深呼吸十次，感覺身體的緊張慢慢放掉

這個「五分鐘行為緩衝區」不僅能讓杏仁核退場，也讓前額葉皮質有時間重新登臺。只要養成這樣的習慣，你會發現，你的下單行為會變得更穩定、清楚，也更少後悔。

13.3 你的杏仁核搶先下單了：市場暴跌時的大腦生理反應

將生理反應轉化為決策前提

更進一步的策略是：將身體訊號視為決策的前哨警報。換句話說，如果你開始緊張、心跳加快，就代表 —— 不是該動手，而是該先停手。

將這些生理訊號內化為「投資儀表板」的一部分，當成判斷自己是否進入情緒決策狀態的線索。你甚至可以寫下一張「生理狀態檢查清單」：

- 現在有強烈的情緒嗎？
- 身體是否有壓力反應？
- 我的判斷有根據數據嗎？
- 我是否正在重複過去曾後悔的操作？

這些問題會幫助你重啟理性機制，讓投資行為從「反應」變成「選擇」。

記住，大腦不是壞人，它只是太心急。你需要做的不是打敗它，而是設計出讓它「來不及反應」的冷卻空間。當你養成這樣的習慣，市場的劇烈波動，終將不再直接觸發你的神經危機模式，而變成你可以觀察與應對的「一種變化」，而不再是「一場危機」。

13.4 從口號到行動：建立屬於你的操作紀律 SOP

投資紀律不是靠「忍住」，而是靠「設計」

許多投資人一再對自己喊話：「我要更有紀律」、「不要衝動」、「遵守策略」——但這些口號在面對市場波動時，往往瞬間瓦解。問題不是你不夠堅強，而是你根本沒有「設計好要怎麼堅強」。

紀律從來不是一種天賦，而是一種事前建構好的行為系統。就像牙醫不會每天早上提醒你要刷牙，但你還是會去做，因為那是你已內建的習慣系統。投資也是一樣，我們不能靠意志力面對市場，而要靠一套「自我設限」的 SOP 流程，讓我們不必每次都從零思考，而是有一套可重複、可依循的行動指引。

13.4 從口號到行動：建立屬於你的操作紀律 SOP

三個基本構面：設定、限制、預演

設計一套自己的投資紀律 SOP，需要掌握三個核心構面：

1. 設定：為什麼進？為什麼出？

- 進場條件：我會在什麼條件下考慮進場？是技術面、基本面、還是特定消息？
- 出場條件：是獲利百分比？回檔幅度？還是時間停利？
- 停損機制：單筆虧損到多少要自動退出？

2. 限制：我允許自己多久動一次？動多少？

- 每月最多交易幾次？
- 單筆下單金額是否設上限？
- 同一檔持股加碼次數設限？

3. 預演：當劇烈波動發生時，我會怎麼做？

- 如果大盤突然跌 5%，我會立刻檢查哪三個指標？
- 如果我手中持股大跌，我的第一個動作是什麼？（查看基本面、還是去看市場消息？）
- 如果飆股熱議，我該怎麼提醒自己？（設定一條「不在群組消息出現當天進場」的原則）

第十三章　你的行為系統升級指南：從覺察到改變的實戰練習

這些都是可以「寫下來、貼在桌上、或輸入手機提醒」的具體行為原則。你的腦袋無法在緊張時做出最佳判斷，但你的行為設定可以事先替你思考。

《個人投資約束表單》範例

以下是你可以直接套用的表單模板，請務必填寫，並視為你的「操作合約」：

項目	我的設定
每月最多交易次數	（例：5 次）
每筆下單金額上限	（例：總資產的 10%）
單一持股最大比重	（例：不超過投資資金的 30%）
停損條件	（例：單檔下跌超過 15% 自動評估是否退出）
停利條件	（例：獲利達 20% 時評估部分了結）
情緒評估機制	（例：若出現恐慌或高興過頭，須冷卻 30 分鐘再操作）

這張表你可以手寫在筆記本上，也可以用電子表單建立自動提醒機制（如 Google 表單、Notion、LINE 提醒機器人等）。重點不是形式，而是讓你的投資行為從「情緒衝動」變成「流程啟動」。

13.4 從口號到行動：建立屬於你的操作紀律 SOP

用紀律縮小你與專業投資人之間的距離

你可能覺得：「我不是專業投資人，做不到那麼多紀律性的東西。」但事實是，專業投資人真正的優勢，不是情報多、眼光準，而是「他們有制度」。基金經理人有風控部門、績效審查、標準流程；而你一個人操作，面對的卻是更容易被忽略的心理風險。

如果你願意為自己的心理風險負責，那麼這套 SOP 就是你的風控部門。它不會每次都讓你賺錢，但它會讓你更少做後悔的事。

你的紀律，必須寫下來

紀律不是說說而已，紀律是寫下來、貼出來、實踐出來的行動流程。你不是缺乏判斷，而是沒有預先設計出行為的「軌道」。

從今天開始，請你寫下自己的投資 SOP，哪怕只是一條原則，也比什麼都沒有好。因為你要對抗的，不是市場，而是下一次市場震盪時，心裡那個會慌張出手的自己。

13.5 你是 FOMO 型投資人嗎？10 題自評測驗啟動自我察覺

你怕錯過的，不只是機會，還有歸屬感

FOMO，全名是 Fear of Missing Out，也就是「錯失恐懼症」。這是一種你可能不自知，卻非常常見的情緒模式。當你看到別人賺了，你就開始懷疑自己是不是「太保守」；當市場熱到沸騰時，你很難再坐在原地當觀察者。

其實你怕錯過的，不只是那檔股票，而是一種「參與感」、一種「我也在裡面」的歸屬證明。問題是，當你把進場動作變成情緒安撫的工具，投資的本質就已經被情緒蓋臺了。

這一節，我們設計了一份 FOMO 自評表，協助你觀察自己是否屬於「容易受群體影響的操作型人格」。這不為了定義你是什麼人，而是幫你發現自己操作背後的驅動力，從而做出更穩定的選擇。

13.5 你是 FOMO 型投資人嗎？ 10 題自評測驗啟動自我察覺

FOMO 自評測驗：請誠實回答這 10 個問題

請閱讀以下每一句話，若你在過去一個月內有類似想法或行為，請勾選「□」。統計分數後，參考下方評量建議。

問題	勾選
1. 看到朋友在群組分享某支飆股，我會覺得焦慮或心癢想跟上。	□
2. 市場大漲時，我會覺得不進場好像在浪費機會。	□
3. 雖然自己沒做功課，但看到別人獲利我還是會追進去。	□
4. 明知不該當天追高，但還是常常忍不住出手。	□
5. 當我看到新聞或 YouTube 說「錯過會後悔」，我會立刻研究甚至考慮進場。	□
6. 我的自選股中有很多是看別人分享才加入的。	□
7. 每當某檔股票熱度很高，我會覺得「就算不賺，也要參與」。	□
8. 我很少因為自己研究而建構投資決策，大多是聽別人的建議。	□
9. 我曾經因為怕錯過而連續加碼一檔高基期個股。	□
10. 我常因為進場太快、出場太慢，而後悔自己操作太衝動。	□

測驗結果解讀

0～3 分：FOMO 程度低

你較能依照自己的節奏與邏輯操作，能從容判斷市場熱點，並保持觀望能力。請繼續保持！

4～6 分：中度 FOMO 傾向

你有時會受市場情緒波動影響，但尚有基本判斷能力。建議開始書寫操作原則，建立「冷卻機制」。

7～10 分：高度 FOMO 反應者

你容易被熱點牽動，操作行為常帶有情緒補償意味。建議立即建立紀律 SOP，並練習延遲下單時間。

當你知道自己怕錯過，就已經開始轉化它了

FOMO 不可恥，它只是你在這個高度連結社會中，對於「失去掌控」的正常反應。真正關鍵的是：你是否有意識到它？是否願意用行動來平衡它？

寫下你的觀察、設定你的提醒、慢一拍再決定，這些微小的動作，才是讓你從「受市場驅動」轉變為「自我驅動」的關鍵一步。

13.6 你以為的理性,其實都是錯覺:10 大認知偏誤圖鑑

你不是太衝動,而是太相信自己的理性

多數人都相信自己是理性的投資者,認為只要數據夠清楚、判斷夠邏輯,就能做出對的決定。但事實是 —— 我們大腦的預設程式,根本不是為了「市場決策」設計,而是充滿了各種錯覺與自我欺騙。

這一節,我們列出 10 種在投資情境中特別常見的認知偏誤,搭配你可能曾經說過的「錯覺語錄」,讓你一邊閱讀、一邊對號入座,重新審視自己以為的「理性」,其實只是邏輯包裝下的情緒反應。

認知偏誤圖鑑:投資人最容易犯的 10 個錯覺

偏誤名稱	錯覺語錄	偏誤說明
確證偏誤 (Confirmation Bias)	「我查過了,大家都說會漲!」	只接受支持自己觀點的資訊,忽略或排斥反對意見。

第十三章　你的行為系統升級指南：從覺察到改變的實戰練習

偏誤名稱	錯覺語錄	偏誤說明
損失厭惡（Loss Aversion）	「我知道該賣了，但現在賣太虧了……」	面對損失特別敏感，寧可凹單，也不願面對已發生的虧損。
近因效應（Recency Effect）	「這兩天都漲耶，應該會繼續吧？」	高估最近事件的影響力，忽略長期趨勢與全貌。
過度自信（Overconfidence）	「我之前就抓對一支，這次應該也沒問題。」	高估自己的分析能力與判斷準確度。
框架效應（Framing Effect）	「這檔賺20%，聽起來就很穩。」	資訊表達方式影響判斷，例如「勝率80%」聽起來比「失敗率20%」舒服。
錨定效應（Anchoring Bias）	「我買在120，現在110怎麼能賣！」	被某個原始價格或數字綁住，失去客觀評估能力。
群體迷思（Herd Mentality）	「大家都進場了，我不進好像很蠢。」	盲從群眾行為，以為人多的方向就是對的方向。
結果偏誤（Outcome Bias）	「反正最後還是賺錢了，表示我判斷沒錯。」	根據結果來合理化決策過程，而非檢討是否有依據可循。
後見之明偏誤（Hindsight Bias）	「我早就知道它會漲了啦！」	事後才說得像預言家，但當時並未真正掌握關鍵資訊。
代表性偏誤（Representativeness Bias）	「這支走勢很像之前飆股，一定有戲。」	根據過去類似情況類比推論，忽略細節差異與環境變化。

13.6　你以為的理性,其實都是錯覺:10大認知偏誤圖鑑

如何使用這張圖鑑?

(1)挑三個最像自己的偏誤:閱讀後標出你認為最容易落入的三個。

(2)寫下最近一次你有這個偏誤的情境:例如哪一筆交易、什麼情緒背景。

(3)設定一句反制語句提醒自己:例如「別只聽好消息」、「跌不代表便宜」等,寫在手機、白板或提醒貼紙上。

自以為的判斷,其實是包裝好的感覺

我們不是沒有邏輯,而是把情緒包裝在邏輯裡頭,用一套貌似「判斷」的語言說服自己做出舒服的選擇。

認知偏誤不是錯,而是不被看見的偏差。當你開始學會辨識它們、命名它們、笑一笑說「啊,我又確證偏誤了」,你就有機會不再重蹈覆轍。這,就是你理性真正啟動的時刻。

13.7 打造你的投資信念公式：冷靜時刻先寫好，波動時刻才守得住

你的操作風格，是不是別人餵給你的？

當我們操作股票時，經常陷入一個矛盾：覺得自己有邏輯，但實際上只是在用別人的邏輯包裝自己的情緒反應。有人追基本面，有人靠技術線圖，有人喜歡聽名嘴喊盤，但很少人能夠清楚說出：「我投資的信念是什麼？」

信念，不是價值觀，而是你在壓力中依然願意相信並依據它行動的原則。一個好的投資信念，就像在暴風雨中的錨，讓你不會隨波逐流。這一節，我們會協助你寫下屬於自己的「信念公式」，讓你的每一次操作，都有脈絡可循，有依據可守。

信念公式是什麼？

投資信念公式＝我相信什麼市場觀＋我怎麼選擇標的＋我何時進出場＋我如何處理波動

這不需要很長、不需要寫成策略論文，只需要能回答下列四個問題即可：

13.7 打造你的投資信念公式：冷靜時刻先寫好，波動時刻才守得住

1. 我相信的市場原則是什麼？

　　例：市場長期趨勢向上，但短期會劇烈震盪。

　　例：多數人非理性操作，市場常因情緒偏離價值。

2. 我挑選標的的依據是什麼？

　　例：基本面獲利穩定＋低波動的 ETF。

　　例：高股息殖利率＋成長潛力產業龍頭股。

3. 我設定進出場的條件是什麼？

　　例：進場條件為跌破 3 年均線＋市場過度恐慌；出場條件為達到預期獲利率或產業趨勢轉弱。

4. 我面對波動時的反應原則是什麼？

　　例：遇到跌幅 10% 先觀察資產配置占比；若仍在可承受區間，維持不動。

實作練習：寫下你的個人投資信念公式

　　請你用一段話，寫下你的投資信念，格式如下：

　　「我相信 ＿＿＿＿，因此我會選擇 ＿＿＿＿ 的標的，在 ＿＿＿＿ 條件下進場，並在 ＿＿＿＿ 時出場。遇到市場波動時，我會 ＿＿＿＿。」

範例：

我相信市場長期向上但短期容易情緒化，因此我會選擇獲利穩定的 ETF，在大跌時逢低進場，並在達成 20% 報酬後分批出場。遇到波動時，我會先檢查自己的持倉比重，再決定是否調整。

你不需要一次就寫到完美，可以多次修改調整，但務必寫下來。這段話將會成為你之後「猶豫不決時的心理導航」。

為什麼信念比數據更能保護你？

因為市場的數據每天都在變，但你的大腦只有在信念穩定時，才有辦法做出一致的行為反應。當你內在的原則越清楚，外在的雜訊就越難撼動你。

一個不相信自己信念的人，會因為社群消息、名人喊單、K 線形狀而不斷變換操作邏輯。這樣的投資者，不管用什麼策略，終究會敗給自己的不一致。

你給自己的信任程度，就是你對投資成功的把握度

市場不會保證你每一次都賺錢，但你可以保證自己每一次都盡量依照信念行動。

13.7 打造你的投資信念公式:冷靜時刻先寫好,波動時刻才守得住

寫下你的信念、練習依據信念操作、在情緒上來時反覆回顧這段話。你會發現,投資不再是「一直想對」,而是「越來越穩」。這,才是長期穩定的起點。

第十三章　你的行為系統升級指南：從覺察到改變的實戰練習

附錄一
30 天投資心理紀錄表

（每日花 5 分鐘，讓你的大腦學會不再被情緒牽著走）

使用說明

這份紀錄表設計給所有希望擺脫「衝動操作」、「後悔買賣」、「情緒左右投資」的讀者使用。連續記錄 30 天，無論你是否實際下單，都請誠實填寫你的心理狀態。

建議填寫時間

每天下午收盤後或晚上靜下心來時。

工具建議

可自行列印、筆記、或記錄於手機備忘錄。

附錄一　30天投資心理紀錄表

每日記錄欄位（每格建議填寫時間 3～5 分鐘）

日期	今天最想買／賣哪一檔？為什麼？	你冷靜幾分鐘後做了什麼？	你當下的情緒狀態？（擔心、興奮、無感等）	最後有下單嗎？為什麼？	今天學到什麼？
08/08	想買0050，看到朋友在群組分享	等了10分鐘後改查資料、沒買	有點焦躁，怕漲更多	沒有，發現只是被FOMO影響	再次提醒自己：看到別人買不等於我該跟
08/09	想賣長榮，跌了快5%好怕繼續跌	去沖了杯咖啡，看了財報後決定再觀察	恐慌、懊悔	沒賣，改設提醒點	情緒上來時，動作先暫停是真的有用
08/10	無	無	穩定	無	今天沒動作也值得鼓勵

（請複製30格填寫，或延伸為一個月日誌）

30天後回顧問題：

(1) 哪些情緒最常影響你的投資決定？

(2) 哪幾天的決策是你最後悔的？當時情緒是什麼？

(3) 哪幾天的行為你覺得最冷靜？做了什麼讓自己變得穩定？

(4) 如果現在讓你寫一段屬於自己的投資提醒語錄，你會寫什麼？

附錄二
五大市場情緒場景應對策略卡

（不靠意志力，用「預設行動」擊退情緒操作）

使用說明

　　這五張「策略卡」是幫助你在面對劇烈市場情境時，快速切換到穩定模式。它們不是預測市場的工具，而是穩定你內心劇場的錨點。請將這些卡片記下來、貼在手機備忘錄或桌面便利貼上，當情緒湧上來時，依照卡片指令操作，讓情緒不再是你投資路上的絆腳石。

◎**策略卡1：市場暴跌時**

　　你可能會感覺：恐慌、不甘心、急著停損。

　　預設策略：

　　市場暴跌→

- 停看三天，不操作
- 檢查是否超出自己設定的風險容忍區間
- 回顧當初進場理由是否仍成立
- 若仍成立，不急於出場

- 若已偏離初衷，再冷靜評估退出條件

  提示語：「暴跌不是訊號，是測試。」

◎策略卡 2：帳面獲利很高時

　　你可能會感覺：興奮、想炫耀、怕獲利回吐。

　　預設策略：

　　獲利超標→

- 問自己：現在賣，是因為策略到了，還是情緒上來了？
- 用事前設定的獲利區間做指引（如 20%、30%）
- 若仍看好，考慮「部分了結＋保留部位」
- 不追高，不改成短線操作

  提示語：「賺錢不是勝利，堅持紀律才是。」

◎策略卡 3：朋友或群組正在熱烈討論某檔股票

　　你可能會感覺：焦慮、怕錯過、懷疑自己落後。

　　預設策略：

　　群體熱炒→

- 停止查看討論 5 分鐘
- 檢查自己有無事先研究或進場計畫

- 若沒有，絕不立刻追價／若有，依原定策略執行，不因輿論調整倉位

  提示語：「如果資訊讓你更混亂，就先遠離它。」

◎策略卡4：持股長期不動，看不到進展

  你可能會感覺：不耐煩、自我懷疑、想換股。

  預設策略：

  無聊沒進展→

- 回顧該投資屬於什麼類型：短期 or 長期？
- 長期配置不應用短期變化判斷
- 給自己一段「封倉期」（如 30 天內不再調整）
- 將注意力轉向其他非市場活動（閱讀、運動）

  提示語：「不是股票沒動，是你太著急想看到結果。」

◎策略卡5：連續幾筆操作都虧損

  你可能會感覺：沮喪、想翻本、懷疑能力。

  預設策略：

  連虧反應→

- 停止所有新操作一週
- 寫下每一筆虧損背後的動機與情緒

311

- 檢討錯誤行為是「判斷錯」還是「情緒主導」
- 設一個「重新啟動儀式」：從小額測試開始回歸

　　提示語：「你不是失敗，是累了。該休兵，而不是報復市場。」

延伸應用建議

- 每張策略卡可製作為書籤、便利貼或手機截圖收藏
- 可搭配「30 天投資心理紀錄表」同步使用
- 建議讀者每月挑一張「最常出現的情緒場景卡」貼在電腦旁，強化自我提醒

國家圖書館出版品預行編目資料

行為經濟學打造長期投資心法：走勢不急，情緒先動！穩定獲利的本質，是情緒管理 / 丁政 著. -- 第一版. -- 臺北市：財經錢線文化事業有限公司, 2025.09
面； 公分
POD 版
ISBN 978-626-408-371-3(平裝)
1.CST: 經濟學 2.CST: 行為心理學 3.CST: 投資
550.14　　　　　　114012300

行為經濟學打造長期投資心法：走勢不急，情緒先動！穩定獲利的本質，是情緒管理

作　　者：丁政
發 行 人：黃振庭
出 版 者：財經錢線文化事業有限公司
發 行 者：崧燁文化事業有限公司
E - m a i l：sonbookservice@gmail.com
粉 絲 頁：https://www.facebook.com/sonbookss/
網　　址：https://sonbook.net/
地　　址：台北市中正區重慶南路一段 61 號 8 樓
8F., No.61, Sec. 1, Chongqing S. Rd., Zhongzheng Dist., Taipei City 100, Taiwan
電　　話：(02) 2370-3310　傳　　真：(02) 2388-1990
律師顧問：廣華律師事務所 張珮琦律師

-版權聲明-
本書作者使用 AI 協作，若有其他相關權利及授權需求請與本公司聯繫。
未經書面許可，不得複製、發行。

定　　價：450 元
發行日期：2025 年 09 月第一版
◎本書以 POD 印製

目錄

序　無指

章節 1　拇指
- 初次見面 …………………………………… 010
- 海碧‧威廉斯 ……………………………… 013
- 藝術的任務 ………………………………… 015
- 不對稱 ……………………………………… 019
- 身分與分量 ………………………………… 020

章節 2　食指
- 吉賽兒與馬丁‧威廉斯 …………………… 026
- 牛皮紙上的詩篇 …………………………… 030
- 冬暖夏涼的黑堡鎮 ………………………… 034
- 生活的跟前,誰能不低頭 ………………… 037
- 烤爐裡的馬鈴薯 …………………………… 041
- 連帽 T ……………………………………… 047
- 《筷子華爾茲》 …………………………… 051

父親的頭頂 …………………………………… 055

清晨的演奏曲 ………………………………… 058

章節 3　中指

溫柔築成的牢籠 ……………………………… 062

替代品 ………………………………………… 066

米亞 …………………………………………… 071

橙色瑪莉珍皮鞋 ……………………………… 074

我恨妳，老婆 ………………………………… 078

這樣，才能跟在天堂的媽媽說話 …………… 086

英格麗小姐 …………………………………… 087

異類是同類，而同類皆是異類 ……………… 098

莫斯科馬戲團 ………………………………… 107

章節 4　戒指

又是 10 號 …………………………………… 114

筷子 …………………………………………… 118

花痴莉茲 ……………………………………… 121

惡霸諾亞 ……………………………………… 122

撞到門牙的初吻 ……………………………… 127

到也到不了的高度 …………………………… 133

自由，卻更不自由 …………………………… 140

武當吳丹 ……………………………………… 144

因為一個人，所以一個人 …………………… 147

文明的交談 …………………………………… 150

扁嘴鴨諾亞 …………………………………… 155

逆境求存的梔子花 …………………………… 159

越來越達不到的高度 ………………………… 167

失去連繫的3天 ……………………………… 170

放下戒心 ……………………………………… 175

我只是不想再一個人了 ……………………… 182

章節 5　尾指

死也不放開你的手 …………………………… 188

沒有名字的關係 ……………………………… 192

開始結束了 …………………………………… 196

現在，誰是花痴？ …………………………… 198

開花不結果的梔子花 ………………………… 204

火星，金星，還是星位交錯 ………………… 209

維吉尼亞理工大學校園槍擊案 ……………… 213

陰謀與吻痕 …………………………………… 217

到此為止 …………………………………… 225

位置 ………………………………………… 227

尾指 ………………………………………… 233

未知 ………………………………………… 237

完結　五指

海碧天藍 …………………………………… 242

右撇子社會 ………………………………… 246

沙發漫遊 …………………………………… 248

實現諾言 …………………………………… 249

初次見面 …………………………………… 252

序　無指

　　第一次見面時，你如何與對方表示友好？

　　第一次約會時，你如何向彼此表示愛意？

　　幸福如果只能看只能聽只能盼，卻不能用手觸碰，用手緊握的話，會不會就是無指望的幸福？

　　但人們總說，幸福如沙，會從指縫間溜走。

　　那沒有手指，就沒有指縫，幸福是不是就不會溜走了？

　　海碧‧威廉斯（Higby Williams）今年23歲，先天殘疾，左手沒有手掌，也沒有手指頭。

　　可是就算童年有陰影，就算她只有常人一半的手指頭，她依然希望別人用一樣的標準去衡量她的成功與失敗，依然希望和常人一起等到相等分量的陽光。

　　海碧說，河南有一個女孩和她一樣，一隻手沒有手指。對方右手沒有手指，不能像常人一樣彈奏主旋律，卻依然能在電視上彈奏出美妙的鋼琴曲；自己比較幸運，需要3根手指以上的和弦伴奏她無法勝任，就像她無法左右誰在自己生命中扮演什麼角色一樣。

　　但是她的右手有五根手指，能夠彈奏主旋律，能夠決定自己

生命是一首委婉起伏的悲傷夜曲,還是一首輕快跳躍的調子。不能鼓掌,就對自己說「加油!」掌聲,自己聽得見就行了。

　　海碧的無指,卻也剛好反映人們對身體有障礙的人有多無知。

章節 1　拇指

我們誇獎人的手勢，卻也是世界上 70 億人口個別的獨有身分印證明。

初次見面

　　我發誓，當我用力拉開玻璃門，走進這棟位於亞米尼亞街戰前的英殖風格老屋時，裡頭如果有人的話，一定能感覺到我的頭皮散著的中午12點毒太陽的熱氣。才清了清喉嚨，想開口說話，櫃檯的小姐肯定是感應到我的「熱情」，頭也不抬，就用原子筆指了指樓梯口，然後繼續吃她那一碗，聞起來像是牛肉麵的食物。

　　「看你幹的好事啦！不過是寫一篇文章，隨便找個時事課題還是什麼明星醜聞當題材寫寫就算了，偏偏就喜歡來這種繞了半小時才找到的地方，找這種這麼難約的人來訪問！」我的耳朵聽見我的嘴巴發出抱怨聲，也嫌煩，把注意力轉向自己塑膠做的鞋跟敲打著木板的聲音：「喀，喀，喀。」哎呀，這膝蓋關節，怎麼這麼痠痠地。還是別逞強吧，於是我的左手握緊了木製的扶手，一步一步往二樓掙扎著上去。

　　這位攝影師可真有面子啊，在這種租金昂貴的高級展覽廳開攝影展，我心想。場地貴也就算了，還花錢打廣告？難怪天天爆滿，難怪這麼愛耍大牌！不過是想跟她約個時間聊聊，東調西調結果選在星期一這種人家要去接女兒下課，烈日當空的時間才能見她。有人參觀展覽會就不能出來見人嗎？好啦，就當作是人家特意開放展覽廳給我做私人參觀，就不要再埋怨了啦。

這個海碧‧威廉斯真的這麼有才華？我有點不相信。才 23 歲就開展覽，會不會是「靠爸一族」？如果在攝影界真的很受推崇，我應該有聽說過才對，我這麼留意時事……也說不定她只是媒體眼下一時的紅人，曇花一現，過幾個月大家大概就記不得了。哼，要不是因為她是一個話題，是一個比較不一樣的人物，我或許不會選擇將她當作我的專欄的參考對象。但沒辦法，她的遭遇實在是太不尋常了，不訪問一下我不死心。況且她的名字「Higby Williams」是網路上在 Trending 的一個人物名字，寫進專欄一定可以提高我的讀者閱讀率的。

　　15！16！總算爬完了。樓梯口掛著一個巨型海報，上面有一個貌似沒穿上衣的女人，單手抱住自己肩膀的照片，看不見女人的臉或者胸部，性感卻不猥褻。海報上用紅色簡單的「Mistral」字形寫著：「ASYmmetry」（「不對稱」）一字。

　　第一個反應是：「喔，裸體照展覽」，那應該還要再上一層樓。但往上一看，沒有了，這是頂樓了，海報上印著「Higby G Williams」，是，是二樓沒錯。往右轉，我來到一個很空、很寬敞的展覽廳。裡頭的空調開得很強，令這個地板用灰色水泥鋪的，天花板滿是隨意纏著電線的銅色水管的所謂展覽空間，更為冷漠。展覽廳看上去有一個 5 房公寓的總面積那麼大，120 多平方公尺裡只擺著幾張木色的長凳子，靜靜地駐守在每一面掛有展覽照片的牆壁。我不敢呼吸，因為四周太安靜了。我深怕一有動作，萬一甩掉一根頭髮，發出巨大的聲響該怎麼辦。

突然,一陣急促有力的腳步聲從房間另一端傳過來。展覽廳沒有窗簾或能夠吸收聲響的布料家具擺設。6個硬邦邦的面,將這刺耳不已的聲響在房間裡來回地反彈著,像錘子一下一下地釘在我的偏頭痛上。我剛想舉起拇指按住我發疼的太陽穴,就聽到有人用略帶新加坡腔的華語說道:

「妳好,我是 Higby,妳可以叫我海碧,大海的海,碧海藍天的碧。」站在我眼前,主動伸出右手的是一個比我高半個頭的金髮洋妞。從她皮膚蒼白、粉紅的嘴唇吐出一口流利華語,是我始料不及的。但,怪得了誰,誰教我沒做足功課?「不好意思跟妳約這個時間。展覽會對外開放時我都盡量躲起來,因為我希望大家能把注意力集中在我的作品,而不是我的身……體。」

為了避免自己進一步地出醜,我在伸出手自我介紹的同時,匆匆地看了看牆上展出的照片,得到的結論:「全是黑白照」、「眼……腳踝……身體部位」、「沒有裸體」,我錯了。勉強回過了神的我,這才捏了捏海碧還握在我手心的右手。「謝謝妳接受我的訪問。」我說著,感覺海碧的右手輕輕地推著我左肩胛骨,引導我到附近一張長凳上坐下。我們彼此很客氣地緩緩坐下,兩人坐在凳子各一端。

我先是仔細打量了一下這位被各大媒體捧上了天的「美女攝影大師」。她和報章上看起來不同,只畫了淡妝的她雖然真人比較年輕,但沒有假睫毛的雙眼其實還蠻小的,少了彩妝的襯

托,海碧樣貌不算出眾。「怎麼這麼像個潑婦呢?這樣去看人家。」我罵我自己。

但事實上,這個洋妞有她一定的吸引力。吸引力就來自於她說話時的神情,開朗、自信,連眼神都會發光。可是每當我把視線從她的臉上移開時,她以為我沒有注意,臉色馬上就暗了下來,眉頭也會微微地鎖上,彷彿在用隱形的繩線把剛才飛揚的五官都拉回到了原位。

原來,這位女攝影師和我認識的一些所謂名人很像啊,在陌生人面前總要戴上一套刻著笑臉的面具,只是她的功力還不夠深厚,真性情藏得不夠好。但我錯了,這就是海碧・威廉斯,堅持的一個信念,那就是愛她的人,只允許得到自己的笑容,所以在大家面前不哭不鬧,再多的不如意都只能給自己留著,收著。

■ 海碧・威廉斯 ■

我趁她將被空調吹亂的瀏海打理一番時,將自己的視線從她臉上移開。我的視線就像一隻鉛筆在做白描,沿著她左肩膀的輪廓往下描,再往下描,手臂,手肘⋯⋯然後停在她外套的口袋。正當我在腦海反覆猜疑躲在口袋裡的手,究竟長個什麼

模樣時,海碧突然問:「妳想看嗎?」糟糕,被她看透我的心思了。好難為情!被逮個正著了,我現在怎麼又像個雞婆的阿姨一樣了呢,真是沒教養。我的雙頰、脖子頓時一陣熱,臉紅了。

「不用不好意思的。妳來,不就是為了這個嗎?」海碧說著,語氣非但沒有一絲責怪,還有些故意調侃我的意思,眼神閃耀著。她用右手將我的左手拉向她,搭在她的大腿上,手心向上,然後向我調皮地眨了眨眼,一口氣將她「著名」的左手從口袋中取出來,放進我的手心裡。我嚇了一跳,或許是因為她的手很冷,也或許是因為這和我想像中的不同。

這隻手,明顯比右邊的來得瘦弱,只長到前臂手腕就停了。和工傷意外的傷者不同的是,海碧手腕的部分能略略轉動,沒發育健全的手腕像個拳頭,還能清楚看到五個未長成的手指的印記。

「這就是讓我『一舉成名』的手,呵呵!」說著,她邊笑邊將自己的手臂「舉」起來。要不是她故意搞笑,說不定我還會繼續瞪下去。當下的心情好複雜。我原本正是為了這個而來,可是在親眼目睹了她身軀上的那一塊缺口時,我當下感覺到的震撼比任何記者或攝影記者能捕捉的畫面更加大。一個少了整個手掌和五根手指的人還有辦法這樣拿自己開玩笑?

英國散文作家弗朗西斯‧培根(Francis Bacon),古典經驗論的始祖(西元 1561 年到 1626 年)曾說過:「想像力能補償一

個人的一無所有，而幽默感則能在一個人無法改變事實時給予他所須的安慰。」我無法想像一個沒有幽默感的人要如何度過這個生命的難關。況且這個難關還不是一時的，是一世的。

我說不出話來了，欽佩和感動之心同時跳動著，眼淚幾乎要奪眶而出了。

「妳此時此刻是不是覺得，我，海碧‧威廉斯，擁有的是一個童話般的結局？」海碧邊說，邊將目光轉向白牆上自己的作品。

藝術的任務

海碧頑皮的眼神中，透露出一絲遺憾。「我覺得我確實拍得不錯，但如果妳問我，我算大師級的攝影師嗎？我不覺得，我的技術真的有好到值得有人投資替我辦這場攝影展，還花這麼多錢幫我宣傳嗎？我不覺得。我覺得他們的腦子壞掉了。Crazy。」海碧一邊說，一邊可愛地伸出舌頭，一邊用右手食指在太陽穴旁畫圈圈。

這一場攝影展，是一家寶石批發商贊助的。難怪租得起這麼貴的場地。雖然攝影展的口碑很好，天天有人慕名而來，學

校也組團讓學生來「感受殘疾攝影師對生命的熱愛」，希望同學們能夠以她為榜樣，不向人生的困難低頭。但單憑新幣十塊錢門票的收入，肯定是不夠支付一切費用的。海碧說，珠寶商是她大學同學的叔叔，說實話是一個沒什麼藝術眼光的商人。當時海碧把一些照片拿給一起聚會的老同學們看，還說想自掏腰包去租一個場地來辦個叫做「Asymmetry」小展覽，自爽一下也好。結果其中一個叫洪佩佩的朋友笑說：「那是我大伯公司的新產品名稱，你最好還是不要用，免得人家混淆啦！」

那位姓洪的女生大伯叫「洪盛榮」，英文名字叫「Ang Seng Yong」，所以他的珠寶批發公司就叫「ASY」。「Asymmetry」是洪先生這家寶石批發商剛剛轉向從事零售業，首次推出代表自己品牌的產品名稱。Asy 聘請了海碧的僱主當公關，她的老闆就突然靈機一動，提議把「Asymmetry」珠寶的品牌形象，和海碧身體左右邊的「Asymmetry」掛鉤。陰差陽錯，海碧和這位洪先生見了面。由於海碧不是明星，也不夠漂亮，ASY 將不會給予她一個正式「代言人」的酬勞，但展覽會的所有費用都將由洪先生買單。

反正都要花錢宣傳，不如透過她的故事來宣傳「ASY」，也能往贊助商臉上貼金，讓他們看起來是支持殘疾的新晉藝術家的慈善家，順便還可以扣稅，何樂不為？我問海碧，生氣嗎？被這樣利用？海碧說，藝術家有藝術家的脾氣，當然會很介意別人欣賞的不是自己的作品，而是放大自己的缺陷來製造話題。

「但是,藝術的任務不就是突顯人性的醜陋、社會的不平和宇宙萬物的反差嗎?就當這場攝影展本身也是一種反諷,一種藝術吧。」海碧解釋。「我不是個忘恩負義的人,所以我不會去怨恨洪先生什麼。我只是實話實說。」但是不得不承認,產品的特質,海碧的身體還有這次展覽的主題,其實搭配得天衣無縫。

海碧請我站起來,要求我仔細地慢慢欣賞她展出的每一張照片,要求我逐一給予評價。首張她介紹的作品,靠門口最近。她說她有義務做這件事。照片顯然是在強調贊助商的產品:一個女生左耳有8個耳洞,都戴上骷髏頭的耳環,右耳則只有一個戴了紫色寶石耳環的耳洞,更顯耳環的高貴;另外一張照片中,鑲鑽的披肩蓋住了模特兒一邊的臉;還有一張顯示一隻手戴著一個心型錶殼,而這個錶殼我個人覺得挺特別的,因為心型的一邊大一邊小。

「嘿嘿,這支錶挺特別的,不知道市面上開始出售了沒有?」我心想,「該不該問海碧這支錶多少錢?還是她會殺了我?在這裡殺我不是聰明的抉擇,血跡噴到白色牆壁很難洗掉的⋯⋯」正當我在自言自語,還沒來得及多看幾眼時,就聽到海碧說:「夠啦,我們來看我真正的作品吧。」說著,就輕輕地拉著我前往房間另一端。

第一張照片的主角,是一雙男人的眼,左邊眼角掛著一顆眼淚,右眼則是乾的。海碧有些許不好意思解釋,因為她的左

手不方便調整鏡頭,所以有一些即興的作品,包括這張近距離的照片都是用自動相機拍的。「我是門外漢,看不出兩者之間有什麼不同。」我安慰她。海碧突然問我:「妳知不知道人的雙眼淚腺照理來說應該是一樣活躍的,可是我們有些人在哭的時候,往往是其中一隻眼先流出眼淚。那麼我們在看他們哭的時候,是否會因為他只掉一顆眼淚而覺得他只有別人一半的傷心?」我覺得很有道理,忙著點頭。

附近的一面牆上則掛著一張小女孩在跳繩的照片,小女孩的一隻名牌鞋子掉了,但她依然咧著嘴笑。海碧又對我說:「這也是用數位相機拍的。那天我經過遊樂園,看到很多小孩在玩耍,笑聲很有感染力,就留下來拍照。快門速度調到最快,只篩選那些一閃而過的快樂片刻來捕捉。」

「小女孩有一個腳板是沒有鞋的,可是妳看她玩得那麼盡興,根本沒有因為一隻腳的腳底被摩擦得很厲害,而覺得不快樂。她會將重心移到有鞋的腳,繼續跳繩。」我同意,世上有好多小孩光著腳玩耍,也一樣很快樂。物質不一定能帶來歡樂。有想法,這個女生有深度喔。

左邊牆上掛著一張以一個男人胸肌為主題的作品。單看肌肉的線條,我們可以斷定這個男人有健身,應該很有男子氣概,然而他居然願意為愛人在壯碩的胸膛左邊刺上了一隻箭,代表著他的心臟被「邱比特」射中了,墜入愛河。這個舉動這麼

俗氣，又不失可愛，想到這裡海碧和我都忍不住同時笑了。「這是我站在健身房男性更衣室門口用 L 鏡頭偷拍的。還好沒有被發現，不然我會被當作偷窺狂！」海碧笑說。

接下來是一張令我鼻酸的，是一個老人在一邊抬頭眺望四周，彷彿在確定沒有人在注意他，一邊趁機調整他的義肢，背影有些許落寞卻很有尊嚴，不至於淒涼。

其他的作品還包括一張張微笑的臉孔。原來大多數的人笑起來，臉都是歪著的。有些人微笑的弧度偏向一邊，有些人大笑時，一隻眼瞇，另一隻則是張著的。雖然左右不對稱，可是每一個笑容都絕對是美麗的，有感染力的。

不對稱

我們小的時候，畫畫的時候，老師和家長總會教我們怎麼將人、動物還有物體畫得左右對稱。花貓，如果左邊畫三根鬍鬚，那右邊就得畫三根鬍鬚，兩根不行，四根也不行；畫房子，門的左邊如果有一扇窗，那右邊也應該有一扇窗。媽媽給我們梳辮子時，也很少左一個馬尾，右一條辮子的。

可是長大後，世界上有什麼東西是對稱的？

一個左右對稱的蘋果的宿命,就是被人的嘴巴咬下一口,從對稱,變成不對稱,到最後,完全被啃食後,又變回對稱。一個兩條腿的男人,必須先忍受身體的不對稱,一隻腳著地,另一隻則必須離地,才能夠將身體的重量從著地的腳移到離地的腳上。不對稱,才能走路。這是我對這些作品的第一層領悟。

　　原本我以為因為攝影師本身的軀體不對稱,所以才拍出一些幾何學相同的作品。而當我正滿足於我第一層的領悟時,海碧開口問了我一個問題:「妳急著要離開嗎?有時間嗎?我覺得跟妳很投緣,想跟妳多聊聊一些事情,希望妳能幫我傳達出去。我們可以去附近咖啡店喝飲料……」我搖了搖頭,說我不渴。其實我是因為輕微中暑,有點想吐,所以忍受不了食物的味道。我們繼續留在展覽廳裡。

身分與分量

　　「首先,很多人覺得,一個像我一樣,左手殘廢的女人,能夠拍得出這樣的照片很了不起。」海碧迫不及待了。「別被我騙了,一切都是言過其實。」我不敢相信我的耳朵,這還是我首次遇見有人說自己言過其實,說自己的作品言過其實,尤其當這

裡的人都將她誇得像個傳奇人物似的。

「別誤會，我對我的照片是絕對有信心的。在取景、角度和題材上我都有一定的水準。但我畢竟沒有辦法在追拍一些人物的時候，一手握相機，另一手及時更換鏡頭或調整快門速度和光圈的大小。所以我的照片不能說是世界水準的。」海碧說道。「我並不是一個專業攝影師，只是拍照的業餘愛好者。但幸運，也很不幸的是，大家都會看在我是殘障人士，覺得我能克服重重困難，給我多一些同情分。或許我的攝影技巧只有 60 分，但加上這些分數，我就獲得比大師還高的分數。這，好像不是很公平？」

她更一針見血地問：「如果妳不認識我，單看我的作品，妳還會不會覺得我厲害？」我誠心誠意地回答：「它們或許不是我看過的，最清晰的照片，但是我的攝影師朋友都告訴我，照片主題和故事性才是重點。」

「還有，因為我是『紅毛』，人人聽到我講華語就給我『Thumbs up』。可是我的華語有沒有真的比別人的好呢？一樣的，如果妳是在跟我通電話，看不到我是一個金髮藍眼的女孩子，妳還會覺得我說得很道地嗎？」海碧越講越興奮。我插嘴說：「妳的新加坡華語很道地啊。」海碧不理我，繼續說：「洋人會講華語就了不起。全世界會講英語的華人不是更多？」

哇，這，我倒沒想過！

「有沒有聽說過 Nick Vujicic 這個名字。」海碧問。我笑著回答：「誰沒有？」Nick Vujicic 是一位天生沒有手腳，只有軀幹的澳洲人。父親在他出世後，驚嚇得在產房裡嘔吐，他的母親則遲遲不敢抱這個初生兒。結果，你看 Nick 現在能寫字、打高爾夫球、踢足球，甚至衝浪，也可以使用相機，還娶了一個美麗的太太。

「他經歷的困難要多幾千倍，我只是少了五根手指頭，有什麼自怨自憐的資格？」「別忘了，那個用腳指頭彈鋼琴的亞洲男孩，還有那個和我一樣，一隻手沒有手指的河南女孩子？」海碧邊說，邊露出欽佩的神情。

我微微笑，說我明白。承認自己的缺陷是缺點，會引來的，除了擁有一顆看待受害者的惻隱之心的人，還有欣賞馬戲團的觀眾。「不要人家覺得自己跟別人不一樣才好，和別人在同樣的起跑線上競爭才更有志氣。明明勉強過關的東西如果因為及格分數被壓低，贏了也不光彩。」海碧猛點著頭，豪情地握住我的手，左手搭在我的手背上，說：「說得真好！非常感謝妳！我終於等到了今天，總算等到了有人能總結我的想法！」

「我們常常說世上太多不平等。人們都會說上天對我不公平，給我一個缺陷，但是上天也對他們不公平。他們都跟我一樣付出，卻得不到和我相等的收穫。對他們來說，付出和獲得，是不對稱的。」海碧感慨著。

我被說服了。我眼前這個女生，沒錯，正如媒體說的，是一個童話人物，堅強，克服身體上的障礙之後，完成夢想，還出人頭地。海碧不允許我用「出人頭地」這四個字，說她的人生才剛起步，更多的幸福還得著她去爭取。

當全世界都希望能夠隨時獲得優先權時，這位女生卻在力求甩掉別人給予她的偏見和優待。海碧‧威廉斯說：「我不想當一個令人感動的人，不想成為別人生命力量的來源，不想成為勵志的標榜。我只希望能被認真地對待，憑真本事，真實的分量贏得這場比賽，哪怕需要克服的障礙比別人的多很多。」

這時，我的手機響了。來得真不是時候。

「很抱歉，我必須接這個電話。」我拿起手機，豎起大拇指「Slide To Answer」。對方嘰哩咕嚕地說了半天，我卻一個字也沒聽進去。因為突然，我頓生一計，腦袋裡出現了一個想法。「我等一下打給你。」我對對方說。我的大拇指一直懸在半空。

「海碧，妳一會兒還有事嗎？」

「我想將妳的故事寫成一部小說。」

章節 2　食指

指向另一個方向，
是要將對方的注意力從自己身上移開；

停留在按鈕上，
就是要機器開始操作；

將食指安在嘴唇上，
是要人保持安靜。

而將食指彎曲，
是死亡的意思。

無論怎樣，
一根瘦瘦長長的食指，
關乎的不外是控制權。

吉賽兒與馬丁・威廉斯

「我的全名叫海碧・吉賽兒・威廉斯（Higby Giselle Williams）。爸爸叫馬丁・威廉斯（Martin Williams），是一個美國人，目前在新加坡工作；媽媽叫吉賽兒・拉爾森（Giselle Larsen），瑞典人。」海碧將雙腿盤了起來，一邊調整坐姿，一邊向我敘述著她父母的故事。

「我母親生前是一名鋼琴家，最崇拜的兩個爵士鋼琴手，男的是一位黑人音樂家叫 Oscar Peterson（奧斯卡・彼得森），女的則叫 Barbara Higbie（芭芭拉・喜克碧）。所以當她知道自己懷孕時，就想了兩個名字，生兒子就叫他 Osar，女兒就叫 Higby。」說完，還加了一句話：「是的，我母親去世了。」

海碧的母親吉賽兒在 18 歲的時候來到美國，在簽不進唱片公司的情況下，簽了一個小牌經紀人，在一個叫做「The NaNas」的獨立音樂樂團裡，擔任鍵盤手。還好，80 年代風靡全球的是瑞典所謂「泡泡糖舞曲」（Bubble Gum dance music），樂團的邀約不斷，在一些著名酒吧和一些城市的音樂場地都有表演過。他們頗有名氣，有拍過 MV，也出過幾張專輯。

「專輯中好多歌曲都是我母親還有其他團員合寫的。主要是我母親寫的。」海碧一臉驕傲地說著，眼神閃耀著。經紀人認為

來自瑞典的她，血液裡一定流著「泡泡糖舞曲」的因子，所以指定她成為樂團裡的核心人物。可是後來主唱的名氣超越了她，母親漸漸地被忽略。哼，但是要不是吉賽兒・拉爾森，就憑其他只會推卸責任的團員，那個叫做什麼「娜娜」的樂團早就四分五裂了。」

海碧帶我來到父親馬丁和母親吉賽兒相遇的那一晚。平時滴酒不沾的馬丁因為剛替自己的發明申請了專利，破例和同事一起在他們任職的維吉尼亞理工大學附近一所大學生經常光顧的酒吧裡喝啤酒。馬丁不是一個音樂愛好者，酒量也不好，電音舞曲、滿是成人色彩的歌詞，再加上剛剛入肚的酒精搞得他耳朵和身體發熱，覺得渾身不自在。於是他皺著眉頭離開酒吧，鬆開領帶，想躲在後巷透一透氣時，剛巧一個做吉普賽打扮的女孩推開後門走了出來。樂團當晚的表演第一個環節剛結束。

「這種音樂真令人難以忍受對嗎？」這個顴骨突出，尖臉黑髮的女生嘴角刁著一根菸，指著酒吧說。馬丁並不知道這個女生是誰，就誠實地點了點頭，說：「是的，很吵，我覺得現在流行的這種音樂很煩。」

女孩深深地吸了一口菸，在將菸吐出來之後，用夾著香菸的食指指著馬丁說：「告訴你一個祕密，我也不喜歡！這算什麼鬼音樂？」只見她匆匆地抽了幾口菸，就向生鏽的鐵門走去，在鐵門上敲了敲，說了一些話，門就開了。在進去之前，她突然一

個轉身，大聲地叫：「你！我喜歡你，夠坦白！」

馬丁一頭霧水，不知道自己做了什麼讓女孩喜歡自己。但他趕忙說了聲：「謝謝！」不料門已經「卡碰」地一聲，被大力關上，對方大概沒有聽到自己在說什麼。突然馬丁發現自己在憨笑，還做了一個梳頭的手勢。

在這種地方居然有一個漂亮寶貝對自己「表白」說她喜歡他！馬丁得意極了。可能因為自己是大學裡的學者，所以女性對自己往往都是畢恭畢敬的，很少會有人敢用這種語氣對自己這麼說話的。其實外型並不算出眾的馬丁，鼻頭上還架著一副眼鏡，連暗戀者也幾乎沒有，更別說有人主動「示好」。

馬丁在巷子單獨地站了幾分鐘，有點不知所措，只好回到酒吧去找同事，順便跟他們道別，因為時間不早了。海碧說：「父親有一個很『健康』的好習慣，就是每天晚上10點以前就必須上床睡覺。」馬丁拿起喝剩的，已經沒有泡沫的室溫啤酒，正想努力喝完。海碧說：「馬丁另一個好習慣，就是不能浪費食物。」還沒喝完，就發現臺上有人向自己招手。

是剛才那位女生！她……她原來是樂團的鍵盤手！

馬丁嚇得差點把嘴裡的酒噴出來！他當時同時間感到愧疚又丟臉，為了能向這位樂手懇切地道歉，他決定留下，再為難也要將樂團表演看完。樂團表演中途，當吉賽兒雙手不在鍵盤上時，就會對馬丁做一些調皮的動作。她指了指馬丁，做了割

喉嚨的手勢，再彎曲食指，表示「你死定了。」馬丁笑了，雖然他不太清楚她究竟在比什麼。他們當晚就交換了地址，馬丁由此展開了一段老套又浪漫的情書轟炸。

聽海碧說，其實當時母親在和樂團裡一名叫路克的男主唱斷斷續續地交往。男主唱留著一頭金色捲髮，風趣，卻也風流，典型的一副搖滾巨星的德性。父親雖然不如他那麼有魅力，卻勝在耐心和關心。馬丁文筆不好，不會寫詩，但是很擅長選詩句來抄，寫的字型又美。他下班後沒事做，就留在學校的圖書館裡找一些古詩句，用鋼筆一字一句地寫在牛皮紙上。

一個承載了多少熾熱情懷的信封，從父親家中被轉移到郵政局的卡車裡，再從郵政局的卡車轉移到郵差先生的包包內，就等著來到吉賽兒的門口，在心愛的女人手裡爆發的那一刻。馬丁就是想讓吉賽兒每次巡迴演出，拖著疲憊的身體返家時的那一刻，有一樣令她期待的事：讀自己的信，還有抄寫的詩篇：

〈這是我今天唯一能帶來的一切〉

這是我今天唯一能帶來的一切

這，還有在它旁邊的我的心

這，我的心，還有所有的田野

再加上所有遼闊的草園

你要向我保證你會數

以防我忘了還有誰時

算數能夠幫我想起

這，我的心，還有居住在三葉草叢中的

所有的蜜蜂。

—— 美國女詩人艾米莉・迪金森
（Emily Dickinson，西元 1830 年到 1886 年）

縱使那時自己不曾獲得吉賽兒在愛情上的肯定，但馬丁卻有十足的把握，吉賽兒和那位男主唱的感情時日不多了，吉賽兒終有一天會被自己打動。父親形容母親和那個男人的愛情像傳統的爆竹一樣，易燃，易碎，然後輕易就徹底瓦解。這種轟轟烈烈的感情在電影中演得多了，一般只能維持很短的時間。女主角在受傷後，最需要一個安穩的肩膀來靠，而自己正好到時就能扮演這個救贖者的角色。海碧認為她的父親料事如神，雖然事實上他只是比較耐心而已。

牛皮紙上的詩篇

一年後，那位男主唱路克因醉酒駕車，將一名路人撞到重傷入院，當場被捕。路克在被扣押的期間，突然鬧情緒，拒絕見客，並要監獄長轉告吉賽兒，要不是當晚她大吵大鬧，自

己也不需要深夜過後還向和自己拚酒的朋友借車飆車到他們下榻的飯店，要不是飆車，他就不會不小心撞倒看完半夜場的少女。要不是將對方撞到昏迷，自己也不會淪落如此下場。一切的一切，都拜吉賽兒所賜。最後，路克在被指證後以醉酒駕車和傷害他人的罪名成立被判入獄。

　　吉賽兒知道路克將矛頭指向自己，不過是他一貫作風，他從來都不會認為自己有錯。吉賽兒知道路克的指責並不屬實。撞倒少女的路段和方向壓根就不是通往飯店的路！這件事唯一的好處，就是讓吉賽兒終於能看清自己男朋友的真面目。她感覺自己有如從許久的昏睡中如夢初醒一般，所有人，所有事都變得好清晰。自己終於可以放下這個臭男人了。吉賽兒於是請那位可憐的監獄長轉告可惡的路克：「你被甩了。」

　　吉賽兒在路克受審期間臨時找來了代替路克的男主唱，更有才華，聲音也更有辨識度，可惜粉絲還是喜歡從前帥氣的主唱。2個月下來，「The NaNas」名氣大跌，許多商家都紛紛解除邀約，新樂團的壽命很短，因為他們還沒什麼機會表演，就被迫解散。剛巧那也是「泡泡糖舞曲」黃金年代的末期。很快地，吉賽兒除了失戀，也失業了。

　　雖然吉賽兒算是樂團的靈魂人物，歌是她寫的，編曲、製作她也有參與，但是圈內人對於「泡泡糖舞曲」的印象不好，許多資深的音樂人都認為那是毒害年輕人大腦的「垃圾音樂」，是沒有

音樂天分的音樂人都做得出來的產品，一竿子打翻全船人，將吉賽兒的才華和付出完全抹煞。結果，那短短幾年的樂團生涯除了為吉賽兒帶來短暫的名氣和金錢，並沒有替她的履歷加分多少。

這一天，吉賽兒提著兩個巨大的行李箱，出現在馬丁的門口。馬丁什麼都沒說，將手中原本當天要寄出的一封信交給了吉賽兒。裡面依然是一張牛皮紙，上面寫著：

〈我是怎樣的愛你？〉

我是怎樣的愛你？

讓我來細數這些萬語千言。

我愛你的程度高深又廣遠，

恰好我的靈魂到也到不了的九霄雲外⋯⋯

──伊麗莎白・巴雷特・白朗寧

（Elizabeth Barrett Browning，西元 1806 年到 1861 年）

經過了一年多的熱烈追求，那天晚上他們終於在一起了。兩個月後，就在同一年早秋，他們就高調地在美麗的林子裡結婚了。十月天的老天爺很賞臉，把天空塗上了一層連東部知更鳥都嫉妒的藍色，令牠很不甘示弱地揮動著牠的藍色羽毛在婚禮的上空盤旋著。有別於平常輕便的穿著，馬丁這天穿上了筆挺的黑色西裝外套、襯衫和長褲，搭配背心與吉賽兒送的銀色領帶，精神抖擻的。

但所有人的眼光都鎖定在新娘子身上。吉賽兒將頭髮梳成一個螺旋式髮髻，上面插上了超大號雙層頭紗，在微風中輕輕地搖晃著，就像一朵綻放的白牡丹，十分時尚高雅。她的婚紗走復古簡約路線，甜心領口突顯出她性感的鎖骨，要不是她個子矮小，大夥大概會以為她是一名模特兒。

馬丁的遠房親戚、同事、好友，還有據說吉賽兒的家人全都從瑞典飛過來了，當地記者也受邀觀禮。樹影婆娑、裙襬飛揚、蛋糕上香草口味的奶油、銀器「叮叮作響」的聲音，還有香檳、紙屑、鴿子、氣球、四重唱、古董車、舞蹈……一切多令人感覺暈眩。但那真是歡愉的一天。對馬丁而言，那是他長那麼大以來，最開心的日子。

此刻，幸福就是從心愛的女人嘴裡說出的3個字：「我願意」；幸福就是能挽著她的手，在一百個嘉賓的見證下念出愛的宣言；幸福就是她小鳥依人般，將臉靠在自己的手臂，然後又心疼地用手拍走沾在西裝上的鬆粉。從此，幸福就是撫摸自己女人如瀑布一般奔流在枕頭上的黑髮；幸福就是每天為她在牛皮紙上抄寫一首詩篇；幸福就是這個自己朝思暮想的可人兒，從此就要跟自己一生一世地生活在一起。

可惜這幸福的壽命很短。隔年2月15日，海碧在眾人的期盼中，鑽出了娘胎。海碧說，母親的肚子選在這一天生下她，是給她的第一個黑色幽默。在情人節隔天生日的人，就像是一

個派對結束後才抵達的嘉賓，只配得到吃剩的蛋糕，滿街的破爛包裝紙，還有一支支凋謝的玫瑰。

醫生將海碧接住，帶她到這個世界的那一刻，產房一片寂靜，嬰兒沒有哭，因為護士也暫時愣住了。一位較年長的接生婆勉強回過神來，在孩子的屁股上用力一拍。海碧的哭聲劃破了冰冷的，瀰漫消毒藥水氣味的空氣，大家都醒了。誰都不能不再正視眼前的這一幕，嬰兒的左手，沒有手指。馬丁心碎了地摘下眼鏡，吉賽兒則怎麼都不肯將手伸出來碰這個初生兒。她甚至連看，都無法看自己的親生骨肉一眼。吉賽兒生下海碧之前，對她抱著很大的希望，說海碧將會是世界上最美麗，最厲害的鋼琴家。

吉賽兒給她的第二個黑色幽默就是，一個一輩子都無法彈鋼琴的女孩，卻以著名鋼琴家命名。

冬暖夏涼的黑堡鎮

為了讓妻女能安穩地生活，原本是研究生的馬丁接下了一份維吉尼亞理工大學任教的工作，再用他剩下的積蓄，在一個叫黑堡鎮的小地方，買了一棟古雅的老房子給他們一家三口

居住。這棟房子有一個特點,就是樓梯的把手在右邊,這樣海碧在學爬樓梯時,就有東西可以捉。房子前後都有空地,但馬丁選在房子前面,朝西的那一塊鋪上水泥,做成一個迷你籃球場。籃球場就在母親位於二樓的琴房樓下,這樣馬丁上班時,吉賽兒也能一邊彈琴一邊看護在院子裡玩的海碧。

海碧說,她大部分的童年都是在那個院子裡度過的。春天的時候,她喜歡坐在草叢中,用手撫摸著身邊溼漉漉的小草和小花;夏天的時候她喜歡搬一把椅子假裝在大太陽底下做日光浴,順便看著各形各狀的白雲在天上飄;秋天時,她喜歡在院子裡踢落葉,堆落葉;而冬天時,能到外頭的時間不多,但堆雪人是少不了的娛樂。可是,在那裡所謂母愛,始終是二樓視窗的一個蒼白身影。

海碧說,馬丁選擇在黑堡鎮扎根,除了因為他在附近上班,也是因為那裡人口才三萬,海拔較高,治安良好,被譽為全美國最適合撫養孩子的地區之一。

「只是母親很討厭黑堡鎮,因為那裡人口擁有的槍枝是美國最多的,令她精神緊張。」吉賽兒是對的,七年後馬丁教書的那所大學就發生了震驚全世界的著名美國校園槍擊案。

馬丁是一位生物工程博士,在美國研究界內頗有名氣。因為他在擔任助教時和其中幾名大三的學生發明一種能夠黏貼細胞的小球還是什麼的,在診斷癌症時可以從血液彙集抗體,讓

診斷更快捷。馬丁和維吉尼亞理工大學共同擁有專利權，所以他無法帶著專利權到別的公司上班。馬丁性格內向又被動，要到別的國際公司上班會面對適應的問題，而且必須從下層開始做起，還不如留在大學任教，可以同時進行自己喜歡研究工作。

由於不是終身職，海碧父親的年薪也才六萬美元。住得靠近大學，汽油錢可以節省不少。「我父親很喜歡那裡，還曾聲稱要在黑堡鎮養老，因為那裡冬暖夏涼，交通方便，老骨頭才沒那麼辛苦。」海碧笑說。「不過我認為，我父親真正的理由是那裡人口少，說我們的閒話也就跟著減少。」

因為海碧的「特殊」，而且在美國聘請保母很貴，海碧父親決定不讓吉賽兒出外工作幫忙補貼家用，而是在家教鋼琴。這樣她可以在照顧女兒的同時，找一點有意義的事情來做。父親也不是不替吉賽兒著想，只是不善於表達。房子的原屋主是一對要住進老人院的夫婦，將房子賣給馬丁的時候，還將西面房間裡的鋼琴也送給他們。再加上黑堡鎮又是個大學村，可以幫母親招到很多學生。海碧一家住的地方對許多大學生來說算靠近，騎單車即可到達。只要學費便宜，隨時上門學鋼琴的孩子多的是。

海碧說，母親當年的確有不少學生，每個月進出家門的，起碼也有三十幾個人，收入還算可觀。然而，馬丁從不要求吉賽兒分擔家中的開銷，食物、房貸、電費全由他一個人承擔。

吉賽兒教琴賺的錢，都歸她自己保管。

可惜這一切的精心安排得不到母親的讚賞。她嫌棄上門學琴的都是快二十歲的人，大多不是為了泡妞，就是為了想參加什麼競藝比賽而學鋼琴，他們當中，沒有一個是一心想成為鋼琴家的。吉賽兒認為，不是從小就學琴的孩子，手指硬邦邦，也不靈活，教起來困難重重。況且，一堂半小時的課只收 10 美元，對曾是明星的她，是一個莫大的恥辱。

生活的跟前，誰能不低頭

可是吉賽兒能怎麼辦呢？生活的跟前，她不得不低下頭。

海碧說，母親雖然人是跟著父親在美國這個東南部的小鎮居住，但心裡卻是一千個不屑，一萬個不願意。見過大市面的她，嫌黑堡鎮太「鄉下」、人民太老土。吉賽兒也不是沒有想過東山再起，但是在這個小鎮中，除了教琴，沒有大學文憑的她能做什麼？端盤子？做售貨員？吉賽兒甚至有考慮，不如回到還有人認識的城市，至少能替一些歌星彈鍵盤、做些配樂工作。可惜，這裡離她熟悉的洛杉磯太遠了，名副其實的一個東，一個西。

「母親大可丟下我們不管，但是她沒有。」海碧說。「其實如果她當初早一點選擇離開我們，或許對大家都有好處。」她感慨地說道。我問：「怎麼說？」卻萬萬沒有想到我這三個漫不經心的字，悄悄地撬開了眼前這個金髮女孩內心封鎖多時的潘朵拉盒子。

「母親這輩子活得很累。說真的她的死，對她來說，對父親來說真的是一種解脫。」海碧感嘆著，眼眶有點泛紅。我對她說，她的母親是個音樂家，和我認識的那些藝術家一樣，不敢太幸福。就算幸福，也永遠都不敢滿足。普通人眼中的幸福，簡直就是藝術末日的來到。他們總是害怕太幸福的話，自己就不能再擔起成為受難的人們的代言人的使命，創造不出反映人性的揪心作品。其實我這麼說是有根據的，畢竟世上多少刻骨銘心的歌，都是在詞曲人人生低潮時創作的。令人動容的作品，必須讓聽眾相信你對他們的遭遇感同身受。正所謂「沒入過地獄，怎麼對地面上的人類形容魔鬼長什麼樣子？」

或許吉賽兒心裡有一塊好不了的瘡疤。我不知道她的疤痕是什麼，但我知道生命擁有瘡疤的人曾經一定被傷得很重，在往後的日子難免會變得患得患失。說開來，神經質，確實是成為藝術家的條件之一。或許吉賽兒那塊疤一直都好不了，更或許，她為了藝術上的需要，不時得故意去將它剝開，要它潰爛。感受到痛苦才能激發靈感，才能重新感受心跳。所以他們

總是會選擇愛上不愛自己的人，或者在愛你時同時折磨你們倆，逼你離開，然後享受著痛苦。

海碧聽了我說的一大堆話之後，反駁說：「什麼瘡疤？有缺陷的是我好不好？還是因為她生了一個不能像她一樣彈鋼琴的女兒？」

海碧認為吉賽兒並不是因為音樂性格才變得鬱鬱寡歡，而是她本來就是這樣！再加上生了個有障礙的孩子，就更不必說開不開心了。」她還說：「一個人年輕時擁有過美貌、名氣；過氣後，還有個愛她的丈夫，還有個我，有什麼權利不快樂？愛不到自己愛的那個人？世上有相同遭遇的人多得是。不得志？當不成鋼琴家？當不成明星？誰不是？」

「拜託啦，我們大家還不是這樣好好地活著？她這麼完美還這樣憂鬱，這樣我不是要先自行了斷 meh？」海碧故意在句子後段加了一個新加坡式華語，時機不偏不倚點中我們兩人的笑穴。我們眉頭開了，忍不住咧嘴笑了。沉重的空氣終於變輕鬆了一點。

海碧轉用比較諒解的口氣說：「不過母親在我出世後的生活確實不好過，一切不如父親預期的那麼美好。」但她故意強調：「不是因為我很難照顧喔！我從出世到現在都很乖的。」接著，微笑地拍拍胸口。「街坊們在我小的時候，都愛談論我這隻手，也喜歡在我們的背後竊竊私語，說我母親一定是為了綠卡才要

嫁美國人的。」父親個性比較為木訥，分不清鄰居臉上掛著的，是微笑、嘲笑還是冷笑，總之不是明顯表示厭煩，就算是友善了。他沒能感受出對方語調或眼神落差，也算是一種福分。

最辛苦的，莫過於吉賽兒。敏感的她對於大家對自己的看法和想法都很在乎。任何一個聲調、一個用字都會令她難過一天。漸漸地，她變得足不出門，整天關在琴房裡。她和外界的接觸，除了上門學琴的青少年，就是二樓的那個房間的朝西的視窗。漸漸地，那個燈光昏暗的房間變成了吉賽兒的殼，她幾乎離不開。離開的話，她的臉上會有明顯的焦慮。因此，除了下樓給海碧弄吃的，吉賽兒都會回到琴房教課、彈琴，不然是趴鋼琴上睡覺。

海碧生命的頭四年都是在那個房間的一個小角落度過的。海碧說她從小就很懂事，從不亂爬，也不亂叫，就只是呆呆地坐在那裡，自己玩。海碧說她自懂事以來就懂得從母親彈的樂曲知悉她當天的心情。要是她彈的是卡通片的歌曲，海碧就知道母親想告訴她，她是愛她的；要是她彈的是莫札特《土耳其進行曲》，海碧就知道母親那天雖然有點憤怒，但總體來說，心情還算不錯；彈奏貝多芬《月光奏鳴曲》時，就知道母親在想念某個人。

馬丁總會設法準時下班。這也是當副教授的好處，很少需要加班。他也從來不在下課後和朋友出去喝酒鬼混，直接回家。馬丁一到家，推開家門的第一件事，就是豎起耳朵聆聽樓

上有沒有琴聲,儘管他知道無論吉賽兒有沒有在彈琴,他都能在二樓朝西的房間找到妻兒。常常,映入馬丁眼簾的一幕,是吉賽兒捲縮在栗子色的木地板上睡著,而女兒則在一邊流口水、啃玩具。馬丁看見了,就會輕輕地拍醒吉賽兒,問她怎麼啦?吉賽兒總會將食指指向房間另一端,不懂得抗辯的海碧。馬丁也就笑著搖搖頭,問:「我調皮的公主,今天又怎麼折磨妳媽媽了?」說完,就將瘦弱乾癟的吉賽兒抱回睡房去。

烤爐裡的馬鈴薯

雖然被當作是母親疲憊的罪魁禍首,海碧一點也不在乎,這是她一天當中最快樂的時刻之一:父親回家了!馬丁在安頓好妻子之後,就會把海碧當作沙包一樣,扛在肩頭走下樓,而且偶爾會假裝快滑倒,弄得小女孩又笑又踢的。吉賽兒大概有聽見兩人的笑聲,但她從來沒有起身來望望父女倆開心的模樣。大部分的時間,她都會睡臥在床上,等父女吃飽了才下來弄熱自己的食物。海碧說他的父親雖然有些失望,卻也沒說什麼,靜靜地洗著碗碟,偶爾回頭看看自己默不出聲,低頭吃飯的妻子。

馬丁的視線總是很快地就轉向在氣質黯然的妻子旁邊，坐著的那個微笑的藍眼女孩，還有她那一頭在燈光下金得發亮刺眼的頭髮。馬丁看著女兒模仿母親咀嚼的樣子，總難免會會心一笑。雖然和他想像中的幸福不一樣，但，他告訴自己，如果只能獲得這麼多，那麼這麼多就夠了。這樣就夠了。

海碧喜歡做飯時候的馬丁，因為他會把猴子一樣好動的海碧放在桌上，連衣服都沒換，就捲起袖子開始做起晚餐。海碧說，父親從來不用擔心她會從桌上摔下，因為她回想起年紀小小的她就已經懂得這一刻有多重要，不該被自己頑皮的行為破壞。馬丁會做的餐點不多，來來去去不是三明治就是煎肉餅。他的三明治很簡單，不就是一些生菜，幾片番茄和火腿；煎肉餅就是從超市買一些絞碎的牛肉，用鹽和胡椒調味後就下鍋。但對海碧來說，那是最美味的食物了。母親已經好久沒下廚了，況且她的廚藝更糟。

海碧說，她出世的頭兩年，吉賽兒還會親自做飯，用烤爐烤一些馬鈴薯什麼的，撒一些碎乳酪餵海碧吃。「父親對吃的，一點也不挑剔，就算我母親每天在餐桌上擺放的都是馬鈴薯，他也懂得給自己增添樂趣。他聲稱自己也和海碧母親一樣「有藝術細胞」，有時會在馬鈴薯上面加上從唐人街買回來的炸油蔥或小魚，有時加上莎莎醬和一些芹菜，其他的時候，當他「創意」使然時，他會在馬鈴薯上加一些花生醬。最噁心的一次是他將

甘草軟糖剪碎，撒在塗滿奶油的馬鈴薯上，說甘草和迷迭香、羅勒一樣都是香料，有何不可？結果，味道奇怪得連馬丁自己都不好意思再誇自己是「大廚」，面帶尷尬地用奶油刀將馬鈴薯上面的佐料刮掉，然後撒些鹽，乖乖地把馬鈴薯吃下肚子。

還好他最常使用的佐料，是燻肉。「父親說，那是因為每當他用煎鍋爆香剪碎的燻肉時，肉片在油裡跳舞的樣子，聲音還有香味都會逗得我哈哈大笑。母親也很難得地笑了起來。那是很美好的記憶。」海碧邊回憶，邊用右手托住下巴，眼神對著展覽廳的最尾端發起愣來。那幾秒鐘海碧大概是回到了記憶最美好的地方，不想回來了。

「妳父親真是一個好爸爸。」不識趣的我忍不住讚美。海碧這才回過神，怪不好意思的。「是的，馬丁是一個好人。」海碧晃了晃自己的左手，面帶稚氣地笑著。「只可惜，好人未必有好報。像父親這麼一個顧家又善良的人，天天為我們付出了這麼多，為什麼要天天忍受別人在我們背後指指點點？」

「你們大可離開那裡，到別的地方去呀！」我提議。

「我倒無所謂，哪裡都可以住。反正我從小就很想到世界各個角落去看看。妳看，我這不就來了？」海碧張開雙手，對我笑了笑。

「可惜父親認為我好不容易才在這裡交到朋友，擔心我到別的城市去的話，可能會因為我的手有缺陷的關係，不能適應。」

「可是吉賽兒認為害怕不適應的,是馬丁。畢竟他在維吉尼亞住了大半輩子,朋友、同事都在這裡。」

「近期,連我父親開始懷疑自己當初是否決定錯誤了,否則我母親原本好好的,怎麼會突然變得抽離和失落?母親的脾氣我習慣了。我只是比較心疼我爸爸。這不是他應得的待遇。」海碧說。

吉賽兒愛將海碧的缺陷,推到馬丁身上,說一定是馬丁的基因不好,才會生出她這種孩子。「母親對於馬丁的指控從來沒有停止過。一直到1996年,當我剛滿六歲那年的某一天,我不小心摔破了一個馬克杯,碰巧母親經過看到了,就又用食指指著父親,說你看,女兒連杯子都沒辦法拿好,要怪就怪你的DNA不好,全家人都跟著你受罪。」

夫妻的關係就像烤爐裡的馬鈴薯,以為留在裡面能夠保溫,其實置放久了,是會爆開,會爆炸的。

剛好馬丁那天在工作職位上碰到了一些不愉快的事情,一回到家聽見妻子在大吵大鬧,心裡的火馬上燒了起來,先交代海碧:「破了的杯子妳先別碰,到外面去玩。」說罷,就將家門關上。父親很少用那麼大的聲量對誰說過話,因此他的一字一句海碧至今還言猶在耳。

「我清楚聽見父親當時說:「再說一次?有沒有搞錯?我的DNA?還是那個主唱的DNA?海碧是不是我親生的誰知道?

我的頭髮是棕色的，妳又是黑髮色的，海碧怎麼會是金頭髮的？妳懷的是那個金頭髮的瑞典人的孩子，我都沒說什麼，幫妳帶大孩子，妳還有臉惡人先告狀？」

「其實馬丁的阿姨後來在一個聚會上有對我說過，我母親在婚禮上身體不適，臉色蒼白，之後的好幾個星期都吃不下東西，大家都以為她可能是感冒了，或者被籌備婚禮的壓力壓得喘不過氣。」海碧敘述著。「還有，聽父親說，母親在婚禮前就戒酒戒菸，那時候一定已經懷孕了。」可是海碧記得街坊們在她小的時候，偶爾指著她問，怎麼那麼快就出世了，害得父母親連蜜月都沒來得及策劃。「原來母親來找我父親後不到 6 個月我就出世了。所以說不定我還真的是那個主唱的女兒。」

我看了看海碧的頭髮，比金色還要淡一些，像乾了的稻草多一點，但又不像稻草，有一點自然捲，安慰她說：「我在大學念過基因學，深色頭髮的夫妻是絕對可能生出金髮孩子的。不過要看看海碧妳的爺爺奶奶、外公外婆那一代有沒有人有金頭髮。所以妳還是有可能是馬丁的親生骨肉。」

海碧聳了聳肩，說：「我才不在乎自己是誰生的，因為那天以後，他對我身世的質疑，好像又不怎麼在乎了，從來不吝嗇給我他的愛。所以要是妳問我，誰才是我爸爸，我會說我這一輩子只有一個爸爸，他就是馬丁・威廉斯」。海碧說得好激動，連我都被她感動得眼角有些溼了。為了避免我的眼淚傾盆而

下,我將視線從海碧臉上移走。

　　海碧顯然情緒有些受影響,站了起來,走到自己的作品前面,用食指掃了掃照片上沾的灰塵,然後對照片吹了一口氣,似乎是想趁機將胸口的悶氣給發洩出來。我覺得有些奇怪,她都這麼願意跟我分享這些私密的童年往事,卻還不能在我面前洩漏太多情緒。

　　「那一次大吵沒有影響父親對我的態度,倒是母親對我更加冷淡了。她可能認為平時疼愛自己的丈夫要不是因為我,也不會對她那麼凶。父親知道我從母親身上得不到太多的愛,可是他從不在我面前說母親的壞話,只是說,母親照顧妳一天,累了,我們別煩她,讓她好好休息。」海碧說,連後院的老鼠都知道她天天都靜靜地待在角落自己玩,不然就是在樓下看卡通片,很少去打擾吉賽兒。「母親的疲累絕對不是因為疼我、照顧我而產生的。她的疲累,是她自己造成的。」海碧冷冷地說道。

　　「妳知道嗎?我離開美國,來新加坡的前幾天,從老家翻出幾十張我小時候的照片。所有的照片都有兩個共同點。一,抱我在懷裡的,是父親。母親總是站在父親身體的另一邊,可想而知我的媽媽有多『愛』我;二,我的左手都是插在衣服或褲子口袋裡的。拍照和看照片的人從不知道我的左手沒有手指。」海碧說,她手插口袋的習慣,是母親的「調教」。腹部縫有口袋的連帽 T,已變成了海碧衣櫃裡不可缺少的服裝。

連帽 T

　　海碧將話題轉到他們住的那棟房子，說房子原本有一架鋼琴，但是日本製造的，聲音較為清脆響亮。母親一彈琴，聲音就會像一顆乒乓球一樣，在房間四面牆壁之間反彈著，非常刺耳。剛搬去時，母親幾乎碰都不想碰，甚至還好幾次用力地甩下琴蓋。為了安撫母親，馬丁在牆上釘了很多個小鉤子，用壁毯將牆壁鋪滿，將那些胡亂跳躍的聲音吸收掉。之後，吉賽兒才又願意重新彈起鋼琴。

　　幾年以後，就在那一次大吵之後，為了討好母親，想彌補夫妻之間日漸決裂的關係，父親特意用存了幾年的積蓄從別處弄了一架世界聞名，由美國廠商製造的德國品牌鋼琴。雖然是二手貨，但價碼卻是「一流」的。

　　如果說海碧是馬丁的公主，那麼吉賽兒就是皇后。但是那棟舊房子裡，沒有國王，只有一個任勞任怨的好男人。

　　海碧清楚記得鋼琴送來的那一天，是 1996 年仲夏，天氣非常炎熱，所有的鄰居孩子都穿著小可愛和迷你短褲上街。但是吉賽兒堅持要海碧在工人送貨前穿上一件連帽 T，並交代她一定要把雙手插進口袋中，熱得她滿頭大汗，幾乎中暑。然而，吹進窗子的熱風並沒有將海碧的熱情驅走。當時六歲的她興奮得

乾脆坐在房子前面的籃球場上等候。一個鐘頭後，大卡車姍姍來遲，在路口緩緩地駛進來。海碧興奮地喊道：「來了！來了！終於來了！」

海碧開心得蹦蹦跳。比起家中日本鋼琴的沉悶黑色調，這臺淺胡桃木色的德國鋼琴看起來要典雅許多。然而由於房子的樓梯太窄也太老舊，經不起踐踏，搬鋼琴的叔叔們只好將鋼琴吊上樓。海碧還記得帶頭的搬運工人叔叔先用螺絲起子將兩片窗門的螺絲取下，再拿了一條厚厚的，但有點髒的毯子蓋在窗臺上。

小型的起重機緩緩地，慢慢地將鋼琴吊到靠近視窗的地方，再由站在梯子上的兩位叔叔接住。其中一位利用他上半部的背頂著鋼琴不讓它繼續搖晃，另外一位叔叔則將鋼琴的身體移向站在房間裡的兩個工人，一路又推又扛又喊地，毫髮無傷地把重達 220 公斤的鋼琴搬進房子裡。

海碧記得，吉賽兒受不了那兩位個工人叔叔身上，泛著酒精味道的臭汗味，悄悄地走開了，站到門邊去。父親當時在樓下準備端啤酒給客人，只剩下海碧一個人在房裡，左手插口袋，右手輕輕地摸著鋼琴。胡桃木色的琴身保養得很好，只是一部分象牙做的琴鍵已經有一點泛黃。

海碧右手的食指和中指在琴鍵上「走著，走著」，思緒也跟著遊走。她在想像自己媽媽彈鋼琴的樣子，一定很美。父親必定會同意自己的說法。

「小妹妹，妳要不要試試看，彈一首歌給叔叔聽？」長滿鬍渣的年長工人叔叔突然彎下腰，一邊問海碧，一邊用裹在脖子上的髒毛巾擦拭著從額頭沿著臉的輪廓流到下巴的汗水。「妳很幸福喔。沒有多少爸爸媽媽願意為學琴的孩子買這麼好的鋼琴的喔。」

　　海碧才剛想搖搖頭，原本身體貼在門框一端的吉塞兒，略略地挺起身子，冷冷地吐出幾個字：「鋼琴是我的。她永遠都別想能彈琴。」「太太，她這麼小，有什麼本事我們現在是看不出來的。媽媽會彈的話，女兒很快就學會了。我女兒就是我太太教的。她……」吉賽兒沒等工人說完話，就轉身走開。海碧記得，母親當時將食指放在雙唇上，對海碧示意要她安靜，別再多說話，她做這個動作時，眼神是煩躁的。

　　「我的女兒永遠也不可能成為鋼琴手。」吉賽兒在離開時喃喃自語。工人沒聽清楚，問了聲：「什麼？」久久沒聽到回覆，自討沒趣，就擦乾了汗，氣煞地走了。

　　馬丁在樓下忙著數鈔票付錢給搬運工人，海碧趕忙跑下樓看熱鬧，順便幫父親遞啤酒。全程，海碧都將左手插在口袋中，用右手說拜拜。就連吉賽兒去世的那一天，海碧都還是將左手插在口袋中，用右手說拜拜。

　　吉賽兒擁有了她夢寐以求的鋼琴，就更喜歡躲在琴房中不肯出來了。除了教琴，吉賽兒也愛待在裡面。海碧說，時間久

了，自己也懂得不再去煩自己的母親。吉賽兒常常把門關上。有琴聲的時候，海碧就有勇氣待在自己房間或房子的別個角落。沒有琴聲傳出時，海碧難免會感到害怕，畢竟她還沒滿七歲。孤單的她會將自己房裡的東西都搬到琴房門外，一個人坐在那裡看書、畫畫和給布娃娃換衣服。海碧常常會玩到一半，低頭看著門縫溢位來的光線。只要看到光線有移動，海碧就知道母親在房裡移動，心裡就不再害怕了。

　　聽到這裡，我不得不同情起海碧。手生成這樣，母親又這樣對她。「真不知道妳是怎麼捱過來的。」我感嘆。海碧卻說：「我大可以選擇用悲觀的角度去看待整件事情，但是我從小就知道，我有眼睛，也有眼皮。害怕的時候，我可以選擇看不到；太亮的時候，我可以瞇起眼；好奇的時候，我可以睜大眼。」「就像相機的光圈一樣？」我搭腔。「是的，是的，像光圈一樣。照片結果怎樣，全靠你當時做出什麼反應。」

　　1997 年，海碧上小學一年級了。馬丁想讓海碧上特別學校，吉賽兒卻不顧丈夫的反對，私自替她申請到普通公立學校念書。馬丁很生氣，覺得這樣簡直是在逼死自己的女兒，吉賽兒則認為這樣對海碧最好，讓她能夠從小就知道什麼是「挫折」和「鄙視」，如果能夠從中生存，長大必定會很堅強。後來馬丁想想，也對，上「特別學校」就等於給自己女兒貼上一個標籤，再也不能和普通人擁有相等的機會。

海碧說，父母這輩子為她做的最好的一件事，就是將她送進普通學校，讓她學習忍受師長的異樣眼光，還有同學們的嘲笑和欺負。雖然很殘忍，但也等於在告訴她：「那是因為我們相信你行的。」

《筷子華爾茲》

「吉賽兒聽起來好像很開明，對嗎？」海碧語中帶刺地笑說，然後馬上沉下臉說：「既然要我從小學習什麼是『挫折』和『鄙視』，那為何總是要我把壞的手藏起來，在我嘗試之前就斷定我不能彈鋼琴？」不用想也知道的，自己的母親是鋼琴手，一整天都在教一些不重要的外人彈琴，就是不教自己女兒，其實吉賽兒也算是在身體力行，讓女兒生長在一個受鄙視的環境中。但，會不會太冷酷了點？

海碧接著說，她上小一這年，吉賽兒的鋼琴班來了一個新學生叫做莉茲，和海碧同齡，也是她隔壁班的同學。莉茲是一個個子很小，膽子也很小的紅髮小女孩，一個星期來海碧家兩次。莉茲父母一個星期送她來上兩堂鋼琴課，並不是因為莉茲很喜歡彈琴，而是因為他們誰也沒有時間去照顧這孩子，所以

一週當中，莉茲在下課後會帶著午餐盒，直接從學校搭乘校車到不同的老師的家上課。除了鋼琴課，莉茲還有上畫畫和喇叭課。她上這些課的原因和興趣沒有關聯，而是因為這些家庭教師都住在同一條街上，方便校車司機安排行程。

莉茲每逢星期二和星期五來海碧家，她的鋼琴課是在下午4點30分，可是她總是3點10分左右就到了。負責接送海碧上下課的馬丁有好幾次在駛入車道時差點撞倒躲在花叢中的莉茲。這麼聽話的孩子真的很少見，莉茲的父母要她遵守諾言，要她從下車後，哪裡都不准去，只可以站在威廉斯家門口等鋼琴課開始。鋼琴課結束後，莉茲也只許坐在教師的大門階梯上等父母來接。很多時候，莉茲得等上2個小時，才見到自己父母的到來。她的父母又不許她在下課後重新進入教師的屋中，所以她總會趴在他們的臺階上做功課。

足不出門的吉賽兒並不知道這件事。倒是小小的海碧為莉茲感到難過，開始坐在臺階上陪莉茲。莉茲喜歡海碧的陪伴，因此就算當天上的不是鋼琴課，也會在上課前和下課後來到威廉斯家。或許莉茲的出現，還有她的處境對海碧來說，不見得是一件壞事。漸漸地，海碧不再待在琴房門外，她轉移陣地了，天天都在大門的階梯上看書、畫畫。只不過這回，她的身旁多了一個小小的同伴，一個同樣被自己母親忽略的莉茲。

只有一件事令海碧偶爾仇視莉茲。那就是自己的母親似乎

比較喜歡莉茲。她原以為那是自己的錯覺，因為吉賽兒幾乎已變成一塊冷漠的石頭了，怎麼可能會對一個沒有音樂天賦的孩子表露什麼母愛？但是後來她很肯定吉賽兒是喜歡莉茲的，因為她聽見她們一起彈尤菲米亞‧艾倫（Euphemia Allen）的《筷子華爾茲》。

海碧從小就渴望母親能和她一起彈這首曲子，因為全世界學琴的孩子都一定和自己的家長四手聯彈過。可惜她每次要求母親，得到的總是同一副理也不理的樣子，和同樣的回答：「乖，媽媽累了，妳自己去房間玩。」

偏偏，有一天海碧聽到吉賽兒和莉茲的笑聲，樓上還傳來了斷斷續續，參雜著笑聲，但很明顯是《筷子華爾茲》的琴聲。母親寧願和莉茲合彈？還大笑了？海碧好恨！為何就連這麼一個簡單的要求，母親都不答應？莉茲又不是她的女兒，為什麼她可以跟媽媽擁有這段記憶？為什麼母親要這麼殘忍？

海碧說，吉賽兒可能覺得莉茲跟自己比較有共同點。除了髮色，莉茲在外型上，還蠻像吉賽兒的，尖臉、瘦弱，愛穿連身裙，活像個公主。海碧則完全相反，愛穿牛仔褲和運動鞋。吉賽兒絲毫沒有想過，牛仔褲，是為了要配搭她逼海碧穿的連帽T。天下有哪個小女孩不喜歡穿上粉紅色的長裙，幻想自己是一個住在城堡裡的公主？

那天，海碧嫉妒得哭了，悄悄地掉著眼淚。但好強的她執

意不讓別人知道自己為了這麼小的事情哭。她知道就算擦掉臉上的淚，眼眶周圍還會有一層水貼著眼球，眼尖人總會看得出來的。於是海碧用右手拇指將下眼皮拉開，用裹著手帕的右食指伸進眼眶，用手帕把淚水吸乾。每次海碧哭完，她都會這樣做。她要做吉賽兒眼中，那個從不鬧事，從不礙事的完美女兒。海碧說，身體上她無法完美，但至少行為上她做得到。

那幾次海碧在莉茲下課後都對她很好，給她汽水和餅乾吃。莉茲沒察覺到事情有什麼怪異的地方，欣然接受海碧的好意。只是當馬丁回家時，看見莉茲在若無其事地吃點心，自己的女兒則坐在一旁，一隻手托著故意凸出來的下巴發悶氣，不難猜到海碧一定在生吉賽兒的氣。海碧這個孩子一般都不會介意任何人對自己做的任何事，有辦法惹她哭的，只有一個人，就是吉賽兒。

「哈囉馬丁！」莉茲天真地揮揮手，然後繼續使勁地用小舌頭想將餅乾上的葡萄乾舔出來。「嗨爹地。」海碧冷冷地打了個招呼，繼續生氣。

「誰欺負我們的公主了？」馬丁總是有辦法看出海碧有心事。海碧搖搖頭，雙唇像保鮮袋一樣，密不透風。倒是莉茲熱情地回答：「馬丁先生，我一直都和海碧在一起，沒有看到有人欺負她，我可以擔保！」馬丁慈祥地笑了笑，說：「我看，我這個只會哭，不會說話的女兒一定還是一個嬰兒，現在應該是尿布溼

了,要換尿布了。」說罷,就把坐在階梯上的海碧抱起來,走進屋裡,邊走邊喊:「喔,換尿布咯⋯⋯」海碧又踢又叫,終於笑了。上樓前,海碧對莉茲說:「莉茲!莉茲!拜拜!下星期見!」莉茲很乖,靜靜地坐在那裡,等父母來了,就會自己把威廉斯家大門給輕輕關上。有時海碧看著隻身坐在屋外的莉茲,覺得她還比自己可悲。海碧起碼還有一個將自己捧在手心的父親。

偶爾,吉賽兒難得出門,馬丁趁機帶海碧到琴房,讓海碧胡亂敲打鋼琴肆怒撒野,然後等海碧的腎上腺分泌分解完以後,兩人一起彈奏《筷子華爾茲》。孩子一般都會在右邊雙手彈奏高低八度的主旋律,讓音符重疊。海碧的主旋律沒有高低八度的重疊,卻也已令她心滿意足了。

父親的頭頂

「父親總是有辦法讓我微笑,讓我看到事情好的一面。為了讓我生活更輕鬆,他常常傷透腦筋。」海碧微笑地說。譬如自己在閱讀厚厚一本小說時很難翻書,父親幫她找來了兩個晾衣服的衣夾子,將書的兩邊夾住。從此以後,海碧看書時都會帶上兩個超大號的晾衣夾。

當全美國的父親都在教自己的孩子如何打棒球時，父親在院子裡教海碧怎麼打籃球，怎麼用一隻手傳球，怎麼用一隻手灌籃。海碧說，她單手灌籃的技巧比許多男生還行，所以她高中學時常常和男同學打籃球，他們都折服於她。海碧無法控制模型飛機，父親就教她如何放風箏，並且在風箏線輪左邊加上一條大約1公分寬的塑膠鬆緊帶固定在海碧的左手臂上。後來海碧16歲時，馬丁也在自己汽車的方向盤上加上了一條這類型的塑膠鬆緊帶，方便海碧在換檔時可以暫時用左手控制方向盤。

父親認為，海碧左手沒有手指，就算能勉強騎腳車，也沒辦法有效地煞車，會比較危險。有好幾次海碧就因為無法捏緊左手邊的煞車器，腳踏車往右邊倒，導致右臉和手肘嚴重擦傷。馬丁心疼極了，於是決定教她怎麼溜滑板，不過在那之前，馬丁得自己先學會如何溜滑板。海碧說，當時胖胖的馬丁每天在家門口學平衡，並且不斷摔跤的樣子，現在想起來還覺得好笑。「結果馬丁摔得黑一塊紫一塊的，學了一個月才上手，而我呢，一天就學會了。哈哈哈。」

海碧的童年和其他孩子不同，卻也相同：臉上的泥巴、結了痂又擦破的兩個膝蓋，還有爬過鄰居院子取回自己「從天而降」的玩具。最重要的是，她和其他孩子一樣，也有家長陪伴自己彈奏《筷子華爾茲》。

「當別的孩子在臨睡前挨著床前小燈，用雙手做手影，如

長耳朵的兔子、長鼻子的小狗、揮動翅膀的老鷹時,我不能。父親就教我如何用五根手指頭製造長耳朵的兔子和長鼻子的小狗,至於老鷹,他索性在紙上剪了兩片翅膀形狀,再用膠布黏在我的拇指和尾指上,老鷹就能飛翔了。」海碧還說:「馬丁故意把左邊翅膀剪得比較短,說老鷹和我一樣,是我是斷了翅膀的天使,不能飛翔只好墜落人間,做他的女兒。」

海碧邊說,邊開始掉眼淚,我的鼻子也跟著酸酸的了。「馬丁才是上天派來守護我的天使。他要我答應他,不許因為我的手而感到自卑。世界上沒有做不來的事,只有不想做的人。」

海碧說,大部分的小孩子最熟悉的都是自己爸爸的肚子,還有下巴,因為他們一般衝向自己父親時,都會利用父親的啤酒肚緩衝;跟父親說話時,矮小的他們都得抬頭看自己的父親。可是她最熟悉的,卻是爸爸的頭頂。除了因為馬丁常常讓年紀小時的海碧坐在他肩頭,去看熱鬧,去籃球場灌籃,每次海碧生病的時候,馬丁都會很焦慮,累了寧願趴在她的床邊打瞌睡,也不捨得回自己的房間睡覺,怕女兒醒來身邊沒有人陪伴。可是馬丁是一個無法熬夜的人,很容易趴著趴著就熟睡了。發高燒的海碧常常一睜開眼,看到的第一個影像,就是自己父親的頭頂。

不久以後,馬丁就發現,他面臨一個需要深入思考的課題:綁鞋帶。海碧的鞋帶也是馬丁蹲下來幫她綁的。海碧明顯地無

法自己綁鞋帶,一隻手怎麼打蝴蝶結?給她買無須綁鞋帶的球鞋,等於在提醒自己女兒身體有殘缺,不能像平常人一樣過活;可是讓她穿上和其他孩子一樣的球鞋,海碧就要面對綁鞋帶的問題。就算自己時刻陪在女兒身旁,女兒鞋帶一鬆,做父親的馬上蹲下去替女兒代勞,只會引來唾棄的眼光。於是馬丁幫海碧所有的球鞋和帆布鞋都裝上鞋帶扣,這樣海碧在校園裡用一隻手便能和同學一樣綁鞋帶。

清晨的演奏曲

可惜,馬丁的愛似乎還是不夠。海碧渴望得到母親的關注。吉賽兒越是不理會她,她就越不甘心。海碧自小就很獨立,能自己洗澡、自己更衣。左手不能握花灑,她就在海綿中間挖一個洞,好讓左手能夠套進去。可是獨立歸獨立,年紀小小的她還是有許多日常事項需要父母的協助。聰明的她知道父親能幫的事,母親是絕不會動手的。吉賽兒不就將做飯、給海碧說故事等等任務都交由馬丁處理了?

然而,狡猾的海碧看得出,就算父親願意學,生活上仍然還有些事情是粗獷的男人做不來的,有些事,譬如替女兒綁辮

子，唯有做母親的比較擅長。馬丁身為一個男人再怎麼心思細膩，肥短的手指也不允許。所以海碧自四歲起就知道要將頭髮留長。馬丁說，每次他帶海碧到理髮院時，她就會一股力氣，不停地搖晃著自己的腦袋，令理髮師根本無從下手。既然馬丁不會綁辮子，只好勞駕吉賽兒親自上陣不可。

每天清晨是海碧覺得跟母親最親近的時刻。短短的五分鐘內，沒有人說話，怕打破清晨安詳的寂靜。就算空氣非常清新，非常涼爽，海碧都不敢大口呼吸，想將吉賽兒的氣味保留在氣管內。每一口瀰漫著母親睡衣上的香味的氧氣，都那麼珍貴。要不是迫不得已得換氣，不然海碧還真捨不得呼出來，每一口，隨時都可能是最後一次飄散著母親氣味的氧氣。

吉賽兒的手，在海碧頭髮上靈巧地跳躍著，就像在清晨裡的一首演奏曲。吉賽兒會將橡皮圈繞在右食指上，然後和著其他9根手指，很有默契地協調著，沒有疏漏，沒有走拍。因此就算母親幫自己綁辮子時一點也不溫柔，海碧依然覺得從自己髮絲傳出的微弱沙沙聲，是世界上最美麗的聲音。

吉賽兒在梳理海碧頭髮時，腕力很大，海碧的腦袋總會被往後扯一下，辮子也會被綁得很緊。母親總說要這麼做，是為了避免課上到一半辮子鬆開來，就不好看了。海碧說，現在回想起來，或許吉賽兒那麼用力是因為她生氣、厭煩，覺得要替眼中釘綁辮子是一件苦差，因為她會一邊梳頭，一邊用食指敲

海碧的頭顱，說：「海碧妳一點也不懂得為自己媽媽著想，人家三歲的孩子都會自己綁辮子了。」幾秒鐘後才說：「唉，我在說什麼，妳都沒有手指。」

雖然我聽了有些生氣，吉賽兒這個做媽媽的，怎麼能說這樣子帶刺的話？挖苦自己孩子能達到什麼目的？但我必須勸海碧快別這麼想。我告訴她：「我自己天天也必須在清晨起床替我的女兒綁辮子。這麼早起床，睡眠不足，心情肯定會不好的，我也是。所以吉賽兒一定不是故意的。」海碧笑了笑，繼續說：「是又怎樣，不是又怎樣，反正我就是犯賤。就算我的頭皮天天被她折磨，我還是很享受母親的手撫摸我的頭的感覺，因為這是一天當中母親唯一願意觸碰我的時間。」

她還接著說：「就算痛，我也很珍惜，因為我在 12 歲那年，就再也沒有機會感覺到我媽媽的手，在我的一根根髮絲中穿行的溫度了。」

章節 3　中指

中指是五根指頭當中最長的手指，因此用它來比手勢給人的感覺最為強烈，也最為明顯。

比中指的這個手勢在古羅馬被稱為「Digitus Impudicus」，是一種來汙辱別人的手勢。

本書並不贊同這個舉動，一切的描述不過為了刻劃人物的成長過程。

溫柔築成的牢籠

儘管馬丁買了一臺名貴的鋼琴給吉賽兒,對於家庭任勞任怨,他和妻子的關係並沒有任何改善,以致接下來的四年,溝通完全被冷漠切斷。馬丁發現自己和吉賽兒話不投機半句多,就停止主動慰問她;吉賽兒則咬定馬丁患上下班沉默症,就決定也用沉默回敬丈夫。當時年紀小小,但敏感的海碧都看在眼裡,父親不開玩笑了,母親很少彈琴了,而自己也失去說話的欲望了,只是呆呆地坐在院子裡,天天隔著籬笆看鄰居孩子玩耍。

一棟房子,除了偶爾的腳步聲,大部分的時間都安靜得連窗外大樹的千片葉子在風中搖曳時發出的沙沙聲響,都顯得震耳欲聾。

吉賽兒在去世的前兩年決定將衣物搬離主人房,一個人睡在琴房裡。琴房堆滿了母親的東西,凌亂不堪。慢慢地,母親連自己的生活也變得凌亂,不化妝,整天披頭散髮的,有時還穿著睡衣教琴。所有的學生,包括她「心頭肉」莉茲,全都在那一年辭退了她。

海碧說,吉賽兒在莉茲上完最後一堂課後,馬丁就來電說被學校裡的一些瑣碎文書工作耽誤,會晚一點回家,母親趁機

將海碧喚進琴房。海碧已經很久沒有涉足這個房間，心情有一點緊張。被母親叫去，莫非是自己犯了滔天大罪，要挨罵了嗎？

海碧走進房間，看見房裡的窗簾緊閉著，衣服到處亂掛，馬克杯裡還有厚厚一層的咖啡渣。海碧幾乎都忘了，自己已有多久不曾正面對著母親了。她的身體還是很香，可是仔細端詳了一下之後，才發現原來媽媽的樣子比自己印象中還要憔悴，一頭烏黑的長髮原來參雜了好多根彎曲得厲害的白頭髮。美麗的母親，怎麼變得好瘦好瘦？

「海碧，聽媽媽說，妳要快快長大，長大後趕快逃離這裡。」吉賽兒用幾乎懇求的聲音對女兒說。還差三個月才十歲的海碧天真地問：「媽媽，為什麼？」吉賽兒指了指房間的四周，說：「妳知道為什麼媽媽會變成這樣嗎？都是妳爸爸馬丁·威廉斯害的！」吉賽兒越說越激動，開始喃喃自語，然後低下頭趴在鋼琴上哭。

人說母親和孩子之間有一種莫名的默契，是心靈感應，還是因為本來孩子就來自母親的軀體，所以任何一方感覺到悲傷或者疼痛時，另一個人也會因此而感到同等級的悲痛。海碧記得，每一次母親傷心，她也會感覺到，所以吉賽兒那次歇斯底里的嚎啕大哭，弱小的海碧的身體就也跟著承受巨大的壓力，說不出是什麼感覺，總之很想哭就對了。

海碧轉述吉賽兒的話，說母親不快樂，是因為父親用他的

虛偽，將妻兒套在這個牢籠裡，不准她們飛。母親認為，父親虛有其表，表面上的好，不過是為了不讓鄰居起疑心，這樣就沒有人會知道黑堡鎮上原來有一個偽君子綁匪，綁票了自己的太太。聽海碧這麼陳述，我的寒毛都豎了起來。

「那為什麼她不離開呢？90年代的人們已不再忌諱離婚這回事了呀！」我插嘴問道。

「母親說，是父親故意讓她生出我這個有缺陷的孩子的，這是他聰明的預謀。因為如果她丟下我不管，那麼全世界的人就會把她視為罪人。她決心不讓父親得逞。」

海碧說，母親那天的表現的確將她嚇得手足無措，她不知道應該離開，讓母親靜一靜，還是留下來陪陪她。後來她決定坐在母親的膝旁，輕輕地撫摸母親的腿，偶爾抬起頭看看母親的臉，給予她安慰的微笑。好一陣子以後，吉賽兒終於平靜了下來，海碧用她的手掌替母親擦掉臉上的淚水。

可是這一擦，似乎將海碧熟悉的母親憂鬱神情給擦去了。吉賽兒露出一抹恐怖的冷漠笑容，說：「也難怪馬丁要這麼做，因為他知道他配不上我，所以不得不將我禁錮起來。」

據說，馬丁和吉賽兒在一起的第一次後，馬丁抱著吉賽兒的身體不停地顫抖，不斷地親吻她全身，像在親吻一個聖殿的地板一樣，並且還像個小孩感恩地抽泣著。可惜吉賽兒非但不覺得感動，還因此認為馬丁很可悲，嘲諷他不夠男人。她認為，

男人應該爭取將喜歡的女人占為己有，而成不成功就要看女人屈不屈服了。

馬丁的小心翼翼，引起了吉賽兒的不滿和輕視，認為她和馬丁的關係是不對稱的。在她的眼裡，馬丁對自己的感覺是崇拜不是愛。她認為每個男人心裡都住著一個長不大的小孩，而世上有哪個小孩在看到自己嚮往的玩具出現在眼前時，會不敢伸手去搶的？只敢遠遠地眺望，而不行動，就表示他想要這個玩具的欲望不夠強，所以他是不應該向她求婚的。

海碧說，自己母親在遇到父親之前，有過幾段不愉快的戀愛。那些男人都有暴力傾向，久而久之，母親就被洗腦，認為對方出手打自己是因為愛得太深，一下子無法表達，才轉向以施暴來發洩情緒。或許吉賽兒習慣了充滿暴力的男女關係，惡劣相待是正常的，相敬如賓的愛情反而虛偽。在她眼裡，寵愛是軟弱的表現，而忍耐只不過是一種方便，不用爭論。母親肯定，馬丁口口聲聲說疼她，對她看似無止境的包容，只不過是一種暫時的壓抑，因為到了最後，身體被負面情緒塞滿了，誰還能忍得住不埋怨？到了最後，極限到了，誰還能忍得住不爆發？因此吉賽兒寧願選擇愛一個人的真的壞脾氣，也不要愛另一人的假的好脾氣。

聽海碧這麼一說，儘管吉賽兒說得頭頭是道，但不難看出，她是一個精神備受困擾的人類。

替代品

　　我真的相信，吉賽兒是一位精神出現狀況的人。海碧說，就在父母分居的大概兩個月後，家中來了三位和母親模樣，還有裝扮都非常相近的女人。她們分別叫做瑪塔、米亞和愛麗絲，全都是母親在樂團時代的死忠歌迷，吉賽兒那幾年都還有跟她們保持連繫。這些女人都是名副其實的粉絲，巴不得能夠活在自己偶像的世界裡，穿她穿的衣服，用她用過的湯匙，睡她睡過的男人，但也絕對願意為她做任何事。

　　於是當吉賽兒提出一個方案時，她們一個個都義不容辭地到美國維吉尼亞來了。吉賽兒是個黑髮的美女，這些粉絲就算原本擁有金髮或紅髮，也都在來美國之前染成和吉賽兒一模一樣的黑色。吉賽兒在她們抵達的隔天，就帶她們去購物，回來時，四個人簡直就像四胞胎，讓海碧看傻了眼。她記得，三位阿姨連身上的香水味道都跟母親一模一樣。

　　海碧說母親逐一地為她們進行面試。琴房的門是關著的，她無法看見整個過程。她只知道，那三個阿姨到了下午，只剩下一個叫米亞的。米亞原本的髮色就是黑髮，言談舉止比較正常，不像其他兩個那麼神經兮兮的。原來這些阿姨是來「應徵」。至於「應徵」什麼就不得而知了。

海碧只知道母親當天下午就打了一通電話給父親，要他到一間當地生意不好的小吃店見面，說想談談夫妻之間的事。」馬丁不疑有他，甚至還覺得有些興奮，以為兩人終於有機會和好，還特意跑到地鐵站旁的花攤買了一束妻子最愛的百合花，準備當作休戰的禮物。

誰知，馬丁急匆匆地到達那家小吃店時，只看到一個背影很像妻子，卻不是妻子的女人坐在預訂的位子上。女人拿出吉賽兒的一封信，指示馬丁開啟。馬丁滿臉問號，搞不清楚吉賽兒究竟在搞什麼鬼。開啟信，只見上面寫著：「如果你愛我，就嘗試和她交談，然後交往。」

馬丁一看，火大了。開什麼玩笑？只見他匆忙地為米亞的咖啡付了錢，對米亞說了聲：「很高興認識妳！」尷尬道地了個歉，然後給了她十美元請她自己搭乘計程車回旅店。馬丁手裡拿著被拳頭狠狠地擰成一團的字條，憤怒地飆車回到家。

字條上還寫著：「我幫你找了一個全新的，完好的我。請嘗試用你愛我的方式愛她。」

「吉賽兒！吉賽兒！妳給我滾下樓來！」馬丁發了好大的脾氣，怒不可遏，把正要準備上床睡覺的海碧嚇得躲在房裡不敢出來。只聽見母親將琴房的門開啟，緩緩地走出去。海碧擔心母親的安危，又害怕父親會傷害自己，只好將門推開一道小縫，偷聽樓下即將發生的事情。

「我將不久於人世，為你找一個新的伴侶，是我的心願，也是我的責任。」吉賽兒說。「什麼？媽媽病了嗎？怎麼她說自己快死了？」海碧越想越傷心，驚慌地哭了起來。自己的哭聲之間，海碧能聽見母親繼續說著：「米亞是一個好女孩，長得像我，又彈得一手好鋼琴，是我最佳的替代品。這樣在我走了以後，你還能依然感覺到我的存在。說不定，你會更快樂。」

海碧越聽越好奇，想挨近一點聽個明白，於是整個人鑽出房間，坐在樓梯上。可是同時，她又害怕父母會發現自己在偷聽，於是就將嘴巴靠在緊閉的膝蓋上，用雙手摀住了耳朵，一副掩耳盜鈴的樣子。

「妳是彈鋼琴彈到腦子燒壞了是嗎？」馬丁氣急敗壞，大聲地罵著妻子。「這些年妳一個個瘋狂計畫得罪了多少鄰居，多少人，我有哪一次批評過妳？妳對這個家，對我對海碧不聞不問我也就認了。但是這一次，這一次妳就真的真的太過分了！」

原來，這已不是吉賽兒第一次做出如此瘋狂的舉動了。吉賽兒就曾經將左鄰右舍召集於家中客廳，說是一個聚會，其實是為了當眾羞辱女鄰居和另外一位鄰居搞外遇。另一次，隔街的狗老是在他們院子裡拉屎，把吉賽兒惹惱火了，就寄了100個塑膠袋給那位鄰居，並加上一張字條：「給你到我們家院子拾你們家的狗屎用的。」這些鄰居後來都搬走了，走之前挨家挨戶地告別，唯獨威廉斯家被漏掉了。

「我是真心愛你的。你看,我還寫了一本手冊,裡面交代了你喜歡的東西?比如,你是一個喜歡早睡早起的人、睡覺喜歡睡左邊、喜歡穿有線條的襪子、喜歡我彈鋼琴給你聽⋯⋯有了一個懂你的人照顧你,你就不會太想念我,然後你就可以放我走⋯⋯」吉賽兒眼中含著淚,蹲在地上半哀求地解釋。

可是馬丁越聽越火,突然對著吉賽兒板豎起了中指大聲地辱罵她:「真心愛我?妳知道嗎?F＿＿＿ You!吉賽兒,F＿＿＿ You!」吉賽兒沒有回嘴,只是默默地抱著膝蓋,繼續蹲在地上。海碧從沒看過父親豎中指,感到意外極了。等到客廳逐漸恢復一片死寂,她才鼓起勇氣,下了幾步階梯。海碧這才清楚瞄見馬丁一言不發地用拳頭捶著牆壁。他的臉上是什麼在閃閃發亮?父親哭了。

「我的確有看到母親交代後事的那本手冊。上面除了將父親喜好的事情交代得很詳細,不然就是版稅公司和同僚的連繫方式。」海碧猜到我要問什麼,搖搖頭說:「沒有,手冊上沒有交代應該如何照顧我。」說著,眼眶露出一絲落寞。她轉了轉眼珠,把那麼一點點漲潮,推到眼球的後頭了,繼續描述當時的情況。

「不知過了多久,大門外傳來引擎熄火的聲音,隨之而來的,是關車門的聲音、腳步聲和敲門的聲音。」敲門聲響起了的許久過後,吉賽兒才緩緩地站起身,想去應門。但或許是低血

壓的問題，她差一點昏倒。所幸馬丁早已料到，及時衝向前去扶住她，清了清喉嚨說：「這麼晚，我去看是誰來了。」

誰知才開啟大門，馬丁的火又冒了起來，對著吉賽兒咬牙切齒地問道：「她來這裡幹什麼？」站在門口的，是那位長得很像母親的米亞。

「我叫她來陪你呀。」吉賽兒溫柔地笑著說。

馬丁不敢相信他的耳朵，心裡氣恨得想把家中的東西砸爛！他舉起了門邊的花瓶正想摔下去，卻突然停下。臉上頓時換了一個表情，從剛才的氣憤，轉變成一臉無情，嘴角居然還開始微笑。這是一個海碧從未見過的、可怕的馬丁。

「好，妳要我上她，我這就如妳所願！」馬丁開啟門讓米亞進來，用後腿將家門猛力關上。米亞靦腆地走了進來，還未跟吉賽兒打招呼，就感覺自己的腰被馬丁一隻手用力地挽住，後腦勺往則被馬丁的另一隻手握著，並且往前拉。憤怒的馬丁，當著妻子的面，吻了那個女人米亞。

接著下來，海碧見到父親死命拉著米亞的手往樓梯這裡走來，慌忙地躲進房裡。透過門縫，海碧看見父親把米亞推進主人房裡，然後用力關上房門。米亞從客廳被拉進房間全程，雖然一臉困惑，卻絲毫一點也沒有掙扎。海碧說，後來父親有再提起這件事，向她確保當晚什麼事都沒有發生，米亞只是坐在大床的一端，靜靜地看著他在大床的另一端發悶氣。米亞後來

也接受了馬丁的正式道歉,並說她了解他為何會有如此大的反應。吉賽兒就是有這個能耐,令人為她瘋狂,也為她抓狂。可是這就是吉賽兒的魅力所在。

米亞

　　馬丁和海碧兩人原以為米亞隔天就會走了。誰知道她在接下來兩年每天都出現在威廉斯家,幫他們打理家中大小事物。他們不能將米亞趕走,因為她出示了一張和吉賽兒簽的,為期兩年的合約,合約上寫著米亞是吉賽兒的學徒,合約期間必須每天到威廉斯家報到,然後一個月能獲得一千美元的津貼。海碧說,父親和她從來不知道母親什麼時候去過律師事務所,也不知道這件事她策劃了多久。父女倆猜想,給米亞的錢大概是她教琴時省下來的吧。

　　慢慢地,大家發現米亞真的不是什麼壞人或什麼瘋狂粉絲。她其實挺賢惠能幹,並且喜歡為人著想的。有一天下午,米亞向正在客廳看 MTV 頻道的海碧透露,自己本身其實是一個作曲家,也非常渴望能夠在三十歲前當歌手發片,只是不知是作品還是運氣不夠好,總是欠缺那麼一點機緣和人氣。因此有一天

她突然收到兒時偶像「The NaNas」靈魂人物吉賽兒・拉爾森的電郵，要求她將作品和近照寄給她時，她以為等待已久的機會終於降臨了。吉賽兒當時回覆說她認為米亞前途無量，逗得她開心得自費購買機票飛來維吉尼亞和吉賽兒會合。結果飛來了之後才知道一切不如吉賽兒當時所形容的一樣。

「沒關係，我還是可以從她身上學到很多東西的。」米亞微微笑，自我安慰著。海碧將視線從電視機上移開，原本想說：「說什麼都沒有用，妳被騙就是被騙了。」但見到米亞樂觀的神情，和她手中握著的拖把，又於心不忍，只是給了她一個同情的笑容。

說真的，吉賽兒沒那麼糟，也沒有完全騙了米亞。她的確有傳授一些音樂製作的祕訣和竅門給米亞，更在生命最後幾天透過電郵，將米亞和她的音樂介紹給自己從前認識的製作人、經紀人、場地供應商等重要人物，順便美言幾句，所以也不算完全不近人情。米亞最終也完成了她的夢想，在 29 歲那年發了一張音樂 EP。

海碧說，摸摸良心，米亞的存在是一件好事。至少家裡變得一塵不染，大家也終於有熱的餐點可以吃，多一個人凡事也比較好商量。米亞雖然不多話，但她一有時間就會到琴房向母親討教。有時她還會彈鋼琴給母親聽。這個家，終於又有琴聲飄揚，不再死氣沉沉了。米亞的外型雖然酷像吉賽兒，但是積

極又充滿幽默感的個性,令馬丁也不禁喜歡上她。「馬丁說,他對米亞的好感不是那種喜歡,只是單純不討厭的那種喜歡而已。」海碧強調。

「我也喜歡她。那時我剛剛踏入青春期,很多想法是父親不了解的。但是米亞因為才25歲,所以跟我比較沒有代溝。我們很談得來。」「我們會一起看音樂頻道,一起聊明星八卦。我一有什麼心事都會找她傾訴。有時,我寧願要她也不找我那個當我是透明的母親。」海碧說。不知吉賽兒是否因為見到家中有人打理,女兒有人照顧,所以那年開始就經常往外跑。吉賽兒在過去十年幾乎都沒有踏出過家門,因此這個舉動,令海碧和馬丁都覺得很奇怪。

於是海碧跟米亞開始跟蹤吉賽兒,發現其實她並沒有去一些不尋常的地方,她最常去的除了商場、咖啡廳,就是公園。吉賽兒可以在這些地方待上一整天,什麼事都不做,就是發發呆,看看人來人往。海碧和馬丁對於吉賽兒的轉變都感覺到欣慰,至少吉賽兒終於願意去探索這個住了十年的黑堡鎮。出去外頭透透氣,確實有讓吉賽兒看開了一點,她變得開朗,愛笑多了,願意與海碧和米亞多說幾句話。心情超好的時候,吉賽兒甚至會帶海碧去逛街。

橙色瑪莉珍皮鞋

大家都沒有懷疑些什麼。一直到2002年10月的其中一天，獨自出門後的吉賽兒沒有回家。海碧在學校和同學練完她拿手的籃球，回到家，沒見到母親，便問米亞吉賽兒呢？米亞說，她也很著急，因為吉賽兒早上九點鐘就出門了，出門前還囑咐她要好好照顧她的家人。米亞覺得這句話不對勁，在中午時已經報警了。可惜警察說吉賽兒不算失蹤人口，因為離上次見她才三個鐘頭，要她在吉賽兒失去連繫24小時後再打來。米亞不敢驚動馬丁，所以也沒有打電話給大學找他。

海碧說，父親傍晚回到家以後，第一件事就是去找母親的護照，以為母親離家出走了。可是護照原封不動地躺在抽屜裡，駕照也還在，母親大概不會走遠。那人呢？該不會是出什麼意外了吧？父親找到了抽屜裡的一本小冊子，裡面記錄著母親前幾年教過的學生的電話，就二話不說地打起電話。一個一個號碼按起來特別吃力，一個一個充滿希望的「哈囉！」最後都以一聲落寞的「謝謝！」收場。兩個鐘頭以後，還是沒有吉賽兒的下落。

米亞也很擔心，看見威廉斯父女焦急成這個樣子，決定那晚不回汽車旅館，留下來陪海碧，好讓馬丁先生能夠專心地找人。她先幫海碧弄了一杯熱牛奶和幾片餅乾，然後握著海碧的肩膀，一點一點地餵她吃東西。海碧原先有一些抗拒，但是當

小小心靈在擔心自己母親的安危時,有一個溫暖的懷抱可以依靠總是好的。

就這樣,過了1個、2個鐘頭,母親還是沒有回來。3個、4個、5個鐘頭過去了,父親也沒有回來。瑟縮在沙發一個角落的海碧,緊靠在米亞懷裡,心不在焉地看著電視,終於在卡通片的片尾曲旋律中昏昏沉沉地睡著了。

突然海碧發現自己站在小鎮中心一家超級市場的前面。她和母親剛購完物,想要叫計程車回家。海碧的左手依然插在連帽T的衣袋中,右手緊緊地握住母親的手。她們運氣不好,一直叫不到車,只好在那條鋪滿了落葉的大街上繞,踩得腳下沙沙作響,好像炸洋芋片的聲音。聽著聽著,海碧肚子餓了,那時已經是午餐時間了,街上有很多行人。偏偏一陣秋風選擇在這個時候吹過,冷得海碧直發抖。冷空氣令她感覺到肚子更餓了,就再也受不了了,甩開吉賽兒的左手,並踮起腳尖從母親另一隻手中搶過她握住的那個剛出爐的薑餅人想吃。海碧餓極了,想將包裝紙撕開,卻因為手的問題辦不到,又不敢將左手從衣袋中取出來,結果只好用牙齒咬破塑膠包裝。終於,薑餅人露面了!

咦,媽媽呢?海碧這才發現和媽媽走散了。是她自己先放開媽媽的手的,如今兩人走散了,自己回不了家了,都只能怪自己。海碧很緊張,很擔心,又怕驚動路人,只好悄悄地四處

張望,在人群中搜尋自己母親的身影。可惜海碧身高只有140公分,完全被人海淹沒。

她靈機一動!鞋子!對了鞋子!她記得吉賽兒今天出門時穿的橙色鞋子名字很特別,跟她同班的同學瑪麗珍(Mary Jane)一模一樣,款式也很特別,像小女生的校鞋似的。這種鞋子低跟、圓頭、包腳,腳踝附近還有一個扣子,用來繫緊橫跨腳盤的一條皮帶。

海碧仔細地留意迎面而來的鞋。平頭黑色男裝皮鞋⋯⋯卡其色男裝布鞋⋯⋯藍色亮皮厚跟女裝上班鞋⋯⋯黑色女裝短靴⋯⋯粉紅色平底鞋⋯⋯褐色男裝皮鞋⋯⋯紅色球鞋⋯⋯黑色高跟鞋⋯⋯灰色綁帶高跟鞋⋯⋯學童的黃色球鞋⋯⋯米色豬皮鬆糕鞋⋯⋯深褐色皮質長靴⋯⋯綠色帆布鞋⋯⋯尖頭男裝皮鞋⋯⋯小孩的金色芭蕾舞鞋⋯⋯黑色細跟高跟鞋⋯⋯海碧此刻的世界中彷彿沒有了人類,行人已經不是行人,而是一雙雙會移動的鞋子!

她彎著腰穿梭在人群中,什麼顏色,什麼款式的鞋子都從身體兩側經過了,就是不見那雙美麗的橙色瑪麗珍皮鞋。

海碧餓了,於是咬了一口薑餅人的左手,讓它和自己一樣殘缺。這時候,海碧發現自己在慢慢地長高,抵達成人的高度以後,卻仍然沒有停止。她一直長一直長,就像愛麗絲夢遊仙境中吃了蛋糕的愛麗絲一樣,不斷地長高,一直到比所有人都

高出一倍，可以看得見遠處了。海碧開心極了，簡直可以用雀躍萬分來形容此刻的心情！長得這麼高，媽媽在哪裡不就一目了然了嗎？

但是街上的行人沒有一個人留意到身邊的這個體型巨大的孩子。一聲刺耳的煞車聲，一聲巨響，所有移動的鞋子全都停下了，所有走動的人們也全都停下了。海碧沿著他們的眼光看去，一部小卡車的保險槓凹了一個大洞，擋風玻璃也出現蜘蛛網狀的裂痕。在它前端的馬路中央躺著一位婦女，黑色長髮遮去了大部分的臉，看不見這個可憐的人兒是誰，只是，她的軀體旁邊，有一樣眼熟的東西。那隻美麗的橙色的瑪麗珍。

海碧頓時退了一步，不敢相信自己的雙眼，她想跑向前去尋究真相，卻又好想逃跑。偏偏這一秒鐘，右手怎麼感到癢癢的。海碧將視線轉移到自己的手上，發現一根根黑色的長髮正從自己握緊的薑餅人頭頂長出來，頭髮長得從右手指縫間滑出去，薑餅人的臉也正在起變化，變成了媽媽的樣子。

海碧嚇得亂叫起來，手拚命地甩拚命地甩，想把薑餅人摔掉。

「海碧，海碧，起來，爸爸回來了。」米亞輕輕地握住海碧的手，想將她搖醒。喔！還好是惡夢一場！海碧擦了擦額頭上的汗。沒想到，馬丁這時卻走到海碧面前，跪了下來。他神情黯然地說：「海碧，我找到媽媽了。」

海碧也平靜地點了點頭，說：「我也夢到媽媽了。我知道她在哪裡了。」

我恨妳，老婆

2002 年 10 月 10 日星期四是前流行音樂組合「The NaNas」鍵盤手吉賽兒・拉爾森的去世的日子。海碧笑說母親還真是個不折不扣完美主義者，連自己的死期都要拿滿 10 分，都要「十全十美」，按照自己選的方式死去。吉賽兒不想在家解決這件事，以免被米亞發現。於是她挑了一個丈夫上班、孩子上課的週日下午，在馬路上結束自己的生命，這樣就沒有人來得及拯救她了。把自殺布局得像一場車禍，家人就不會自責，傷痛也比較容易痊癒。吉賽兒以為在沒有帶上身分證的情況下，讓自己在過馬路時被大型車輛意外撞倒後，馬丁或許就永遠找不到她。

誰料到，醫院的停屍間有人認出了她是一名叫做吉賽兒的樂手，便告知了院方。可惜因為不知道的全名，無法查到她生前的住址，無法通知她的家人前來認屍，直到晚間 10 點多，馬丁打電話到這所醫院詢問時，聽到有一個車禍罹難者叫吉賽兒時，她的身分才真正地被確認。

悲傷的馬丁一邊籌備喪禮，一邊到處打聽哪一位律師好，準備想把肇禍司機告得傾家蕩產。海碧三番四次地想告訴父親事情真相，好讓他能放過那位無辜的卡車司機叔叔，可是父親一心想著要替冤赴黃泉的妻子討回個公道，無論海碧說什麼他都聽不進去。或許不是聽不進去，而是不想聽。吉賽兒料到的，將錯推給別人，是一個比較輕鬆的做法，比較容易放過自己。反之當你覺得自己和妻子的死有關時，自己就永遠無法原諒自己。馬丁到今天都還無法接受妻子是自殺身亡的。

「父親以為我想對他描述的，是我的夢境。他說他是科學家，不喜歡以這種超現實，沒有根據的方式推論吉賽兒的死因。他鄭重地警告我不許再對誰提起我這個說法。」海碧無奈地嘆了一口氣。「沒有人相信我，甚至聽我說完我的故事。可是我證據確鑿，可以證明母親的死不是別人造成的。母親自殺，也不是一時衝動，是精心策劃過的。」海碧說。

一切有跡可循。自從米亞來到她們家以後，母親就經常出門。有好幾次她見海碧在家，就興起將她也帶上。海碧能和母親一塊兒出門，當然開心，畢竟能和母親接觸的機會實在不多。和吉賽兒出去的另一好處，就是每一次都有蛋糕、雪糕或者甜甜圈可以吃。吉賽兒總會在超級市場旁邊的一家叫「南西」的糕餅店門口停下，給海碧買個什麼東西吃。

可是一旦看見海碧開始吃得津津有味，吉賽兒就會對她說：

「媽媽必須到對街買東西,去去就來。乖乖站在路邊,不許動,好嗎?」或許是那家店賣的東西太好吃,令海碧吃得太投入,沒有察覺母親的動機,更或者是因為她希望自己是母親眼中最聽話,最完美的女兒,所以站在原地不動,等媽媽回來。

海碧回想那幾次出遊時,只要母親一嘗試過馬路,就會有很多汽車的汽笛聲響起,很吵。每一次汽笛聲響起,海碧抬頭一看,準能看到自己的母親被卡在繁忙的車流中間。海碧還記得自己當時邊舔雪糕,邊在心裡嘲笑自己母親,怎麼連過馬路這麼基本的技能都沒有?可是後來越看越不對勁。吉賽兒就站在車水馬龍的馬路中間一動也不動,任車輛從身旁經過。汽車根本就是再差一點就閃躲不及,再差一公分就會將母親撞倒,險象環生。

既然如此危險,那為什麼母親不要快點離開,而只是呆呆地站在那個十字路口時,雙眼緊閉,還將雙臂張開?所幸那幾次,母親最終都能安全地回到她身邊。

可是這次沒有了。或許上次幾次對母親來說,只不過是一場場的彩排,為籌備悲劇今天能夠順利、成功地上演。奪取自己的性命,是需要很大的勇氣的。海碧說,母親的死讓她領悟到生命有多可貴。因此自己長大以後,無論身體的殘疾為她帶來多少挫折與自卑,她都知道要愛惜自己。或許那幾次吉賽兒僥倖與死神的擦肩而過,不過是在測試自己究竟有多少尋死的

欲望。於是反覆練習了幾次，知道用什麼角度和速度跳到什麼交通工具前，自殺的成功率比較高。那位貨車司機真是倒楣，被吉賽兒的計畫連累。

「母親一定很痛。被那麼大的卡車撞倒。」海碧一臉心疼地說。「父親不讓我跟他一起去看她，要我和米亞在車上等。他說我必須等到入殮師替母親化好妝以後才可以和她見面，說是要我記得自己母親最美麗的一面。」對於吉賽兒的傷勢，馬丁從未向海碧提起。海碧只是記得很清楚，父親回到停車場時，用袖子擦拭著雙眼，還用食指抹去鼻涕，她從自己的連帽T中取出自己粉紅色的手帕遞給父親用。那時都已經40歲的父親感動得將她緊擁在懷裡，像個小孩似的，又哭了一遍。

吉賽兒的喪禮以基督教的形式進行。吉賽兒生前沒有信仰，但是馬丁隱瞞了這個事實，無非是希望妻子能在天堂找到平靜。比起當年馬丁和吉賽兒婚禮的規模，追悼會相對地就辦得非常簡單。由於吉賽兒生前在黑堡鎮很少外出交際，也得罪了不少鄰居，來出席追悼會的就是那麼零星十幾個學生和家長。再加上時間緊迫，吉賽兒遠在瑞典的親朋好友，還有音樂夥伴都無法及時訂到機票趕來，教堂的長凳上坐的，大多是馬丁的同事還有海碧的同學與家長。

海碧說：「當天主持儀式的約翰牧師有一點尷尬，說的禱文還蠻基準的，明顯不是特意為母親寫的。也難怪啦，我們一

家人幾乎都沒上過週日教堂，教會裡的人自然對母親的認識不多。」所幸籌備追悼會的是以「吉賽兒的表妹」自稱的米亞。米亞對於吉賽兒生前的事蹟與成就瞭如指掌，所以為了讓大家對吉賽兒留下最美好的印象，她請自己的家人搜出她當年的珍貴剪報，還有吉賽兒樂團的專輯封面和巡迴演出的彩照。她將吉賽兒輝煌年代最美麗的留影做成了幻燈片，整個追悼會才顯得更有尊嚴。許多出席者這才知道原來棺材裡躺著的，曾經是一位明星，紛紛為她的英年早逝感到惋惜。吉賽兒享年才37歲。

米亞致詞完畢，輪到馬丁上臺。馬丁身上穿的西裝筆挺又合身，卻絲毫無法掩飾他的心力交瘁。「父親自母親遇車禍身亡以來，沒有闔過一次眼睡覺。他每一晚都在寫電郵給自己認識的人，想聘請最好的律師，為母親討回個公道。我想阻止他，但米亞告訴我，讓他去，這是他自我療傷的必經過程之一。」

馬丁拍了拍麥克風，開始致詞：「謝謝大家今天賞臉和我們一起悼念我的亡妻吉賽兒・拉爾森。剛才有同事問我，就我這副德性，是如何追到如此漂亮，又有才華的名人。我告訴他，我為她抄詩。但是我今天不要抄，我自己寫了一首。吉賽兒，這是給妳的詩，叫做《我恨妳，老婆》。」到場的賓客都倒抽了一口氣，開始議論紛紛，怎麼會有人在自己太太的追悼會上承認自己恨她的？就算恨，也不會說出來啦。

馬丁清了清喉嚨，念道：

「我恨妳,老婆,
有太過美麗的臉型,
妳寵壞了我的眼睛,
如今世界沒有了妳,
眼前只剩醜陋而已。

我恨妳,老婆,
妳太常太會彈鋼琴,
讓我的耳根不清靜,
如今世界沒有了妳,
耳旁只剩沉默而已。

我恨妳,老婆,
妳不該進入我生命,
教會我什麼叫愛情,
如今世界沒有了妳,
生活只剩孤單而已。

我恨妳,老婆,
當初妳不應該答應,

一生一世這件事情，
如今妳丟下我離去，
讓我只剩下我而已。

此刻我還能說什麼這個
只有悲痛的我
我愛妳，老婆
我恨妳，老婆。」

然後馬丁走下臺，彎下了腰，在吉賽兒冰冷的額頭種下了深深一吻。全場一片寂靜，空氣凝著一股沉重的悲傷，塞滿了每一個人的胸口，令他們久久說不出話。可是狡猾的眼淚卻在每個人的眼角找到了出口，悄悄地鑽了出來。沒有人知道這種情形下應該要做些什麼，就連時間都非常小心、低調地爬行著。最後，終於有人鼓起勇氣鼓掌，並且站起來喊道：「對，我也恨妳，吉賽兒！」稀疏的幾個掌聲之後，教堂內的人都破涕為笑，斷斷續續，大聲地喊著：「我恨妳，吉賽兒！」為原本嚴肅哀傷的追悼會增添了難得熱鬧的氣氛，但也因為笑，賓客更忍不住眼淚了。到處都可以聽到有人擤鼻涕的聲音。

這時，約翰牧師對馬丁使了一個眼神，指示時辰已到，應該要蓋棺啟程到墓地去了。海碧說她等賓客們離開得差不多了，上車的上車，拿車的拿車，才從長椅上站起來，向牧師和

父親要求，能否讓她和母親單獨相處一分鐘。父親說：「當然可以。但是要快。」

臨別依依，海碧挨在母親的棺木旁，右手輕輕地按著母親胸口的衣服，向她保證自己會不無一天不想念她。海碧答應吉賽兒：「我會早睡早起，會做完功課才看電視，也會提醒自己和爸爸在睡前要記得刷牙。」

一分鐘說不長，也不短，不夠將要說的話說完，但對死撐著不讓眼淚決堤的眼眶來說，是很長的一段折磨。眼眶好痠痛。正當海碧就快要放棄不哭的決心時，殯儀館的人員走了過來，輕輕地握了海碧的肩膀一下。海碧將頭稍稍地抬了起來，懂事地發出了一聲「嗯」，然後往後退了兩步，讓那兩位工作人員做他們該做的事。

其中有個年輕人看起來資歷很淺，身高也搆不著棺木的蓋，只好搬來一張椅子，站了上去，伸手把蓋拉下。儘管如此，他對吉賽兒還是很尊重的，全程動作很輕，很小心，不曾露出絲毫的怠慢，海碧才放心地再往後退兩步。

──▶ 這樣，才能跟在天堂的媽媽說話 ◀──

　　就在他蹲下自己的身子要關上吉賽兒的棺木的那一刻，年輕人愣了一下。躺在裡頭的女人手上怎麼多了一樣東西？是一隻手機！他看了看吉賽兒，看看負責撐住吉賽兒雙腳那一端的棺蓋的同事，再看了看海碧。被眼光掃到的海碧反射性地聳了聳肩，假裝什麼都不知道。最後殯儀館的那位年輕人決定不採取任何行動，沒將手機取出，也沒有通知他的上司，只是對海碧微微笑，就把棺木小心翼翼鎖上了。海碧當下決定，來日如果再見到這個年輕人，必定要好好地謝謝他才對。

　　海碧說，那是母親臨終用的手機。海碧打從心裡真的認為，有了這支手機，自己在想媽媽的時候，就隨時可以打電話給她，就算媽媽再也不能跟自己說話，她也依然能夠讓媽媽聽到自己的聲音。在自己上天堂以前，她和媽媽將暫時看不見彼此，但是只要有這支手機，她就能跟在天堂的媽媽說話。她們的連繫方式就沒有完全斷絕。

　　海碧說，土葬在秋天舉行，氣氛特別哀傷。墓園四周的樹木無時無刻都在掉著老死去的葉子，樹枝低垂，彷彿與世人一同在默哀。那天的氣溫很低，烏雲也覆蓋了整片天空，更顯悲涼。來道別的人們都忙著拭淚，身為女兒的海碧反而連哭都沒有哭。葬禮過後，米亞必須到殯儀館的辦事處處理一些葬禮

文書工作，不能送海碧回家，只好委託馬丁的一位同事充當司機，將神情悵惘的父女兩人送回家。

　一路上，馬丁和海碧一聲不吭，是因為他們的眼眶太滿了，而回家的路面有許多坑坑洞洞，時不時人就會被震一下，不好好專心控制情緒，是不能忍到回家才徹底崩潰的。

　門一關上，海碧就抱著馬丁「哇！」地一聲，哭了起來。馬丁鼻子一酸，眼淚也一顆一顆地墜落在女兒的頭髮上。他撫摸著海碧手臂，什麼都說不出，喉嚨已被悲傷堵住了，呼吸也困難。海碧記得她當時嘴裡只在重複著同一句話：「我沒有哭！我沒有哭！我做到了，我讓媽媽看到我最好的一面！」海碧要吉賽兒安心在天堂休養時，能見證自己的女兒是世界上最乖最聽話的孩子了。

　可惜海碧無法遵守她要當一個乖小孩的諾言。

英格麗小姐

　13歲的海碧又被叫去見校長。這已經是一年以來第六次了。這次她左邊的下唇裂了，上面還黏著一片褐色的乾掉的血塊。校長梅林女士要她站著，卻讓坐在校長室一邊的塑膠椅子

上,手握著左臉頰的女孩麗塔繼續坐著。

「是她害我撞到籃球架的!」海碧喊道。

「是她先對我比中指的!」麗塔毫不示弱。

梅林女士說:「誰先動手就是誰錯。」

海碧說:「是她先叫我怪物,我才對她比中指的!」

這時,學校新來的輔導老師英格麗小姐走了進來。梅林女士請她坐在麗塔旁邊,她婉拒了,選擇靠在辦公室的角落觀察。海碧一看,以為校長、老師和麗塔聯合起來譴責她,自覺被欺負,心裡覺得萬分委屈。她連想都沒想,就允許一連串帶有侮蔑意思的字眼脫口而出:「為什麼她可以坐下,而我必須站著?為什麼錯的人是我?你們在保護她是嗎?是因為她是異族同胞嗎?你們這樣做人道嗎?」

梅林女士被惹惱了,臉色開始泛紅。她不自覺地調整了一下自己的董事椅,將一頭吹得很整齊的白髮整頓了一下,雙手合十放在柚木桌面上,嚴肅地說:「海碧・威廉斯小姐,比中指是一種語言暴力,而語言暴力也是一種暴力。妳先出示暴力,就是妳不對。況且妳還打了麗塔一記耳光。」

「要不是她推我,我幹麼回她一巴掌?看清楚!我還流血耶,我才是受害者!」海碧往後退了一步,眼淚像斷了線的珍珠項鍊,一顆顆快速地墜落在衣服上。一、二、三、四⋯⋯海碧退到了門口,扭開門把想走出去。「海碧,給我站住!」梅林女

士命令著。英格麗小姐向校長做了一個「且慢」的手勢。

「明明是她不對,你們卻說是我錯!一點都不公平!」海碧成功把門一開,跑了出去。

「每次都這樣,我已經厭倦了!」海碧用手背擦掉眼淚和鼻涕,背起背包,驕傲地朝校門口走去。

「我要轉校!我要離開這個地方!」海碧一邊哭,一邊叫。才走不到五分鐘,海碧就聽見背後傳來汽笛聲,還有一個女人的聲音喊著:「海碧!海碧!」搖下車窗在叫自己名字的,是剛才那位輔導老師英格麗小姐。

「省省妳的力氣吧!我是不會回去那個鬼地方的!」海碧頭也不回地喊道。

「換成是我,我也不會!」背後那把聲音回答。這不是海碧意料之內的答覆。她好奇地停下腳步,轉過身,問:「妳……妳說的是真的嗎?妳也這麼覺得嗎?」

「當然是真的,我也是念黑堡鎮中學的,是妳很多屆以前的學姐喔!這裡啊,我花了15年的時間才鼓足勇氣重返這個校園。」英格麗小姐說。「來吧,上車,我送妳回家。」

「也好,反正今天零用錢花完了,沒錢搭公車,走路回家是不可能的任務。搭就搭,反正又不用錢,也不會少一塊肉。」海碧心想。今天馬丁沒有來接海碧下課,以為她必須留校和同學一起做作業。海碧怕馬丁知道自己即將被叫進校長室,就用學

校的公共電話打了一通電話給父親。馬丁信以為真，也樂得清閒。平時為了接載女兒，連午餐都沒得吃。偶爾是應該讓海碧自己搭公車回家的，這樣她才會意識到有爸爸專車接送是一件多幸福的事，因而學會感激他。

「我還沒正式介紹我自己，我叫英格麗‧萊西，很高興認識妳。」她主動伸出右手。「我叫海碧‧威廉斯，妳大概聽說過我了。」海碧握了握英格麗小姐的手，很軟，很溫暖。

「是的，我早聽說過妳。」英格麗小姐回。

「是因為我的手對嗎？是因為我是一個畸形兒對嗎？」海碧問。

英格麗小姐笑著回答：「喔，不是，完全不是。我告訴妳一個祕密，但妳不可以瞧不起我喔！我小時候是妳媽媽的超級粉絲。呵呵，真不好意思。」

海碧沒有回答，她想媽媽了。這陣子不知是否是因為天氣轉涼了，還是因為母親忌日要到了，自己特別想念母親。突然鼻子一酸，眼淚又奪眶而出了。

英格麗小姐遞過一張紙巾，說：「抱歉喔，又讓妳想起傷心事。」海碧擦乾淚水，對著英格麗小姐搖了搖頭，小聲地回答：「沒關係。謝謝妳。」

摘下剛才那張牙舞爪的面具，眼前這個小女孩其實長得蠻可愛的，頭髮經過剛才一場毆鬥，凌亂不已，卻更襯托出她的

一臉稚氣。看著海碧在乘客椅上挺直著背坐著，知道這個孩子是個有決心學好的乖孩子。只是美國教育比較開放，許多小孩從小就懂得比中指，以為這只是一種對對方表示不滿的手勢。

「我一定要幫她。」英格麗小姐對自己許下這個承諾。

這個英格麗小姐的辦公室什麼都沒有，她要怎麼輔導學生？海碧第一次來這個位於學校西部校舍走廊盡頭的小房間，看到辦公室除了一張桌子和兩張椅子，就空空如也。牆邊沒有書架，也沒有一張全家福可言。學校輔導員不是應該像心理醫生一樣，有檀香蠟燭，有一把可以躺下來的皮質長椅嗎？母親車禍去世時，海碧有被送去心理醫生做心理建設和輔導。想不到一年還沒到，自己又要接受心理輔導了。

「哈囉海碧，歡迎歡迎。別客氣，請進來。」英格麗小姐熱情地對站在門口的海碧招手。她今天穿了一件深藍色絲織長袖連身裙，上面有許多小白點，配上血紅色口紅，非常漂亮搶眼。海碧的心情馬上輕鬆許多。

「我們坐在地上好不好？」英格麗小姐提議。「這樣校長經過就看不到我們在幹什麼。」這位輔導老師好另類，海碧心想。只見對方將辦公桌後的椅子拉開，優雅地在那裡坐下，並且拍了拍旁邊的空位，暗示海碧也坐下。海碧乖乖就緒，陪英格麗小姐坐在她的辦公桌下。

英格麗小姐向海碧敘述了她的成長過程。原來，她也是維

吉尼亞人，只是念完中學後，舉家就搬到紐澤西。後來她考上當地的普林斯頓大學，獲得心理學碩士學位後又到紐約工作了幾年。英格麗小姐說這次要不是她住在黑堡鎮的外婆身體不好，她也不會選擇回到這裡任教，因為她的童年有一個叫做「梅林女士」的陰影。

英格麗小姐說，海林女士也是她當年的校長，髮型、穿著和舉止從那個年代上任至今都絲毫沒變。她依然每天都會穿上縫著布包鈕扣的墊肩藍色小外套，而除了髮色如今已退成銀白色以外，脾氣和處理事情的爛態度一點也沒變。她說梅林校長從那時開始就是這樣，對學生大小眼。對待家長有捐款贊助學校的學生，她總是畢恭畢敬，而對待外國來的學生時她更是先息事寧人，一副怕死的樣子，深怕會觸及棘手的宗教和種族問題而為自己惹來不必要的麻煩。

英格麗小姐毫無掩飾地，說著校長的壞話的樣子，反而令海碧產生懷疑。海碧猜想英格麗小姐此時此刻在做的，是在製造和自己的一個共同點，企圖拉近兩人的距離。這招叫做：「鎖定共同敵人，避免對立關係。」這是母親在海碧上小學時，教過她的「防身術」。當時海碧沒什麼朋友，惡霸就專挑她一個人來欺負，所以吉賽兒要她記住一句話：「共同敵人比共同朋友更容易團結人類。」有了「盟友」海碧就不再被孤立，惡霸也從此不再有機可乘。

「想跟我玩心理遊戲？放馬過來吧！誰怕誰！」海碧在心裡暗自得意著。她從地上站起來，拍了拍裙子上的塵土，然後在臉上裝出一臉憤怒的樣子，冷冷地說：「妳這麼說是不對的。梅林女生是我們的校長，我們應該尊重她。」

辦公室內的空氣這時彷彿停止了流動，隨著兩人互望的眼神，凝在那裡。

海碧趁機盯著英格麗小姐的臉，看看是否能夠捕捉到一種表情，一種知悉自己已經穿幫，再也演不下去的演員的表情。海碧也曾聽母親說過，無論什麼人，管他演員，魔術師還是江湖騙子，對臉部肌肉控制再好的，始終都會洩漏一些微表情。所以海碧長大以後，都堅決說真話。謊言太容易被識破，還不如說實話更輕鬆自在。

「輔導時段完了嗎？我可以走了嗎？」海碧語調不客氣地問英格麗小姐。英格麗小姐的表情除了錯愕，沒有別的。海碧看不出破綻：嘴角沒有上揚，沒有吐舌頭，甚至沒有懊惱的表情。英格麗小姐大概是真的討厭梅林女士，是真的在和自己分享她的感受，而我卻以為她在表演。

英格麗小姐很明事理地點了點頭，開門讓海碧走，然後關上門，拿出在口袋中的錄音筆，對著它念：

「學生名字：海碧・威廉斯

第一次的面試：不成功

方法：共同敵人（Common Enemy）。

原因：否認。」

「要不要吃軟糖？」第二次會面，碰巧是個星期五。英格麗小姐穿著T恤牛仔褲，看起來很年輕，很親切。和上次一樣，英格麗小姐請海碧在辦公桌後坐下。這回英格麗小姐沒說什麼，就遞了一包五顏六色，但呈蚯蚓形狀的糖果給海碧。海碧很愛吃這種軟糖，只是黑堡鎮中只有一家超市有進口，這家超市就座落在母親出車禍的地點附近。自從母親去世以後，父親就不再帶海碧到那裡去購物了。

海碧想吃，就點點頭。但是她決心不想那麼輕易地放過英格麗小姐，將右手從衣袋中伸了出來，假裝膽怯地取出一條紅色的，放在嘴邊慢慢咬。英格麗小姐拿了兩條軟糖，小口咬掉前面一端，然後將各一條黏在嘴唇上，像一條鯰魚似的。當她把頭轉向海碧時，海碧這也忍不住哈哈地大笑了兩聲。

可是她很快的就回過神，板起一張臉對英格麗小姐說：「我又不是小孩子，妳用不著用這種方法來逗我笑。」海碧的防禦心就像一道牆，隨著笑聲的逝去，也跟著築了起來。她往左挪了挪身子，她的大腿外側和英格麗小姐的臀部距離從剛才的10公分拉長到至少50公分。

「怎麼？法律有說人長大了就不能愛吃糖嗎？」英格麗小姐微笑地回答。」我只有在上班時才吃軟糖，因為咬軟糖有減壓的

作用。」「有時我會想像校董們變成一條一條蚯蚓糖,被我一截一截吃掉!但是我要打字,如果一隻手握著蚯蚓軟糖,那單靠我另一隻手就很難將工作完成。」英格麗小姐解釋。

「你想說什麼?」海碧的直覺告訴她事情有一些蹊蹺,她不喜歡英格麗小姐接著下來將要說的話。「沒什麼,我只是想跟妳說,我能夠了解一隻手有多不方便。」英格麗小姐話還未說完,海碧就已經開了門,走出去。錄音筆又有了新的紀錄:

「學生名字:海碧‧威廉斯

第二次的面試:不成功

方法:同情(Compassion)。

原因:心牆。」

英格麗就是不信邪,自己在紐約工作時,說什麼也算是一個頗有聲望的心理醫師,有自己的門診部。她激進、另類的輔導方法為她帶來不少名利。這次回到這個小鎮來接受這份薪水低微的工作,主要的原因是她厭倦了當有錢人的聆聽者。英格麗小姐在紐約的病人也不完全都是無病呻吟的富家太太,只是她骨子裡很想為人類做出更大的貢獻,立志不要只改善一個人的一天,如果能的話,她想改變一個人的一生。問題少年便是一個很好的開始。

因此她選擇回到自己母校,輔導國中生。

大部分的國中生都還算典型:感情問題、學業問題、家庭

問題，還有自卑的問題。海碧・威廉斯是她上任一年以來，遇到的第一個比較棘手的案子。她除了身體上有缺陷，剛剛喪母，又處於叛逆期，會比較難輔導一點。

「可我是那個人稱『不放棄病人』的英格麗・萊西，怎麼那麼快就洩氣了？」英格麗做了一個深呼吸，對自己說。英格麗曾經在紐約股市狂瀉時，輔導過許多因而患上憂鬱症的股票經紀人與商人，幫助過不少染上酒癮和止痛藥的富家小姐，更開導過不少失業人士，一個 13 歲的小女孩才難不倒自己，不許輕言失敗！

她抬起頭，目光剛好對準走廊末端的海碧。從海碧的背影，英格麗斷定這是一個自尊心很強的孩子。一般十幾歲的孩子都喜歡駝著背，拖著腳跟走路。但海碧就很不一樣，每走幾步就會提醒自己要挺直背。英格麗小姐這才恍然大悟，看到自己犯了什麼錯誤。不知是否因為在紐約時，輔導過太多自憐和渴望別人關注的人兒，以致她習慣性地以諒解的眼光去對待病人。

這回，她完全忽略「諒解」一不處理好，就很容易變成「憐憫」。她終於了解到海碧想要的不是同情，也不是別人因為同情而給予她的友情，而是尊重。尊重病人的尊嚴，是當年大學講師最強調的一點。輔導，很多時候也需要使用到一些職業治療的原理。

英格麗知道，身為一個四肢正常，生活美滿的美國白人，無論曾經受過什麼傷害，都不可能了解一個殘疾人士的經歷和感受；就算真的有幸了解，身體有障礙的人也不會相信。在海碧心中，自己是正常人眼裡的異類；在自己眼中，正常的人則都是「異類」。異類之間不可能一下子發展成為朋友，因為彼此會害怕自己在對方眼裡活像一個怪物，因此先行拒絕對方的友情。拒絕之後，就誰都不必擔心對方是否是真心接受自己的。假如對方最後選擇放棄自己的話，也沒關係，反正當初就沒有付諸任何感情。

這很有可能是海碧將自己拒於千里之外的真正原因，英格麗小姐猜想。

那好，不如安排學校其他一些行動不方便的同學來和海碧見面？說不定能令她開竅、放鬆、不再那麼憤怒？英格麗小姐想。身體有缺陷的人應該最能了解身體有缺陷的人的處境了。可是要將兩人湊在一起要他們做朋友，會被他們誤會你在歧視他們。所以同類和同類又不能做朋友！和許多殘疾人士的想法一致，海碧雖是個異類，卻不想得到同情，希望的是和正常人一樣生活，不突兀，不突出，被異類當作是同類。他們渴望過平常的生活，渴望被社會了解，卻不想被社會同情。

所以……異類不想和同是異類的同類在一起，因為這將會是一種歧視的行為；同時，異類又想和不了解自己的異類成為

同類，怎樣才能找到可以和海碧成為同類的異類？同類異類、同類異類、同類異類……想得頭快裂開了，好痛！英格麗快被煩死了，忍不住將頭往後一仰，對著天花板大喊一聲：「啊！F＿＿＿！」。

■ 異類是同類，而同類皆是異類 ■

傍晚時分，全校老師都留校開會，為明年學校迎新會展開籌備工作。梅林女士提出的一個方案：為了減低該校白人學生的種族歧視，學校應該在迎新會時，挪出一個 45 分鐘的時段給非白人，讓他們能呈獻一些專屬他們族群的表演給同學們看。比如：黑人學生可表演饒舌；西班牙裔的學生可以唱他們語言的歌曲；華人則可以表演功夫。梅林女士認為，這樣，學校裡的白人孩子能夠更加了解，並尊重這些不同膚色的同胞的文化。

這個提議引起許多教師的不滿，也一大部分的教師拍手叫好。贊成的老師認為這能促進溝通；反對的則認為，這麼做等於在給他們貼標籤，進一步孤立這些非白人。會議室的氣氛緊張，幾位拉丁和華裔教師更是激動得幾乎都快喊了起來。而梅林女士只是站在那裡，揮著雙手不斷地叫著：「安靜！安靜！」

英格麗小姐忍不住了。她用力地敲著桌面，想引起大家的注意，沒成功，就索性站到椅子上說：「大家請看過來，對，請看過來！」終於會議室裡 30 幾個爭得面紅耳赤的成年人將目光轉向這個上任還不到一年的年輕教師。「初到一個陌生的環境時，有相同背景的學生形成小組，是無可避免的事。但是這樣就會減少新生之間的交流，加深彼此的誤會和成見。」

英格麗從椅子上爬下來，繼續說：「我在紐約工作時，發覺當地的老師會故意安排各個種族的小孩混在一起玩。所以我認為本校這次迎新會的正確做法，應該是將迎新會推遲兩天，然後由老師安排哪些白人與哪些非白人學生於同一組。每一個小組都必須在那兩天內自行討論要呈獻什麼節目，在迎新會那天表演。獲得最有默契的表演專案的小組，能在學年的最後一整個星期提早下課。在老師從旁鼓勵與協助下，各族同胞就更能自動自發地搜尋彼此的文化資料，從而學會尊重對方。」

「很好，英格麗小姐說得真的非常好，請大家為她鼓掌！」梅林女士搶話，說道。英格麗不被校長的阿諛之詞所矇蔽，因為她深知，這個女人是絕對不會讓別人邀功的。「……和我提出的方案很相似！我們應該……。」果然不出所料，梅林女士已經在討功勞了。英格麗翻了一個白眼，坐了下來，命令自己的聽覺遲鈍一點，不然準被氣死。突然她靈光一閃：「非白人……歧視……英格麗靈機一動，終於了解了：「同類就是異類，異類就是同類！」

「什麼？」聽故事的我，一頭霧水。

又到了海碧接受輔導的星期五。英格麗小姐請海碧，和三位同年級的學生到她的辦公室集合。這回她沒有拿出食物，沒有叫海碧或任何人坐在地上。海碧心想：「還好今天不用坐地上，人家今天難得穿了一件連身裙，很容易走光的。」英格麗小姐從會議室拉了幾把椅子過來，要他們幾個自我介紹。三個學生分別有一個看起來差不多 90 公斤那麼重的艾蓮諾、擁有西班牙血統，但皮膚白皙的李奧，還有來自中國的吳丹。英格麗小姐見大家到齊了，就離開了自己辦公室，說是還沒吃飯，必須在學校餐室關門前去買個三明治，囑咐大家在她回來之前不許離開。

2 分鐘、5 分鐘、15 分鐘……過去了。輔導師英格麗小姐還是沒有回來。四個少年沒有說話，我看你，你看我，好不自在。海碧移了移身體，想站起來走人，又有一些遲疑，因為校長梅林女士已經將此事告知父親，而父親也支持學校的決定，要海碧接受至少八次英格麗小姐的輔導。如果沒有完成，或者中間有任何遲到或曠課的跡象，將必須從頭開始。海碧雖然行為大膽，一副天不怕地不怕的模樣，但骨子裡始終是一個怕闖禍的小孩，深知不能讓父親失望。況且，都已經等了這麼久，再等多幾分鐘又何妨？

房間裡的這三個學生很面善，但海碧就是想不起他們是哪一班的。

「嗨,你們知道英格麗小姐要我們來這裡的原因嗎?」叫做艾蓮諾的女生一邊打毛線衣,一邊問。或許是因為體型的關係,在塑膠椅子坐久了必定會感到不舒服,因此她才忍不住第一個開啟話匣子。四人當中只有海碧點頭說:「這是我每個星期接受輔導的時段。請問你們各位怎麼也來了?」語調客套,卻也盡量客氣。「我們都是她輔導計畫下的學生,我的時段是應該是在昨天,可是她星期一來我教室要求我換成今天。」那個很胖的女孩艾蓮諾回答。華人吳丹則一臉委屈地說:「我星期一還特意帶了午餐來學校,輪到我的時候英格麗小姐才說我的時段被延遲到星期五。」看起來年紀比較大的墨西哥人李奧說:「我的在星期二。還有我猜她是不會回來了。」說完,拍了拍身上那條寬鬆又破舊的牛仔褲,想拍掉褲腳上的塵土和乾草。

「那我們是走,還是不走?」大家心裡都在盤算著。究竟怎麼回事?英格麗小姐葫蘆裡賣的是什麼藥?吳丹神色慌張,似乎擔心大家會決定一走了之,殃及自己,便趕忙先哀求:「請大家留下來好嗎?這是我倒數第 2 次輔導了。我怕錯過了就前功盡棄,我媽會叫我重頭再來,那樣在時間上是很划不來的。」

「那,現在怎麼辦?她該不會是把我們給忘了吧?」艾蓮諾問。

「放輕鬆,再等一等吧,她一會兒就會出現的。」李奧邊說,邊伸了一個懶腰,還打了一個哈欠。誰知,當他將兩隻腳

伸直時，重型皮靴不偏不倚，重重地踢在海碧的小腿脛骨上。海碧感覺到一陣痛，條件反射地把右腿縮回去。雖然海碧沒有喊出聲，但眼淚卻因為脛骨太痛而一直流個不停。

李奧馬上意識到自己弄傷人家了，趕快調整好坐姿，再蹲下身，問也沒問，就用左手托起海碧受傷的小腿，再將右手掌按在上面，很輕很輕地撫摸著。「痛覺神經的訊號能被觸覺的訊號攔截，但不可以太用力，不然微血管會破的……」這位李奧在喃喃自語什麼？海碧一點也聽不懂，但她的大腦也沒有真正在思考，腦力，通通都在專注對方肉肉的手掌，感受著它無比的溫暖。

海碧突然感到耳朵一陣熱，這股熱氣好像會游泳似的，透過血液往上往下往左往右游，漸漸地，海碧的臉頰、額頭、頸項都熱了。這是她第一次和父親以外的男性有身體接觸。「對不起，對不起，妳沒事吧？」李奧緊張地慰問著海碧，絲毫沒察覺到什麼不妥，而是繼續按著海碧的傷口，時不時抬頭觀察海碧的表情。

眼前這個男生還真的有點面善。海碧的記性一向很好，兩人一定哪裡見過，況且他的長相不算是大眾臉。他有一對很厚的眉毛，鼻子挺挺的，下巴的線條有一點弱，嘴巴右下端還有一顆黑痣，令他看起來有一點嫵媚。可是那一雙眼眸，怎麼形容呢，那一雙褐色的眸子呀，雖然不大，卻明亮而充滿睿智。

他對海碧的注視，溫柔又關切，許久才因為眨眼，被兩排短卻濃密的睫毛打斷。

「妳沒事吧？」李奧再重複了一次。

「沒……沒事。」海碧勉強擠出幾個字，想把腿收回來。李奧不信，掀開手掌檢查了剛才捂住的皮膚。被自己重型靴踢到的地方開始紅腫，那塊皮膚開始變得又滑又亮，是積水的現象。皮膚下層的血管已經爆裂，血液開始滲入周圍的組織。「我去拿冰塊。」李奧站了起來，開門走了出去。「不用了，萬一英格麗小姐回來找不到你怎麼辦？」海碧在他走得老遠後才想到要問。

「真是一位紳士。」艾蓮諾用拇指往李奧離去的方向指去，還說：「要是我再瘦個 20 公斤，我就一定會追求他。」說完，艾蓮諾看看海碧，才意識到自己剛剛脫口而出的話，感到很不好意思笑了，握著痛腳的海碧也忍不住笑了。而吳丹卻還傻傻地完全在狀況外，專心卻擔心地望著走廊。

「其實他沒有必要這麼做的。我的手是有問題，但我又不是廢人……」海碧對艾蓮諾說，語調帶著防禦性。「手拿來看一下？」艾蓮諾要求。海碧把手伸出來，吳丹也好奇地靠了過來。「是受傷，還是天生的？」吳丹一臉同情地問。「生出來這樣了。」海碧回答。「但是妳還是能夠像平常人一樣吃飯、寫字？」吳丹問。海碧點點頭，自豪地說：「嗯，我還可以打籃球。」「那就好，那妳跟普通人沒有什麼兩樣，正如我和超級模特兒一樣

美,差別只是在衣服頸部印著的號碼。」胖妞瞄了一下海碧的手,又把注意力轉回到她在織的圍巾上,滿不在乎地說。海碧不知艾蓮諾的話是鼓勵還是諷刺。海碧選擇相信是前者。

不一會兒,李奧就從學校餐室回來了,手上還握著一小紙袋的冰塊。褐色的環保紙袋沒有被水滲透。李奧應該來回餐室都是用跑的,所以冰塊都還沒來得及融化。李奧又蹲了下來,將一紙袋的冰塊敷在海碧脛骨上,左手掌依然托著她的小腿。「趕快冰敷瘀傷才不會擴散。」他說。此刻在海碧眼前的,又是一個男人的頭頂。只是這個頭頂的褐色頭髮濃密,而自己家老頭兒的頭頂已經快禿得像一塊消化餅那麼大的直徑了。

「我在餐室看見英格麗小姐了。她在看小說。」李奧說。「看書?這一定是一個考驗,是一個陷阱,我們千萬不可以掉入這個陷阱!」吳丹又緊張起來。

「就都留下來吧,反正海碧也走不動。」李奧建議,雖然海碧心知肚明,自己是走得動的,但她太享受李奧無微不至的照顧,所以想再裝一裝病貓。

「你們看起來挺正常的,為什麼要接受輔導?」海碧好奇地問。其實她這麼做,是想藉故多了解這個叫做李奧的西班牙人。「我們都是惡霸諾亞的受害者。」吳丹打頭陣回答。

「為什麼?你們又不像我一樣有缺陷。」海碧問。

艾蓮諾很不客氣地回了一句:「妳是瞎了還是怎樣?我簡直

是一臺航空母艦好不好？我們這位黃皮膚的小朋友，更不用說了。因為諾亞，他甚至給自己買了李小龍的 DVD，還每晚抱著睡覺，以為功夫可以趁他睡覺時鑽進身體。這就叫做夢！」原來艾蓮諾就愛這麼說話，喜歡挖苦自己。海碧後來才發現，艾蓮諾雖然個兒大，但其實身體很不好，之所以能夠保持心境愉快，是因為她有獨特的幽默感，能換個角度看事情，時不時就拿自己開玩笑。海碧的幽默感，就是從艾蓮諾身上學來的。

「你們說你們自己就好了。我可不是因為被人欺負而被校方叫來的。」李奧放開了海碧的小腿，澄清。「梅林女士是因為看到我窮，成績不好，怕我變成毒販才強制我來這裡聽英格麗小姐嘮叨的。」後面還加了一句：「哼，說是怕我被人看不起。」

「那你可以不要來呀。她這樣擺明已經對你下了判斷。」海碧說。

李奧露著一副無奈的樣子，說：「不行，梅林女士說如果我不來的話，就很難說服白人校董資助我的學費，說要是我不接受輔導，變壞的機率會很高，那他們就白白贊助我了。沒辦法，我是墨西哥人，就是逃不出美國人對他們產生的刻板印象。」

這個叫李奧的西班牙裔少年已經 17 歲了。當他還在襁褓中時，他的父親被發現偷東西，居然拒捕。李奧的母親因為丈夫坐牢，而將嬰兒留給保母後就失蹤了。李奧最後被安排到寄養

家庭。後來父親出獄，成功申請到兒子回到他身邊，卻偏偏染上肺癆而無法工作。政府人員花了幾年的時間才找到他們倆，可是在這之前李奧已經為了照顧父親而整整 4 年的時間沒有上學。他說，他偷偷送過比薩、在加油站打過工，甚至在殯儀館打過雜。當中殯儀館的工作做得最久，因為薪水最高。

海碧這下子才知道自己有多幸福，有零用錢用，天天還有父親接她上下課。雖然喪母，但相比之下，李奧比自己可憐多了。他最後連父親都沒有了。至於艾蓮諾和吳丹，要在一個十幾歲，喜歡以貌取人的社團裡生長，確實不容易，除了要克服自己的心理障礙，找到真正的自我，還必須時刻忍耐。海碧知道，雖然手有缺陷，自己畢竟是一個金頭髮的白人女孩，長得也不錯，只要隨時記得將壞手插在口袋，凡事都要比他們兩個容易多了。

相反的，他們三個看著這個叫海碧的小女孩，也覺得自己比她幸運，起碼自己左右手能夠並用，起碼自己的問題會隨著時間一點一點變好。海碧的手，時間再久，也不會變好。

大家都有不同的人生問題，卻又同樣遭受著歧視和打擊。彼此的感受和力量，唯有彼此最懂，最尊重。

莫斯科馬戲團

一個小時後，英格麗小姐終於回來了。見到四人侃侃而談，乾脆就告訴他們自己有點事得先行告退，並吩咐他們離開時把門從背後鎖上。在走廊上，英格麗從手提包內拿出錄音筆，對錄音筆念了：

「學生名字：海碧・威廉斯

第三次的面試：成功

方法：同伴（Companion）。

原因：同類。」

海碧接下來 2 年的中學生涯過得還算蠻快樂的。之前她唯一熟悉的同學只有莉茲，現在才又多了幾個同病相憐的好朋友：李奧、吳丹還有艾蓮諾。海碧和他們都在不同的班級，也沒有什麼共同的興趣，卻天天約在學校餐室見面，晚上會通電話，週末也一塊兒出去吃聖代、看電影。他們聊的話題包括功課、學生和老師之間的八卦，也談自己的家庭問題、談理想，彷彿永遠有說不完的話題。有同學稱他們為「The League of Extraordinary Gentlemen」，更有人不客氣地給他們一個難聽的外號：「俄羅斯莫斯科大馬戲團」，因為裡面有怪物，小丑，猴子和大象。

海碧原本很生氣，想找那些取外號的學生算帳。但是李奧

勸阻了她，對她說：「嘴巴是他們的，他們愛怎樣就怎樣，我們不要阻止。正如有一天當我們看到他們就快要吃下一塊大便的時候，我們也不要阻止。」

海碧最喜歡李奧了。每當海碧有什麼抱怨，有什麼難過的情緒，他都有辦法讓她看開。雖然他長得不高，穿著又邋遢，但他在海碧心目中的地位還是絕對比其他幾人高，是名副其實的「友達以上，戀人未滿」。她對李奧有一份傾慕之心，認為李奧雖然沒有父母，但是他為了要繼續能接受教育，很努力地將每一個科目都考好，和自己一樣，總是想把學業這回事做到最好。李奧說，他知道自己已經17歲了，寄養的家庭隨時都有理由放棄他，所以在那發生之前，他要一心學好，上課專心，下課不鬧事，能念多少書就念多少書。

雖然也經歷喪父之痛，但是叫吳丹的男生就幸運多了。吳丹的生父因工傷意外墜樓身亡，不久，保有一番姿色的母親為了讓兒子擁有更好的生活，答應改嫁給亡夫生前的一位訪華的美國同事。美國繼父不介意吳丹母親帶著個拖油瓶，為他們申請了綠卡，還讓吳丹在這裡上學。

可惜吳丹在美國人的學校裡總是會無緣無故挨打，因為白人小孩以為所有的中國男人都會功夫，所以喜歡向他下戰帖。吳丹當年是一個EQ不高的男孩。換成是別的華人學生，早就隨便耍個幾招來示眾，嚇走那些惡霸。偏偏吳丹一見到他們走過

來，第一個反應就是神色緊張地叫：「我不懂武功的，我不懂武功的！」

「既然你那麼誠實，那我們是不是應該好好獎勵你？」看起來就是一副跑腿相的惡霸摸了摸吳丹的頭，問道。「不⋯⋯不用了謝謝。」吳丹想將置物櫃關上，卻被帶頭的惡霸擋住。他就是一個叫「諾亞」的有錢人家的孩子。「唔，你媽媽滿辣的嘛！就不知道嘗起來什麼味道？」諾亞取下吳丹黏在櫃子門上的照片，放在嘴巴前面，伸出舌頭假裝要舔照片裡的女人。

吳丹被惹火了，想搶回照片。他是一個孝順的孩子，不容許誰用汙穢的眼光看待自己的母親。兩人的身體就隔著一個置物櫃的鐵門，惡霸乾脆就用身體頂著門，把吳丹壓在後面。吳丹一時害怕，喊了三個中文字：「放開我！」

「你說什麼？你叫我們 F _ _ _ off？」諾亞生氣了，卻也放開了鐵門。吳丹想給自己多一點空間趁機溜走，就將鐵門輕輕地推向諾亞的腹部。這個動作其實連諾亞一根寒毛也沒有傷到，但由於置物處很靠近梅林女士的校長室，諾亞馬上彎下腰，「啊」地一聲就抱住肚子倒在地上，假裝受了重傷。

跑腿們見老大捲縮在地上，連忙跑到校長室通知梅林女士。梅林女士並不笨，一眼就看穿諾亞的計謀。這已經不是諾亞第一次出此毒招來整別的同學了。奈何諾亞的母親是學校捐贈者之一，身為校長的，不好開口。「報警抓他！梅林女士妳還

不報警抓他！」諾亞賴在地上不肯起來，一副奄奄一息的樣子。梅林女士沒有拆穿他，只是陪他演到底找來救護車，還將吳丹送到訓導主任那裡。

但是救護車一走，梅林女士就連走帶跑地進去訓導主任的辦公室，把吳丹叫了出來。她深怕吳丹會怪她沒有處理好這個欺凌事件，將受害者誤判成肇禍者。梅林女士害怕萬一吳丹把今天發生的事情張揚出去，自己就被冠上「種族歧視」的罪名，只好放下尊嚴向吳丹道歉，還請他在接下來的一個月，到學校輔導員英格麗小姐那裡去接受心理輔導。吳丹的母親知道了這件事，抱著兒子哭了一個晚上，卻不敢將此事告訴新老公，以免對方認為他們母子倆是個禍害，將他們趕回老家。

和艾蓮諾混熟了不難看出她是一個很開朗，很有意思的女生。別看她年紀小小，外表不怎麼樣，卻深藏不露，才華橫溢，心思細膩。她除了能織毛衣，能烘烤好吃的糕餅，還畫得一手好漫畫。艾蓮諾說自己一年前因為體型的關係，買不到合身的毛衣，才迫不得已自己學會打毛線。如今她無論走到哪裡，都會帶上一個裝著織針和毛線的小皮包。漫畫則是艾蓮諾她應付欺負她的人的方法。她的課本、筆記簿裡滿滿的，都畫上同樣幾個惡名昭彰的惡霸學生的畫像，而那個叫諾亞的，他的臉幾乎布滿了每一頁。他不是頭上頂著一坨米田共，就是屁股被惡狗咬，總之每一次都被畫得沒有好下場就對了。

艾蓮諾是很愛吃，但是她的肥胖問題其實和她的甲狀腺機能減退有關。艾蓮諾患有自身免疫失調的病症，身體裡自身的免疫細胞會攻擊並破壞甲狀腺，導致其機能減退，分泌的甲狀腺激素不足，新陳代謝率就會跟著下降，直接帶來體重增加、反應遲鈍和身體腫脹等症狀。由於病情拖得太久，如今艾蓮諾就算服藥也回不去從前的身材了。然而她並沒有為此感到自卑或沮喪。反正誰來煩她，來嘲諷她，她要麼就無動於衷地繼續打毛線，要不然她就畫誰的肖像，消消氣。

就那麼一次，諾亞的跑腿跑過來，見艾蓮諾在織圍巾，就故意撿起掉在地上的毛線，擺出一副樂於助人的樣子。艾蓮諾一看就知道對方不懷好意，不是來幫忙的，就趕忙站起來想把毛線搶回來。誰知才一離開，對方就越跑越遠，把快要織好的圍巾一點一點地拆掉。等到艾蓮諾回過神來，圍巾已經被拆得所剩無幾了，一個星期的工夫白費了。那個壞男生拿著剩下的一小捲毛線，嬉皮笑臉地說：「喔，原來妳在這裡呢，我幫妳撿回來了。」艾蓮諾知道自己說什麼都沒有用了，可是心裡的憤怒難忍，就對這個壞蛋比了一個中指。天下間不會比這更碰巧的事了。梅林女士從辦公室走了出來，看見艾蓮諾豎起中指，斷定她是一個壞學生需要接受輔導。

海碧又想起母親對她說過的那句話：「共同敵人比共同朋友更容易團結人類。」海碧和李奧，吳丹和艾蓮諾能夠團結在一起

的原因,除了外界的眼光,還拜一個叫做諾亞的惡霸所賜。

可惜天下無不散之筵席,這個四人組合不久就被迫各分東西。海碧和吳丹被位於林區堡的維吉尼亞主教中學錄取。由於這所學校離黑堡鎮至少兩小時才能抵達,艾蓮諾的父母害怕她舟車勞頓,身體會吃不消,不讓她去。李奧則被寄養的家庭放棄,自己在外頭自力更生。有時他連房租都付不起,更別說是一年三萬美金的學費。

章節 4　戒指

傳言埃及人說，無名指的血管，是通往心臟的愛情之脈。

在左手無名指上架上個「戒指」，緊勒著這條愛情血管，等於在時刻給予自己一個「警戒」，不許再為所欲為了。

將戒指套在右手無名指是表示自己擁有修女的心性，不動色心。

我只知道，就算有一天真的脫得掉，無名指上也會留下一片長不出毛髮的空白。

又是 10 號

這是海碧生平第一次感覺到自己完全被人接受,這種有別於父親的心疼,母親的殘忍,還有米亞憐憫的感覺,很新鮮,很適合她。也或許,海碧只是孤單太久了,因此有人願意和自己說說話,是一個不錯的體驗。母親過世以後,父親就忙於打官司,一心想將那個肇禍的卡車司機告得一敗塗地。其餘的時間,馬丁有很努力地盡一個父親應該盡的責任,只是對於如何管教自己女兒,他一竅不通。

那個長得很像母親的阿姨米亞,合約滿了後,還多逗留了半年。但她最後也還是走了。其實海碧很喜歡米亞的,覺得她是世界上最了解自己的人之一,勝於母親,勝於父親。馬丁為了海碧,為了讓米亞留下,便嘗試和她交往。開始的時候,米亞也很願意,所謂愛屋及烏,馬丁畢竟是自己偶像的丈夫。她在協助父親辦完吉賽兒的喪事之後兩個星期就搬進了威廉斯家,兩個月後就開始和馬丁同房。馬丁因為孤單,因為太久沒有嘗到女人的香味,終於受不了誘惑,和米亞睡在一起。

海碧長大了,那晚她隔著牆聽見了,知道發生什麼事情了,開心地倒頭大睡,以為米亞從此就會留下來。可是四個月後,2003 年的 4 月,米亞留了兩封信給威廉斯父女,永遠地從他們生命中消失。

海碧記得，米亞走的那天是 10 號，也是一個星期四，就像母親離開自己世界的那一天一樣。海碧當天有籃球練習，所以等到父親來接她回到家時，已經傍晚六點了。他們倆一開啟家門，卻發成屋裡一片漆黑，鴉雀無聲，還未從喪母陰影中走出來的海碧，一瞬間陷入一陣恐慌之中。她衝上樓，瘋狂地搜尋米亞的身影。她歇斯底里地開啟房門，又關上房門，開啟房門，又關上房門。腦子裡一片空白，不知道自己究竟在找尋什麼，還是在找尋誰，只是知道自己弄丟了一樣很重要，很心愛的東西。不，她知道了，不是東西，是一個人，一個很重要的人：媽媽。海碧又從樓上飛奔下來衝到街上，衝上馬路中間想看看有沒有一個黑色長髮的女人，還有一雙橙色瑪麗珍皮鞋。

「海碧，回來。沒用的，她走了，妳快點回來。」馬丁在門口喊著。他找到米亞留給他的信了，就在他的床頭燈旁邊。在寫給馬丁的信中，米亞說：「我必須在最後一丁點尊嚴被奪走之前離開。」原來，海碧的父親對米亞說，他是永遠都不會脫下他跟吉賽兒結婚時的戒指的。他太愛吉賽兒了，所以是永遠都無法背叛吉賽兒，跟米亞結婚的。米亞說，她已經忍受了威廉斯家整整兩年的欺騙，實在沒有必要再繼續允許自己承受如此羞辱。

海碧也找到了米亞給自己的信，是用粉紅色信紙寫的信。旁邊還擺著一個公主系列的芭比娃娃，兩隻手被放反了，是米亞在一家售賣二手貨的商店中找到的。她在信中寫著：「我是愛

妳的，妳知道的。因為妳和這個被摒棄的芭比對我來說，都是特別的。因為特別，所以我相信妳會更容易成功。」她還寫，和玩具廠商的心態一樣，只希望公眾看到完美的產品，不准在製造過程中遭受破損的芭比娃娃上市，許多家長也會希望孩子將自身的缺陷藏起來。但是她認為海碧完全不必，因為一個不完美的娃娃，擺在一整排完美無瑕的同儕中，更容易引起注意，更容易被發掘。

「海碧，妳要答應我，永遠都不要對自己感到羞恥，永遠都不要藏起自己的缺陷，因為人生的挫折，就像沙漠，是培育世間最美麗，最堅強的花朵的土壤。在威廉斯家兩年多，我也彷彿踏足了這片土壤。如今，時候到了，是時候開出屬於自己花朵的時候了。」海碧說，後來米亞的確有開出屬於自己的一朵花。她為馬丁創作，並且演唱了一首失戀人們的勵志國歌，叫《Since I can't have your love》，紅極一時。

海碧說當時她只有一個感受，就是生氣。她不明白為何米亞，這個曾經深深將自己擁在懷中，幫她擦鼻涕，幫她擦眼淚，幫她度過失去母親後的無數個夜晚的女人，如今居然也放棄她了？為什麼要選在當她習慣了她的存在時離開？是嫌她是個怪物嗎？若是這樣，那給她一個破娃娃做什麼？告訴她這些鼓勵的話做什麼？虛偽！虛偽！最虛偽就是米亞了。從那一刻起，海碧只感覺到米亞的背叛，和米亞的冷漠。憤怒變成了一

層膜,將海碧的心臟緊緊地裹住,捏住,令她隨時都覺得血脈澎湃,人快要爆炸似的,同時卻也讓她感覺不到自己的心跳,左邊胸口一陣麻痺。

　　這種想砸東西,想打人的惡劣情緒每天在海碧腦袋中「滴滴滴」地作響,每天不斷地膨脹,巴不得在誰的身上爆發,使得這個壓力能獲得釋放。海碧知道拿別人出氣是不對的,所以她盡量一有時間就到籃球場上打球,用力地拍打著籃球,想用汗水將體內的惡魔排出來,不讓它在體內作怪。其他小孩目睹海碧眼神中散發著的一股嚇人殺氣,都暫時離她遠遠地,利用另一半的籃球場打球,誰也不去招惹誰。

　　偏偏這時一個新來的印度女孩麗塔和一群女生走了過來,將背包放在海碧這邊的籃球場後,對她喊了一聲:「喂!妳打夠了沒有?」此刻,心裡那個憤怒的海碧笑了,她終於等到了一個絕佳發洩的機會;另一個海碧卻拚命搖著頭,對自己說,不要不要,忍住不去看她。我們井水不犯河水。

　　「喂!我在跟妳說話!喂!」麗塔又喊了起來。「籃球場是公用的,妳已經打了很久的球了,應該輪到我們了。」

　　「不要回答。」膽小的海碧對自己說。

　　「喂!妳是聾子還是怎樣?」麗塔繼續侮辱海碧。

　　「不要回答。」同一個海碧繼續催眠自己。

　　「喔!原來妳媽媽不止生妳手殘廢,還連耳朵和嘴巴都殘

廢！」麗塔顯然在煽風點火。

「夠了。」憤怒的海碧扳倒了膽小的自己，停止投籃的動作，把籃球抱了在懷裡，喊了一聲：「妳再說一次？」

「我說的是事實呀。妳是一個怪物。」麗塔往前踏出一步，稍稍地踮起腳，把臉靠近海碧的臉⋯⋯

那就是海碧豎中指、打人的過程。

但要不是這個中指，她也不會被叫進校長室；不被叫去見梅林女士，自己就不會遇見英格麗小姐；沒有英格麗小姐的精心安排，海碧就也不會遇見艾蓮諾、吳丹，還有李奧；沒有他們，自己將還是一個人，心靈上感覺自己是一個人。有些壞事情的發生，是為了要為生命中美好的事情鋪路。海碧相信。

筷子

馬丁自米亞走後，變得更加沉默了。他沒有與任何女性約會，還自稱要當一個最有魅力的現代鰥夫。可是別說有魅力，他連打點自己的生活都沒力。這兩年半以來，米亞把家裡打理得井然有序，現在她不在了，馬丁也不知道該從何做起。他不做飯了，也不讓海碧進廚房。其實，自從海碧打破馬克杯引發

父母口角之後，馬丁就不准她進廚房，海碧要喝水要吃什麼都必須等馬丁或米亞伺候。海碧不喜歡這樣，可是她沒辦法，她不想又打破什麼害家人吵架。

於是父女倆開始到外頭去外帶食物，今天吃漢堡，明天吃炸雞。但兩人最常光顧的是一家叫做「中國客棧」的中餐廳，價格合理，種類繁多又有外送的服務，下雨或下冰雹時，父女倆不用打著傘到外面用餐就可以嘗到熱騰騰的食物。兩人一般都會點一個炒麵、鳳梨咕咾肉，和一個蛋花湯。海碧說，如今她對中餐的痴迷，就是那個時候養成的。

「吃中餐還有一個附加的好處，就是可以學用筷子。」那家中餐廳在外送時，只提供即用即丟的木質筷子，不給叉子。漸漸地，兩人都對洗兩隻叉子這回事感到厭煩。海碧說，剛好那次她和父親正在茶几上吃麵，聽見旅遊頻道的主持人說，筷子是當時西方國家很潮的一件事，越來越多洋人都在學用筷子。兩人從那一刻起就乾脆嘗試學起用筷子。海碧說，對她這個左手殘缺的人來說，任何能協助她單手進食的餐具，就是世上最偉大的發明之一。之前，她一直都避免在公共場所食用西餐，只吃薯條或炸雞腿，因為左手無法叉住食物，右手的刀子就無法進行切割。

依據槓桿原理，將兩根筷子握在拇指和食指之間，再用中指和無名指支撐，任何人都能將任何形狀、任何體型的食物夾

起，不花俏，也不複雜。因此筷子是世界上使用人數最多，發明得最妙，最早的餐具。海碧說，美國人要吃西餐，必須動用刀叉才能將肉塊切成小片，要不然就索性直接用手抓起來咬，可是亞洲人卻能用兩根筷子將肉分成小塊，然後夾到嘴裡，優雅又省力。可是後來她發現原來使用筷子並不如想像中那麼簡單，需要活動手部的幾十塊肌肉，很考驗協調性。海碧說，經過了一年的訓練，和朋友吳丹的調教，她今天能很驕傲地說，自己的筷子功比許多新加坡人的還要好，吃福建炒蝦麵時，已能將一顆滑溜溜的酸柑種子夾起。

海碧笑說，學用筷子，幫助她度過多少和父親吃飯時尷尬的寂靜。除了在電視機前吃飯，父女沒有什麼互動，原本多話的馬丁頂多只是問海碧：「今天上課怎麼樣？」海碧回答：「還可以，你呢？」馬丁回答：「還好。」之後，兩人就不再說什麼話了。因為學用筷子的關係，父女終於又變回了從前用餐時嘻嘻笑笑的自己。海碧笑稱，從前和父親一起彈奏《筷子華爾茲》，長大後和父親一起感受筷子的「滑」爾茲。父女還誓言，等海碧再長大一點點，他們要結伴到筷子的發明地：中國旅行，去炫耀一下兩個外國佬的筷子功。

花痴莉茲

　　米亞離開後，到遇到李奧、吳丹之前，海碧的世界幾乎停止轉動。雖然身邊常有自小學一年級起就和海碧同校的莉茲陪伴，但兩人性格截然不同，話不投機半句多。海碧活潑機靈又好動，直爽的性格比較像個男生，她關注的事情多半和大自然、旅遊和人文科學有關，音樂口味也介於搖滾和另類之間。

　　莉茲就不同。她不愛出汗，喜歡坐在冷氣房裡看時裝雜誌，喜歡的音樂和電影也多半是愛來愛去，肉麻兮兮的那一款。國中時的莉茲一頭紅髮，臉上長滿雀斑，但整體而言，長得還真的不錯。她的脖子細又長，再加上曾學過芭蕾、鋼琴等，給人一種非常優雅高貴的感覺，是不少少男暗戀的對象。吳丹就是其中一個。可惜莉茲對於這些追求者一概不稀罕，在她塞滿了粉紅色棉花糖的夢幻世界中，唯一的志向就是和一個又帥又有錢的男生結婚，然後從此過著幸福美滿的生活。

　　對於家境不好的男生，包括李奧在內，莉茲都不放在眼裡，不想跟他說話。基於這一點，海碧很不開心，也覺得很丟臉，後悔將這麼花痴的莉茲介紹給這群好朋友認識。李奧一點也不介意，提醒海碧，莉茲自小就被父母親忽略，搞不好「嫁個有錢公子」這個空中樓閣，是讓莉茲活下來的理由。李奧說，每個人都有權力做一些不切實際的夢，這樣才會不斷地感覺到希

望，才會有繼續活下去的動力。他自己也有一個明知到達不了的空中樓閣。那就是環遊世界。這個夢想陪他度過多少漫長絕望的歲月，所以海碧不應該對莉茲太苛刻。

經李奧這麼一說，海碧果真發覺莉茲的確有這個習慣。不諳世事的她好像每到一個新環境，都必須將目標鎖定在一個符合她條件的男生身上，否則就不能真正安頓下來。小學時，莉茲暗戀班長，父親是當地家庭醫生。那兩年，莉茲總是有事沒事就說肚子痛，需要看醫生，令她的父母擔心不已。海碧看在眼裡，卻沒說什麼。但是到了國中，海碧覺得她應該採取行動阻止自己這個沒腦的老朋友了，因為莉茲在國中最後一年裡，心裡鎖定的理想對象不是別人，而是惡霸諾亞！

惡霸諾亞

諾亞的父親幾年前在黑堡鎮投資，開了幾家連鎖超市，於是舉家搬到小鎮。說是這麼說，有傳言諾亞太惹是生非，被不少學校踢走，父親感到沒面子才來選擇在這個無人問津的小鎮落腳，希望他能夠在誘惑減少的情況下學乖，專心讀書。可惜諾亞很討厭這個小鎮，覺得這裡的人民又醜又土，不是他這種

上等人適合逗留的鬼地方。

在學校裡，諾亞對每個學生的態度都惡劣，除了用陷害吳丹、捉弄艾蓮諾相似的伎倆欺負同學，他也威脅莉茲。國中快畢業的時候，莉茲對諾亞的痴迷簡直到達一個瘋癲狀態，見到諾亞就像螞蟻見到糖一樣，走到那裡，跟到那裡，還「諾亞」、「諾亞」地叫，一點尊嚴也沒有。最後諾亞受不了了，嫌她煩，就叫他的跑腿拿把剃刀去嚇唬莉茲，說她再不滾得遠遠地，就拿剃刀把她一頭紅髮剃光。

莉茲一把鼻涕一把眼淚地去向海碧哭訴，海碧氣得咬牙切齒。吳丹和艾蓮諾被欺凌的時候她不在場，不能替他們出頭。可是這次機會來了，這個可恨的霸王將會得到他應得的教訓！雖然海碧答應過輔導老師英格麗小姐不要再惹麻煩，但莉茲這麼傷心，必須要有人出面解決這個問題才對。海碧說，她當時很肯定自己接下來要做的，不是「為非作歹」，而是「替天行道」。

「諾亞！」海碧站在正要去停車場等司機來載他的諾亞背後叫他。諾亞假裝沒聽見，吹起口哨來。「諾亞，你給我站住。」海碧又用力地喊了一聲。諾亞轉過身，表情跩跩地打量了一下海碧。哇？這不就是鼎鼎大名的海碧‧威廉斯嗎？居然找上門來自取其辱？諾亞咧著嘴問：「莫斯科馬戲團的保全出現問題啦，怎麼把怪胎放出來？」海碧冷笑了一聲，慢條斯理地說：「是

的沒錯,今天馬戲團放我出來,囑咐我要把你帶回去。」

「哈哈!」諾亞完全沒有意料到這樣的答案,忍不住笑了出來。他將上半身轉向海碧,雙腳卻原地不動。諾亞完全沒有料到,有女孩子會這麼大膽來找他對峙,而且這不是普通的女生,是一個自己平日專門挑來欺負的類型的女生。「有意思!」諾亞點著頭說。沉悶的一天終於變得有趣多了!他還真想看看這個女孩子有多大的能耐。出手打一個殘廢的人,太不人道了,言語暴力比較不留痕跡。諾亞說:「不,妳不是怪胎。我知道妳是什麼了……等一下,我的靈感要來了……你是 Star Wars 的 Anakin Skywalker!」諾亞又想故意給她取外號。

「我不是。因為他失去的是右手,我的是左手。」海碧若無其事地回答,並將她的左手從連帽T衣袋中拿出來給諾亞看。

「啊!不要!殘廢會傳染的!我死定了,死定了!妳饒了我吧,饒了我吧!」諾亞演起戲來,抱著頭蹲在地上假裝求饒的樣子。「梅林女士不在,我來之前已經向學校辦公室確認了,你的靠山今天休假。」海碧告訴他。諾亞聽罷,自討沒趣地站了起來,搔了搔頭皮,雙手叉腰問海碧:「妳想怎樣?」

「我只想跟你進行一次文明的交談,談莉茲的事。」海碧很有信心地主動伸出手,介紹自己:「我叫海碧.威廉斯,你好。」諾亞打了一個呵欠,擺出眼皮下垂的表情,失望地伸出右手,卻故意又縮了回去,留海碧的右手孤零零地懸在半空。諾亞做

了一個「停止」的手勢，主動終止了兩人的談話，轉身就走了，邊走還邊伸懶腰說著：「剛剛變得很有趣的今天，又變得無聊了！」

莉茲的事，海碧一直沒有機會跟諾亞說清楚。

隔天，諾亞和他的跑腿們放學後，選擇留在學校裡找人下手。他們浩浩蕩蕩地經過海碧和李奧、吳丹打球的球場。諾亞遠遠就看見昨天找他理論的海碧·威廉斯。一個女生對兩個男生，表現一點也不遜色，很不錯。忙著進攻的海碧也用眼角瞄見諾亞和他的跑腿群向球場走來。「跑腿群今天比往常多了兩個女生。」海碧一邊想從李奧手上搶過球，一邊卻將眼光鎖定在諾亞架在兩個穿著火辣的女生肩上的手臂。

李奧趁海碧一不留神，把球傳給了吳丹。吳丹灌籃成功！李奧的直覺馬上告訴他事情不對勁。他沿著海碧的目光望去，諾亞一夥人正迎面而來。吳丹看見諾亞，靜悄悄地將毛巾撿起，拉了海碧和李奧想走。他好不容易才說服繼父自己適合在美國生長，實在不想又無辜被陷害。可是李奧和海碧的雙腳好像生了根，一動也不動。

「哇，大家看，馬戲團！」諾亞放開兩個女孩，搓著雙掌說道。李奧把海碧推到他的身後，淡定地看著諾亞。兩人互瞪了大約十秒種，諾亞突然知難而退，說：「不好玩，我們走！」一夥人才又大搖大擺地到別處去找個倒楣鬼來捉弄。

「沒事吧？」李奧問海碧和吳丹。海碧當下並沒有心存感激，反而覺得自尊被侮辱了，便生氣地對李奧說：「我會自己保護自己，你為何覺得你有義務替我這麼做？」李奧原本想以和為貴，卻因為下午的太陽太猛太烈，把他晒昏了頭，罵回海碧：「好呀，不知好歹的傢伙。下次被人欺負別哭著來找我！」罵完，拿起背包氣沖沖地走了。

這是一年以來，海碧和李奧的第一次吵架！海碧和李奧從來不爭吵的，因為兩人的性格和想法都太相似了，很多事情都能不言而喻。可是一年後的今天，他們居然為了一件小事爭吵，而且是為了惡霸諾亞！多不值得呀。

海碧好久沒哭了。這回她真的覺得李奧傷透了她的心。李奧常常會對她說，不要接受別人的同情，凡事可以親力親為的話，就用自己的能力去爭取，這樣才能得到別人的尊重。可是這次他卻違反了他的信念，違反了他所教她的一切！真是個大騙子。李奧並不知道，其實海碧早已在前一天就單槍匹馬地找諾亞了。

而海碧有所不知的，是諾亞對於李奧的恐懼。學校盛傳一個關於李奧的傳言，奇怪的是海碧卻從沒聽說過。有人說，李奧會停學4年，不是因為他需要照顧病危的父親，而是因為他毆打另一名西班牙裔同伴致死，被少年法庭判誤殺罪而蹲了4年的牢。諾亞知道李奧的能耐，所以從來都不敢去惹他。李奧

不過是在利用這一個優勢，防止一些不必要的麻煩事情發生。他並不是因為海碧有缺陷才將她推到自己背後。就算有保護她的心理，那也是風度，男生保護女生的風度，絕不是同情。

「是真的嗎？李奧殺過人？」我好奇地問海碧。「當然不是，哈哈。吳丹說，謠言是李奧自己散播的，這樣就沒有人敢來找他麻煩，他就可以安心地讀書了。」海碧笑說。

「吳丹的話，可以信嗎？」我問，心裡又一點替海碧感到擔心。

「當然可以信，他來美國之後，就成為了一個虔誠的基督徒。對他而言，說謊足以令他下地獄，更不用說替朋友掩蓋殺人罪。」海碧見我一臉驚慌，摸了摸我的背。

「後來呢？」我問。

撞到門牙的初吻

「李奧那天晚上偷偷溜出寄養的家，騎了一個小時的單車來我家向我道歉。」海碧說，那也是馬丁頭一次見到李奧。「馬丁對李奧的第一印象不好，是我害的。」原來馬丁去學校接海碧的時候，海碧一直哭個不停，馬丁怎麼安慰，她都沒停下來。那

晚，馬丁好不容易才把女兒逗笑，誰知這個滿身臭汗的少年一出現在門口，海碧又重新哭得稀哩嘩啦了。

馬丁氣急敗壞地，不分青紅皂白地就亂罵了李奧一頓，說什麼：「海碧這樣又不是她自找的，你這個臭小子怎麼會這麼沒有天良，盡找一些弱小的同學來下手？海碧是一個這麼好的女孩子，自強不息又從來不給別人添麻煩，你於心何忍，你良心何在？你爸爸媽媽沒有教你嗎，做人要厚道，這樣一直欺負人是不對的……」

海碧在樓梯口望著一臉無辜，卻被父親罵個狗血淋頭的李奧，覺得他看起來滑稽又可憐，心裡酸酸的，又覺得他活該。李奧聽著威廉斯先生責罵的內容，慢慢理出個所以然，眉頭漸漸地開了，趁馬丁邊罵邊捲起袖子的幾秒鐘，眼球才敢動了動，將視線移向海碧，鼻孔擴張，嘴角上揚，一副想笑的樣子。不知是否因為大門口那盞黃燈製造出來的效果，還是李奧當時的眼神真的很溫柔，海碧從未感覺自己一顆心如此活躍過。那一瞬間的畫面，感覺那麼美麗，那些美好，已深深地印記在海碧的記憶裡。那一瞬間的畫面，就像一張書籤，時刻提醒著自己第一次被另一個人在乎過的歲月。

「你知道嗎，當我看到我的海碧哭成這個樣子時，我有多生氣，為人父母不好當，你知……」馬丁捲完袖子還在繼續碎碎念。「爹地！爹地！」海碧用手輕輕地按在馬丁手腕上，阻止他

繼續說下去。馬丁回過頭，看著海碧，說：「海碧，我還沒講完，不好好教訓他，他以後還會來找妳麻煩的。」

「爹地，他是李奧。」原來他老人家糊塗，把李奧和諾亞兩個名字混淆了。海碧這才開始懷疑每晚父女倆邊吃飯邊交換一天下來的遭遇和心情時，馬丁究竟有沒有在用心聽？李奧是好人，諾亞是壞人，有這麼難記嗎？海碧對搞不清楚狀況的馬丁感到羞恥，不停地用唇語對李奧說：「對不起。對不起。對不起。」

馬丁會這麼狠，居然還想要捲袖子嚇唬對方，完全不留顏面，是因為他以為當晚見面之後就不會再見到彼此，因此不留一點餘地。當時他完全沒有想到，這個男生在許多年以後，會是他每天都必須碰面的人。

海碧拉著李奧的手到她的房間。馬丁像一隻蒼蠅似的，跟著了進去。「你可以出去嗎？」海碧對父親下逐客令。那一秒她還真希望馬丁會從她面前消失，誰叫他害她在朋友面前沒面子。馬丁像被當頭一棒，這才看到自己在當電燈泡，連忙點了點頭，說：「有什麼事記得叫我。」可是他仍不忘用食指和中指做了一個「V」型手勢，指了指自己的雙眼，再指了指李奧的臉，表示：「給我小心，我會注意你的。」馬丁還以為自己很酷。

海碧用手掌拍了一下自己的額頭，這個老頭子真是擅長讓自己女兒難堪。

海碧關上房門，此時一陣寂靜。海碧手還握著門把，心想：「在自己最要好的朋友面前，怎麼開始覺得不自在了呢？」突然海碧發現自己的房間像個豬窩，CD、書本、雜誌、零食包裝紙到處都是！椅背上還掛著自己換下來的連帽T、牛仔褲還有印上草莓圖案的胸罩！海碧嚇了一跳！神速地掀起了被單，將椅背上的衣物都「掃」進底下然後蓋住！她假裝從房間一端走到另一端，其實腳一刻也沒閒著，把地上的垃圾都推到桌子底下去。

　　「妳的房間看起來不錯呀，很適合妳。」第一次來海碧家的李奧先開口，打破尷尬的沉默，還故意調侃她，說：「那……件衣服也不錯，很適合妳。」海碧的臉一陣通紅，卻立即「穩住陣腳」回答：「我知道你在留意什麼。少色瞇瞇的。」

　　「我又留意什麼了？」李奧裝蒜，眼神流露出平時少見的調皮，整個人感覺亮了起來。他有禮貌地問：「我可以坐下嗎？」海碧點點頭。

　　「這裡可以嗎？」李奧還沒鬧完，故意指著海碧的床，那個被單下藏著草莓圖案內衣，凸出來的位置。「你少來啦！」海碧拿了個絨毛娃娃丟向李奧。李奧機靈地在空中接住，然後坐在床邊的地上。只見他收起笑臉，手輕輕地撫摸著海碧的玩具狗。

　　「我小的時候，什麼都沒有，只有一隻小狗，叫做『骨頭』。對，牠很瘦，所以我叫牠『骨頭』。骨頭跟著我到處走，第一個寄養的家庭非常善解人意，讓我留下牠。後來我爸爸生病了，

我沒有時間照顧我的狗，骨頭也依然沒有離開我的身邊。」李奧輕聲敘述著，眼底藏有如此深不可測的悲傷，好迷人。「我一直都很信任牠有保護自己的能力，所以不會將牠拴起來，就任牠隨意亂跑。牠很強悍，總是能嚇跑欺負牠的路人，還有野狗。」

「可是有一天，牠卻被射殺了。」

「怎麼會這樣？」海碧關心地。

「我沒有給骨頭戴項圈，所以社區管委會把牠當流浪狗獵殺了。」說著說著，李奧眼眶有一點溼溼的。「要是當時我有站出來，說牠是我的，牠就不會死了。」

海碧意會出當中的意思了，心裡一陣感動，卻很不給面子，故意耍狠說：「你當我是你的狗呀？」李奧回答：「我知道妳和骨頭一樣有保護自己的能力，可是有時候我還是必須站出來捍衛我在乎的人或東西。這是我的責任，這是一個男人應該做的事情。」

「在乎的人？」海碧只聽到這四個字。這時候她的心臟一定是蹦跳到喉嚨了，一句話都說不出。

「海碧，我明天要早起，我先去睡了。」突然馬丁從門外喊道。

「死爹地，一定又在門口偷聽！」海碧回過神來，氣沖沖地開門，將馬丁推到主人房，再幫他關上門。真是個掃興王！

李奧的心意，海碧其實一直搞不懂。什麼是在乎的人？是

愛情？還是只是友情？

「妳很幸運，有一個這麼疼妳的爸爸。」海碧回到房裡，看見李奧已經站了起來，雙手插在牛仔褲的後口袋，很不自然的樣子。「是呀，有時我覺得他太疼我了。我都14歲了，他還當我是一個嬰兒。」海碧又關上房門。

「是啊，他剛才捲起袖子，我還以為他要打我呢，嚇死我了，哈哈。」李奧聳了聳肩。「他才不會呢，他連蒼蠅都捨不得拍死。」海碧回答，語調有一點輕蔑自己父親的意思。十幾歲的孩子就是這樣，在朋友面前總巴不得擺脫乖乖女的形象，耍一耍酷。李奧指了指房間問：「我可以嗎？參觀？」海碧點了點頭，陪李奧看著自己牆上的明星、電影海報，逐一介紹，才猛然想起梳妝檯的鏡子上黏著一張她和李奧的合照，照片上有海碧用紅色馬克筆畫的一個大愛心！

太遲了，李奧看到了。

李奧將照片輕輕地從鏡子上取下來，仔細地端詳了一會兒，說：「這應該是我們」海碧受不了了，將身體挓上前去，想在李奧的嘴唇上種下深深的一吻。

初戀的美好事件之一，就是那個太心急，太用力，撞到彼此門牙的初吻。

到也到不了的高度

他們倆並不知道兩人初吻時,已經過了凌晨 12 點。那天的日期是:2004 年 2 月 14 日,情人節。

可是經這麼一撞,把什麼羅曼蒂克的氣氛都撞跑了。兩人各自掩住自己痛到不行的嘴巴,邊掉眼淚邊彎著腰笑了。還沒機會說些什麼,又聽到馬丁在敲門,問:「我要到樓下倒杯牛奶來喝,誰要?」海碧感覺自己頭顱又冒火了,原本想開門罵人,卻被李奧阻止。他說:「如果我有一個才 14 歲的女兒,和一個血氣方剛的 18 歲非白人鎖在房間裡,還傳出嬉笑聲,我也不會放心的。」

令海碧失望的是,李奧幾分鐘後就告辭了,他說,今天是星期六,家裡需要他幫忙割草,怕回去太晚早上起不來。還有星期天海碧生日,他也不能跟他們出去玩,但晚上他一定會抽空買禮物給海碧的。李奧養父養母要到朋友家聚餐,他是老大,必須幫忙照顧他們家中分別兩歲、五歲大的孩子。

海碧的生日在 2 月 15 日,是一個很水瓶的水瓶座女生,獨立、反叛、不計小節,也重視友情。既然李奧沒空,海碧只好退而求其次,約莉茲與艾蓮諾一起出去看電影。可能是因為那是情人節的週末,電影院到處都滿座,她們只好搭公車到城

裡面的戲院去試試看。原本大家都想看的《蜘蛛人》票都已經售完，海碧就提議看《哈利波特》，莉茲卻堅持要看《麻雀變公主》，最後艾蓮諾決定大家各讓一步，買了《史瑞克》的票。

　　散場的時候，艾蓮諾說她要走在前面，幫海碧和莉茲開路。不料走到一半，就聽到後面有人大聲地說：「唷，怪物來看怪物演戲！」陰暗的電影院裡，海碧隱約看到一個頂著一頭金色頭髮的高大男生在說話。仔細一看，真掃興，是諾亞！海碧將背包調整了一下，挺起胸膛若無其事地繼續向前走。

　　「喂怪物！我在跟妳說話！」諾亞不顧海碧的顏面，大聲地喊著。海碧前頭所有正要走出戲院的觀眾都轉過頭來。海碧一時不知所措，想叫他閉嘴，又想逃走。

　　「諾亞！諾亞！」所幸莉茲及時看到了諾亞，興奮地跳了起來，還想逆著方向去找諾亞。結果諾亞一看見莉茲好像看見瘟神一樣，穿過觀眾席從另一個出口出去了。海碧和艾蓮諾不顧在一旁嗚咽的紅髮莉茲，大笑了起來。怎麼沒想到莉茲是諾亞的剋星？下回大夥只要跟著莉茲就會很安全。

　　晚上，李奧忙完家務事，履行諾言來找海碧。因為是生日，所以馬丁讓海碧在城裡多留一會兒。一群人聚在一起吃聖代和薯條，聊到小吃店打烊。最後，艾蓮諾和莉茲的父母都來接她們了，並且好心想載海碧和李奧一程。兩人看了看彼此，同一時間說了同一句話：「不了謝謝。」李奧還說：「我有事情要

和海碧聊，你們先走吧。謝謝。」兩人一唱一和的默契惹得艾蓮諾忍不住開始唱起：「Leo and Higby sitting on a tree, K-I-S-S-I-N-G」。李奧搖搖頭，低下頭笑她無聊，海碧則推了艾蓮諾的肩膀一下，說：「晚安啦！」

眾人離開後，李奧說他最喜歡坐長途公車，便提議兩人搭路線最長的回去。海碧點頭贊成。她最喜歡李奧了，最喜歡和李奧獨自相處的時間。在車站等待的時刻，李奧有些難為情地拿出一個被壓扁了的小盒子，說：「我知道今天妳生日，我沒什麼時間買禮物，剛才趕過來時，在便利商店看見這個，記得妳沒有，就買給妳了。不好意思，我沒有時間包禮物⋯⋯」

海碧微笑地接過小盒子，晃了晃，感覺上像一顆糖果，又好像不是，太輕了。開啟一看，是一隻黃花塑膠戒指！她沒等李奧幫忙，就把戒指放在雙唇間，然後將右手的無名指插進戒指裡。嗯，有點大，不過還挺美的，李奧真有品味。開心歸開心，海碧為了要懲罰李奧今天沒跟大家看電影，就故意取笑他：「你知道男生不可以隨便給女孩子戒指嗎？」「嗯，這⋯⋯」這是海碧第一次看見李奧說不出話的樣子。原來他不牙尖嘴利的時候，是那麼可愛的！

「妳不要誤會啊，這⋯⋯這⋯⋯只是⋯⋯」李奧還在掙扎。「你完了，你這輩子娶定我了！」海碧再加了一句。李奧終於停止口吃，換上一張神氣的臉，頂了一句：「我敢娶，妳不一定敢

嫁，我是墨西哥人耶！」海碧也不示弱：「我敢嫁，你才不一定敢娶，我是 disabled 的人耶！」「Mentally disabled 還差不多！想嫁給我這種人的人，腦袋一定有問題！」李奧回敬她。

兩人在車站愉快地鬥著嘴，過了不知多久，公車終於來了。巴士空空如也，乘客只有兩個：一個睡著的醉漢，和一個穿護士制服的黑人老太太。兩人上了車，李奧牽著海碧的手，坐到巴士的最末端去。

一路上兩人都沒說什麼，各自看著窗外的夜景。雖然看的是同一個方向，但角度不一樣。坐在靠窗位子的海碧看得比較遠，是前頭車子還未抵達的景點，而李奧看到的，則是快要逝去的風景。二月的天有些冷，從門縫下吹進來的風冰冰的。李奧將外套脫下，當被單蓋在兩人的身上。「你的手可不准不規矩喔。我爸會揍你的喔！」海碧警告。「妳沒聽艾蓮諾說我是一個紳士嗎？」李奧得意洋洋地說。「啊！你怎麼知道？在英格麗小姐那裡？你聽得到？」海碧驚訝地問。

「我知道的東西可多了。」李奧將整個身體埋進外套裡，假裝要睡著了。

海碧搖了搖李奧，吵著他問：「醒醒！你知道我什麼？」

「我⋯⋯知道你是一個煩人精，不准人家睡覺。」李奧逗著海碧。海碧推了他一下，不理他了。李奧把坐姿調整了一下，用手肘頂了一下海碧的腰。怕癢的海碧忍不住笑了。

「我知道，妳盡力將每一件事情都做好，因為妳要的是人家的認同，不是同情。」李奧表情認真地說。

「我知道，妳表面上不在乎人家怎麼看妳，其實心裡介意得要死。」

「我知道，妳的首飾盒子裡沒有戒指。因為妳看到妳的父母這樣，不敢再相信婚姻。但是妳給妳自己的藉口是，妳左手沒有無名指，所以就算想戴婚戒也沒辦法。」李奧的雙眼炯炯有神。

「哇！你是神耶！這個你都知道！」海碧驚嘆。李奧做了一個「等一等」的手勢，繼續說：「我知道妳覺得自己是特別的，有點太特別了，我更正。但也因為如此，妳覺得妳來這個世上有一個使命，勢必做一個有出息的人。」

海碧反駁，說：「李奧你還不是？我們是同類，不是嗎？」她一直都很崇拜李奧的。

李奧搖搖頭，避開海碧的目光，說：「不是，我們不是同類。妳有大好前途，而我只是一個小混混，永遠都只配當一個小混混，沒指望擁有幸福的小混混。」

海碧生氣了，她不喜歡李奧洩氣的樣子，不喜歡他這樣子說自己。「我不允許你這麼說，你的成績一向都比我的好……一兩分，所以如果我有前途，那你更有前途。」

「那可不一定。」海碧看李奧的表情，知道他有難言之隱，

便設法說服他:「你知道你有什麼心事,都可以告訴我的。」

「我⋯⋯我寄養的家庭說我明年起就得搬出去住了。他們今天下午告訴我的。」李奧淡淡地說。

海碧不敢相信自己的耳朵,問:「什麼?他們放棄你了?」
「也不算放棄啦,因為我今年18歲了,法律上算是個大人了,政府沒有必要再養我了。」李奧解釋給海碧聽。

「那,高中呢?我們說好要一起考進的主教高中,你還是可以去的對嗎?」海碧激動地問。

「別傻了,我們早就心裡有數。美國養我這麼大,我早該謝天謝地了。怎麼還可能贊助我念私立學校?況且還是寄宿學校?我又不是我養父養母唯一的孩子,他們實在沒有義務贊助我的學費。」李奧平靜地說,難說他嘴裡正在品嘗的,不是一種叫做背叛的苦味。

「不可以,你不可以反悔的。我們說好要選這所高中,是因為它是這裡唯一的一間混合寄宿學校,這樣我們就可以離開我們的父母,天天在一起⋯⋯」海碧越說越傷心,聲調抬得老高老高的,慢慢地李奧就聽不見她在說什麼了。

海碧負氣地換了座位,傷心地哭起來,心想:「又是再見,可恨的再見!該死的再見!為什麼明明不能再見還偏偏說再見!前年媽媽沒說再見,去年米亞說再見,今年李奧也來跟我說再見!我討厭再見!我恨死再見!」海碧邊擤鼻涕,邊將用過

的紙巾大力地扔進背包,最後她哭得背包裡面所有的紙巾都用完了。

李奧看見了,不禁笑了。這個小妹妹平時言談舉止都像個大人樣,令人差點忘了她才 14 歲。14 歲,多麼美好的年齡,還可以任性,還可以無理取鬧。自己呢,就沒那麼幸運了。

「好啦,不要哭了啦。」李奧扛著自己的背包、外套還有海碧的外套,移到海碧身邊。「我去看看可不可以籌到學費。籌得到的話,妳就可以天天見到我了。到時妳想甩也甩不掉我了。」

「那還差不多。」海碧信以為真,擦乾眼淚,依偎在李奧的肩膀上。海碧用額頭貼著李奧耳後,暖暖的,香香的。這動作,給他一股莫名的勇氣。李奧見海碧為了靠著自己的肩,必須彎著脖子,很辛苦的樣子,就又調整了一下姿勢,挺直了身子,背緊貼著椅背。接下來的車程大概還有 70 分鐘那麼久,海碧哭得睡著了,李奧為了不吵醒她,就算背痠得不得了,卻連動也不動。

背挺得再直,這已經是李奧能夠到達的最高高度了。他已經 18 歲了,身體和人生的高度,多少已經成定局了,不會再有多少變化了。海碧不一樣,她還有很多時間能夠繼續成長。

初戀的美好事件之二,就是拚了命也要為了心愛的人苦撐,就算挺直著身體也還是達不到對方想要的高度,仍希望能夠以英雄的形象待在她心裡一陣子。

自由，卻更不自由

　　李奧、吳丹和海碧都有考進維吉尼亞主教高中，但聽海碧說，幾天後「莫斯科馬戲團」中只有她和吳丹報到。熟悉的臉孔，還有莉茲和諾亞。莉茲是因為聽說諾亞會來，才決定跟到林區堡來的。至於為何諾亞為何會被送來這所高中，則與他們的宗教信仰還有家庭歷史有關係。據說他父親幾代祖先都是這間高中畢業的。

　　「真掃興，真是陰魂不散！」吳丹看到諾亞，原本興奮的心情像被潑了一盆冷水，什麼興致都沒了。「別擔心，我們有莉茲！」海碧握著莉茲的肩膀，信心滿滿地說。「抱歉，我幫不了妳了。這裡比諾亞有錢又帥的男生多得很，我要重新設定目標！」說罷，就甩開海碧的手，獨自往校舍探險去了。

　　正當吳丹和海碧在忙著看地圖時，聽到一聲：「嗨！你們剛來啊？」是諾亞走過來打招呼。吳丹的眼球差點滾了出來，有沒有看錯？這個平時狗嘴裡吐不出象牙的惡霸居然這麼友善！「小心陷阱！」吳丹慢動作地將身體挪向海碧，在她耳邊說。海碧點點頭，皺著眉毛看了看諾亞，一言不發就走了。留下一個15歲就已經180公分的男生，傻傻站在操場中央。

　　走進學校，吳丹和海碧才敢回頭看諾亞。失魂落魄的諾亞

還站在操場中間，一臉茫然。沒有跟班的諾亞身影看起來怎麼這麼單薄，海碧動了惻隱之心。不對勁，他究竟是不是他們認識的諾亞？還是他的孿生兄弟？正當她想走回頭去找諾亞求證時，發現諾亞已經不見了。有一位學長以為他迷路了，走過去將他帶回宿舍了。

和吳丹逛了一天校園，讀了不少介紹選科的手冊，也撞見過幾次在主動和男生搭訕的莉茲，海碧決定她想回宿舍了。因為冬天的關係，傍晚 5 點鐘天色就有些暗了，回女生宿舍的走廊氣氛有一點陰森恐怖。走廊的回音很響亮，自己每走一步就有一次回音。但仔細一聽，除了自己的腳步聲，好像還有別人的。「可能是別的女生也要回宿舍，沒什麼好怕的，不習慣而已。」海碧安慰自己。

海碧鞋帶鬆了，只好停下來將鞋帶扣拉緊。她的腳步聲停了，可是身後的並沒有！「對準喉嚨劈下去……對準喉嚨劈下去……」海碧重溫著李奧教她的防身術。腳步聲越來越急，也越來越近了，然後在身後停下。「海碧！」一把清脆的聲音從背後響起。海碧回過頭，是莉茲，才鬆了一口氣。「海碧妳看，我拿了這麼多帥哥的電話號碼！」莉茲伸出左右手的手掌給海碧看，上面寫了至少 10 串號碼。

「恭喜妳，換成是我，只有一個手掌，只夠寫 5 個。」海碧開了門讓莉茲進去，心想：「說什麼我海碧・威廉斯，都有點

瀟灑倜儻的氣質，怎麼會跟一個花痴做朋友呢？還同房呢！完了，我的高中社交生活完了。」海碧嘆了一口氣，關上房門準備睡覺。

卡其色男裝布鞋、藍色亮皮厚跟女裝上班鞋、黑色女裝短靴、粉紅色平底鞋、褐色男裝皮鞋、紅色球鞋、灰色綁帶高跟鞋、學童的黃色球鞋、米色豬皮鬆糕鞋、綠色帆布鞋、金色芭蕾舞鞋、黑色細跟高跟鞋……行人一雙雙的鞋子在向海碧移動……橙色瑪莉珍呢？原來瑪莉珍鞋一直都在自己腳上！

海碧被嚇出一身冷汗，好久沒做這個惡夢了。海碧看看鬧鐘，才晚上11點啊。除了隔壁床傳來莉茲輕輕的打鼾聲，宿舍鴉雀無聲的。月色透過百葉的隙縫，照進了房間，在牆上形成了條狀的影子。海碧剛巧站在條狀中間，光影的重疊效果令自己看起來好像被關在牢籠似的。曾經很嚮往離開家，自己出來住，就能擺脫馬丁無時無刻的無微不至的照顧，還有令人窒息的過度溺愛。現在心願達成了，自由，反而更不自由。好不容易才安排到莉茲跟自己同房，可為何還是一點歸屬感都沒有呢？

或許只是想家吧。海碧想念不在了的母親，想念這個時間應該睡得很熟的馬丁。但這些感覺，都遠遠比不上她對李奧的想念強烈。那種感覺有點痛，有點絕望，卻又無比地甜蜜。海碧想念李奧站在她家大門時，那個溫柔的眼神；她想念他勸導

自己時的眼中閃爍的智慧；她想念他在球場上對海碧的手下不留情。海碧最最想念的，是李奧從連帽 T 頸項部分冒出了的溫熱體溫。這個體溫，只有擁抱時才感覺得到，只有她有感覺得到的專利。

自從李奧搬出寄養的家後，很快就找了一份玩具連鎖店的工作，一小時 8 美元，一天工作 12 小時，每個月的休息日又不固定。除了店面的工作，李奧還在便利商店兼職，所以預計以後很少有空跟大夥出來。李奧想出個法子，讓大家想見他時到他值班的玩具店去待上一天，這樣他就可以見到他們了。海碧在離開黑堡鎮之前，根本就沒有機會和李奧單獨約會。他們擁有的，只是片刻專屬於彼此的眼神交流。雖然少得可憐，但兩人都只能甘於如此微不足道的相處方式。

「不知道他在哪裡？」海碧想，應該是在加油站的便利店裡吧。這裡不准用手機，不能傳簡訊；要打電話給他又怕他在忙。傳電郵他租的房子沒有網路；寫信又太慢。要如何傳達自己此時此刻煎熬的心情？

海碧記得有人在書中寫過，三分鐘熱風每天經過千萬里路，途中能承載千萬人的留言和祝福，然後傳送給留意聽的人。那個和你心靈的頻率相近的人就會接收得到這個訊息。「你好嗎，李奧？」海碧不自覺輕輕對吹過的風說。

「嗯？妳說什麼？」莉茲醒了，睡眼惺忪地半坐起來，以

為海碧在跟她說話。莉茲除了是一個花痴，還是一個氣氛破壞王。「沒事，只是叫妳別一直踢被子。」海碧撒了一個謊，千萬不能讓莉茲知道自己剛剛做的蠢事。莉茲也沒有多想，坐在下鋪的海碧，怎麼會知道睡在上鋪的自己有沒有踢被？

　　海碧說她從來沒有跟誰提起過這件丟臉的事，但是後來李奧有對她說，她住進宿舍那天半夜，他剛好在替顧客加油，突然有三分鐘熱風從耳邊吹過，風裡傳來一個很像海碧的聲音，在叫他的名字。他發誓，那一刻他真的覺得是海碧在對著自己說話。

武當吳丹

　　「妳選修中文！真的假的？」吳丹向海碧奔跑過來，興奮地問。「是啊，你可以讀，我為什麼不可以？」海碧反駁。「可以，可以，這樣我們就大部分的時間都可以在一起！」「我是沒辦法，理事會才讓我多選一個外語。科學的專案我都喜歡，但是不能都選呀。化學和生物都需要做實驗，需要左手拿試管，右手拿滴管，我用什麼？嘴巴，還是腳趾？海碧無奈地說。「舞蹈更不用想了。」

「念華文很好呀，我們現在學中文畢業了剛好派上用場！」吳丹滿懷希望地說。「我是因為有興趣才選的啦，沒有考慮這麼多。」海碧昨晚睡不好，所以心情不好，對吳丹愛理不理的。誰知吳丹還不放過她：「國際公司會搶著聘請我們，跟中國做生意⋯⋯」

海碧有點被惹毛了，便直接數落吳丹：「喂，你本來就懂中文啦，和我們不懂中文的學生一起考試，你不會不好意思嗎？」海碧問。吳丹還在裝蒜：「我不懂中文！妳聽誰說我懂中文的？是誰？是誰？」「小心我揭發你，隨便就可以獲得2個學分。」海碧威脅。她想，這是勒索吳丹的最佳機會：「你幫我補習，我就放過你。」

認識吳丹的兩年裡，大家都真的以為他不怎麼會說華語。一直到考高中那段期間，吳丹請大家去他家做客，剛巧碰見他那有點老人痴呆症的外公穿著內褲下樓。他為了圓謊，就用英語罵他們家的幫傭阿姨，類似：「為什麼隨便讓阿公沒穿褲子就亂跑？」他的阿公和傭人一臉錯愕，好像聽不懂似的。那一刻，大家都知道吳丹的祕密了。可是大家也了解，他要是說得一口漂亮的華語，就會被當作中國學生。在國中，外國學生下場通常是比美國華僑悽慘的。但李奧很肯定吳丹沒有像其他亞洲孩子一樣被欺負得很慘，是因為他的名字叫「吳丹」，美國孩子以為他叫「武當」，懂得「武功」。

海碧說，她在高中時學的華文其實很基本，只需要能認得，和書寫大約 250 個華文字，能擁有聽、看、讀和寫的語文技能就能夠及格。但是比起她的同學，海碧的華文進步神速，全因為她有一位很棒的補習老師吳丹。吳丹詼諧地要海碧記住兩點：一，華文字有不少文字都屬於象形文字，如「月」、「魚」、「馬」、「龜」，所以有時候要記住怎麼辨認，或書寫一個字，只要記得怎麼畫就行了；二，華人因為自古以來生活比較節儉，在造字上都很「環保」。比如「誰」字換一個相關的部首，就變成不同的字，如加個「土」字變成「堆」；加個提手旁變成「推」；加個絲字邊變成「維」；下面四個點變成「焦」。

海碧一臉得意地向我炫耀著她對華文的認識。「還有！吳丹說，華人節儉的美德還用在讀音上，一個讀音有四聲，就又可以變成很多個字。好像我們洋人念『I』，高低音再怎麼念都只是『我』的意思。華人就沒那麼『浪費』，給『I』，將上不同音調，意思完全不一樣：第一聲是『哀傷』的『哀』；第二聲是『挨打』的『挨』；第三聲是『高矮』的『矮』；第四聲是『我愛你』的『愛』。不留意標音恐怕會鬧笑話，比如你想說：『我想要飛』，『飛』字如果念成第二聲就變成『我想要肥』；或者……有一天吳丹說：『學長要去答辯』，就是論文口試的意思，我聽成：『學長要去大便』！哈哈哈哈！」

因為一個人，所以一個人

　　海碧還真是滔滔不絕呀，我想。可是我挺感動的，並且打從心裡欽佩這個洋人。欽佩她，不是因為她會說一口流利的華語，而是她對華文的興趣，比許多新加坡同齡的小孩的還濃厚。

　　「那妳那時的成績應該很好咯。」我故意逗逗海碧。

　　「成績好又怎樣？我只在主教高中念了兩年就離開了。等一下才跟妳說為什麼。」海碧繼續說著她的故事。當時 15 歲的海碧是全班功課最好，但社交生活最爛的一個學生。」海碧說，她答應李奧要好好讀書，不要惹事，才能一直留在學校等他入學。那一整年她一直抱著李奧會出現在校園裡的希望，不敢交新的朋友。

　　那所高中招收的學生大多都是虔誠，和家庭背景不錯的教徒。或許因為如此，學生大致上的教養都很不錯，從來不對海碧的缺陷投以太多歧視的眼光。對於海碧，他們表面上都還算尊重、和善，因此海碧和他們都很談得來。儘管如此，海碧還是堅決與他們保持一定的距離。一到週末，當同學們到城裡遊玩，或留校打球或進行一些其他活動的時候，她都選擇一天留在閱讀室讀書，另一天搭車回黑堡鎮，去看看父親，去看看李奧和艾蓮諾。有時她來回將近六個小時的車程，只為了待一個

下午,吃過晚飯就走。海碧一點也不介意,因為她也愛上搭乘長途巴士。

她天真以為,這是對李奧忠心的一種表示。她在自己右手,還有心裡的無名指上,都為李奧戴上了一枚象徵戒掉一切欲望和貪念的戒指。

可惜她見到李奧的機會越來越少了。李奧任職的玩具店中那位點貨的女同事申請產假,所以很多時候他必須代班,在倉庫裡忙得出不來。他很貼心地買給海碧一隻手機,並囑咐她記得將手機轉到靜音狀態,才不會被校方發現,免得被沒收。海碧每一次回學校都記得李奧的提醒,她才捨不得手機被沒收,裡頭有太多李奧傳過來的美麗簡訊了。

有了這支手機,自己在想李奧的時候,就隨時可以打電話給他,就算對方暫時不能跟自己說話,她也依然能夠讓他在留言中聽到自己的聲音。在週末來臨以前,她和李奧將暫時看不見彼此,但是只要有這支手機,她就能跟在遠在家鄉的初戀情人說話,他們的連繫方式就沒有完全斷絕。

高中的海碧,在課堂以外,都還是穿著連帽 T 衫。15 年以來,她都只是左手插在口袋,右手忙著做別的事情。可是那年開始,她連右手都插進了口袋。因為她想在第一時間感受到手機的振動,第一時間感受到李奧傳來的簡訊。海碧深怕錯過任何一分一秒可能得到的關懷,感嘆那患得患失的心情,李奧一

點都不知曉。

　　李奧的簡訊總是簡短，卻扼要，不外乎是：「妳好嗎？天氣冷了，晚上別開著窗睡覺。」；「今天老闆要我留下來做清單，妳晚上別等我的電話，不然明天上課沒精神。」；「好消息！我湊到六千美元了，離目標還遠，但這是一個不錯的起步！」；「今天經過我們上次吃飯的地方，店主的小狗還認得我。」簡訊裡沒有太多甜言蜜語，沒有「我想妳」，另外三個字更不用想了。海碧問他，他卻說他們倆的默契，已經超越這些隻字片語。他說：「肉麻不是我的風格。」既然李奧這麼說，海碧也只能答應。

　　簡訊，和回憶，是李奧唯一能給海碧的。可是海碧漸漸地感覺到，這些對她來說不足夠了。她要更多。因為一到晚上，當她感到無比地寂寞時，除了簡訊，和那些零碎的記憶片段，就什麼都沒有了。每一個晚上，海碧做完功課，關掉收音機以後，寂寞的顏色就更加明顯了。她害怕躺在宿舍床上，因為冰冷的枕頭會提醒著她，她想念的肩膀不在身旁。她看著隻身孤影的自己，怎麼可悲得連影子都很蒼白？此刻想找人說話，卻發現自己什麼人都沒有，包括莉茲在內。

　　高中時的莉茲更漂亮了，除了看起來像是一隻飛舞花叢中的蝴蝶，她更是活得像一隻飛舞花叢中的蝴蝶。她的身旁不乏帥氣的男孩子，收到的禮物更是擺滿了她和海碧的房間。或許是擔心海碧的缺陷會有損她的形象，還是以為海碧不感興趣，

莉茲從不邀請海碧前往任何一個派對或晚宴。自入學以來,她越來越不跟海碧說話了。該不會是因為她也開始看不起海碧了?但海碧絕對相信,莉茲不敢跟自己說話是因為害怕海碧會針對她每一晚都偷溜出去,不回房睡覺的事而去批評她。

真的,海碧發現自己除了吳丹,沒有其他親密的朋友。但吳丹因為和自己選的科目沒有太多重疊,因此海碧發現大部分的時間,自己都是一個人:一個人醒來,一個人坐在樹下吃三明治,一個人上課,一個人到圖書館去,一個人爬樓梯,一個人回宿舍。「李奧在就好了。他在的話就一切都好了。」海碧告訴自己,然後又悄悄地用袖子擦去眼淚。自己這是何苦呢,搞到自己孑身無依?

一個人孤零零地活在這個世界,全是因為心裡住著一個人。

文明的交談

「算我求妳了,給我一個了斷吧。」

海碧才剛開啟房間的門,背後就傳來了一把熟悉的聲音。海碧急忙轉過身,想從背後把門關上。來不及了,一個貌似喝醉了的諾亞,已經將他的大手掌伸進了門縫,用力地撐著門,

不讓海碧關上。儘管海碧使勁地拉著門，諾亞也不放手，更不喊痛。海碧完全被比她高出 30 公分的身影籠罩著，想蹲下身從諾亞的左邊腋下鑽出去，諾亞側過身，將出口擋住。海碧才剛想從右邊逃跑，整個人就已經被推進了房內。

「喀嚓。」諾亞鎖上了門。海碧心裡掀起一陣恐慌。她知道諾亞的能耐，已經做好最壞的心理準備。

「你想怎樣？」海碧設法保持著鎮定。

不料，諾亞居然吐出以下這行字：「我只想跟妳進行一次文明的交談。」

不知為何，海碧的身體選擇「哈哈！」大笑一聲，然後準備進行一次垂死博鬥。那不是她最後一句對諾亞說的話嗎？就莉茲的事？

「妳為什麼笑？」諾亞問，表情很憤怒，可是眼底有深深的悲傷，像是一頭傷了自尊的獅子。

夏天的關係，六點鐘的太陽還沒下班，透過宿舍窗戶玻璃的折射，將陽光打在諾亞的臉龐上。海碧這才有機會看清楚，臉色蒼白的諾亞不可能是喝醉了，他身上沒有酒精的味道。況且校規這麼嚴，相信誰都不敢偷偷喝酒。諾亞的樣子，說不上來，好憔悴，好像好久都沒有睡過的樣子。不，海碧知道了，這是一副男人哭過的樣子，父親在母親去世後的那幾個月就是這個模樣。

除此之外,諾亞看起來也不一樣了,和一年前不一樣了,頭髮因為加入橄欖球隊而剃得好短,身子也瘦了好多,更重要的是,他眼中的神氣和霸氣都不見了!這,跟海碧從前認識的諾亞簡直判若兩人。

海碧清了清喉嚨,對諾亞說:「你想和我交談?可以,把門打開。」

「不行,這樣妳會逃跑,然後我就永遠都沒有機會跟妳說這件事。」諾亞回答。「好,那你站在那裡,我站在這裡,誰都不准跨過床和桌子中間那條界線。」海碧主動定下規則。

「要是我不同意呢?」諾亞說,雙眼的霸氣稍稍地回來了。

「那我就尖叫。莉茲快回來了,會聽到的。」海碧威脅道,她知道莉茲是諾亞的剋星。

「莉茲不會回來了。她和我的好兄弟溜出去了,我精心安排的。」諾亞嘴角揚起奸笑。

「嗯⋯⋯是你說文明的,那我們就文明到底。我先來,我是主,你是客。主人應該請客人喝水的。你想喝什麼?」已經快陷入驚慌狀態的海碧,還在設法控制局面。她從床底拿出礦泉水,和室溫的可樂遞給這位不速之客。

諾亞接過礦泉水,扭開瓶蓋,喝了一口。

沉默。

一陣沉默。

終於，諾亞做了一個深呼吸，說：「我今天來，是來請妳給我一個了斷的。我已經沒有辦法不去想妳了。」

「碰！」可樂罐從海碧手中滑落，掉在地上滾呀滾地滾到了床底。海碧還沒來得及拉開這罐熱可樂的拉環，真是不幸中的大幸。她晃了晃腦袋，以為自己在做夢。若真的是夢，這算是美夢還是惡夢呢？有人說想我，應該算是美夢，但是說這句話的人是自己中學時最討厭的諾亞，應該算是惡夢才對吧！

「你……說什麼？」海碧又感覺到一股想笑的欲望，在自己腸胃裡產生著，像個泡泡一樣，越來越大，越來越輕，輕得很想冒出來。但是她忍住，因為這種時候笑人家是不禮貌的。

「妳以為我想要這樣嗎？妳手這樣，長得又不漂亮，根本不是我的菜……」諾亞扁著嘴好像很委屈的樣子。

「喂！什麼意思嘛你！你究竟是來這裡做什麼的？如果你這次的任務是羞辱我，那你成功了，請回吧。」海碧真的受到了刺激，將左手臂指向門口。

「不，不是的，哎呀，我這個人怎麼這麼說話？」諾亞看到海碧的反應，慌張起來。他不知所措，只好扭開礦泉水的瓶蓋一飲而盡。

不知是孤單太久，還是十幾歲的身體賀爾蒙太過旺盛，海碧發現自己一直盯著諾亞的喉結看，他每吞一口水，喉結就跟

著上下,海碧的眼珠子也跟著轉。諾亞喝得太快,水溢出他的口,沿著頸邊流了下來,諾亞用手掌抹乾了水跡,再用舌頭舔了舔他厚實的嘴唇。看著看著,海碧突然感覺全身上下都很熱。

「妳,不,我,我想說的是,我不想再做妳的敵人了。」諾亞掙扎著把話說完。

海碧的身體剛剛經歷了一場賀爾蒙和理智的戰爭,有些有氣無力的,但驕傲的她決心不能露出一點蛛絲馬跡,以免掉入對方的陷阱。

「可以,不做敵人做朋友,沒問題。但你得先發誓,你今天不是來耍我的。有什麼隱藏攝影機現在就給我拿出來。」海碧把手插回連帽T的衣袋中。

「沒有,真的沒有,妳看。」諾亞不知是故意的,還是蠢到不行,居然把T恤給脫了!曾幾何時,惡霸諾亞練成了一身肌肉?才一年的橄欖球訓練就有這樣的效果,不錯呀⋯⋯

「不准看,海碧・威廉斯,不准看!」海碧移開了眼珠子。要做李奧的女孩,怎麼可以偷瞄別的男生呢?雖然,其實,李奧打赤膊的樣子海碧也沒見過。

「喏,是不是,都說沒有了。」諾亞把衣服穿上,海碧才敢正視對方。

「好,我們休戰,做朋友。」海碧主動伸出右手,想和諾亞握手。

可是諾亞居然沒有伸出手,反而口氣強硬地說:「誰要和妳做朋友了?」

海碧真是不敢相信自己的耳朵,不敢相信聰明的自己居然終究還是被耍了。她將連帽 T 的帽子拉了起來,抱住自己的頭。剛剛原來真的是諾亞在演戲,為什麼自己沒有看出來?為什麼?息戰是假的,哭喪的臉是假的,說想和自己做朋友,也是假的。此刻海碧恨死自己了!早該知道這個小子不是什麼好貨。

「我不要和妳做什麼朋友。我命令妳,海碧‧威廉斯,從現在開始起做我諾亞‧連恩的女朋友。」房間另一端傳來了諾亞的聲音。

諾亞只是不想和海碧做敵人,卻從未說過要和海碧做普通朋友。

◆ 扁嘴鴨諾亞 ◆

「我看上妳,是抬舉妳。真是不知好歹。」房門在諾亞背後大力地關上,海碧用全身的力氣把他給「撞」了出來。雖然得不到海碧的正面回應,但不知為何,諾亞感到前所未有的暢快。

海碧沒有當面拒絕他，令他的心情指數從「絕望」提升到「還有希望」。更或許是因為這一年以來，堵在心裡的祕密獲得解放，自己又可以重新呼吸了。就好像打網球一樣，自己已經把球用力地打到對方那一半球場，對方想把球怎樣是她的決定，至少自己已經盡力了。

海碧‧威廉斯，一個如此特別的女孩子。雖不算是個大美女，但笑起來時整張臉都會亮起來。她的笑容彷彿有治癒的能力，周圍的人都被感染到想微笑。諾亞總覺得，碰見海碧微笑的那一天，氣候都會變得舒適，季節的顏色都會更加鮮豔。或許，那和心情很有關係吧。

天生殘疾的她，卻從不向別人討同情，凡事要求平等的待遇。要麼她是笨透了，不然她就是太有骨氣。父親是副教授，母親是音樂家，照理來說會很嬌生慣養，可是年紀小小的她卻表現出如此多的耐力和獨立性。她的鬥志，還有對於自己的窘境處之泰然的態度，連諾亞這種缺乏高尚情操的人類都被感動了。

諾亞自認是一個「外貌協會」的「會長」，身邊不乏貌美如花的辣妹，13歲就開始不斷換女朋友的他，居然在過去的一年裡對別的女生一點感覺都沒有。他的雙眼總在掃描，只要探測到海碧出現，就會放下手邊的事情，專注地看著她的身影，一直到她從視覺範圍消失為止。

諾亞告訴海碧，還在黑堡鎮的時候，諾亞那些中學時的跑腿都以為老大在策劃什麼世紀整人大計畫，都自願去幫諾亞跟蹤海碧，然後興奮地回來向老大稟報海碧出沒的地方。但是等了好幾個月，諾亞都沒有什麼動作。十幾歲的小孩會有什麼耐性？漸漸地，那些跑腿都「自立門戶」，甚至開始擅自策劃如何捉弄海碧，但礙於李奧常常在海碧身旁，遲遲不敢下手。終於等到一天，萬聖節前夕，李奧因養母生病沒有來上學。跑腿們想在海碧書包裡放置一隻塑膠做的血淋淋的斷手，被諾亞發現了，當場揍了他們一頓。那幾拳，將他和跑腿之間的所謂「友情」斷送了。跑腿們認為老大軟弱了，失去威嚴了，就不再崇拜他了。他們有所不知的是，諾亞瘋狂迷戀海碧已經快一年了。

　　一切從海碧在停車場前叫住他那一刻開始。「你給我站住。」是諾亞有史以來，聽過的最美妙的一句話。這是他有生以來第一次有人叫他「站住。」他是惡霸諾亞，他是天之驕子諾亞，沒有人應該用這種語氣對他說話，也從來沒有人敢用這種語氣對他說話，包括他自己的父母在內。

　　諾亞從小體弱多病，更有好幾次差一點就因嚴重的哮喘病發作而小命不保。他是連恩家先生唯一的兒子，也是連恩家族唯一的後代。諾亞父親常年在外奔波，打理超級市場的業務，因此錯過了兒子大部分的成長過程。或許是罪惡感使然，他一有機會回家的時候，就會帶給諾亞名貴的禮物和大筆的零用

錢。諾亞在學會開車以前就已擁有了一臺BMW轎車和奧迪跑車。父親是一個不折不扣的大男人主義者，他命令諾亞的母親時刻陪著諾亞，對他要有求必應，因此諾亞自小就養成予取予求的習慣。全家上下都對他寵愛有加，將他當皇帝供奉。久而久之，諾亞就變得目中無人。

與其他惡霸不同的是，諾亞很少動粗。他也不用自己親自上陣，因為「借刀殺人」是他的專長。看他怎麼對付吳丹就知道了。體型比他小的學生見到他會拔腿就跑，連學校裡的運動健將都對他退避三舍。因為只要他看你不順眼，一回到家，對母親扁一扁嘴，不管你是老師還是學生，隔天一概會有麻煩上身。大家都不敢惹他，逆他，不如順他，因此他的追隨者的陣容才會那麼強大。雖然大家都在他的背後稱他為「扁嘴鴨諾亞」。

許久以來，沒有人敢跟自己說真話。表現不錯時，大家都誇他「棒極了」；表現不好時，大家也誇他願意嘗試，「態度棒極了！」這回考進主教高中，連恩先生就已將自己的價值不菲的百達翡麗名錶送給他。雖然能從父親身上繼承他私人的物品，是一個莫大的光榮，令諾亞非常開心。但是他也知道，才不過考高中，家裡就送這麼貴重的禮物，似乎有點太超過了。他已不曉得，家人對自己的評價，到底準不準確。

奉承的話聽多了會膩，高高在上久了，會感覺孤單，生活

變得好苦悶。諾亞將自己想像成一個從來沒在戰場上打輸過的英雄，渴望著一個實力相當的對手來較量。好不容易盼到一個不知死活的傢伙：海碧・威廉斯來找自己對峙，諾亞感覺前所未有的刺激感，啊，心跳回來了，整個人活起來了！

長相略嫌普通的海碧・威廉斯，突然變得好美麗，諾亞渴望著，一定要將她占為己有。

只是諾亞當時並沒有想清楚，就算追到了海碧，贏得了這場挑戰，但要和這樣的女生在一起，需要的不止是力氣，還有自己從未探索過的勇氣。他和海碧的事，不是一個自己扁一扁嘴就能解決的難題。

逆境求存的梔子花

沿著宿舍門口，種著幾棵梔子花樹，回宿舍的小徑，往往都鋪滿凋謝的梔子花。梔子花在亞洲算是一種普遍的常綠灌木，用來綠化環境，西元 19 世紀才傳入美國。然而在像林區堡離海灘較遠的地方，種植梔子花是一件不太容易的事。梔子花不太愛低溫，土質的需求也比其他美國的草花來得苛刻。園丁每個星期都得在宿舍外頭忙上許久，翻土、施肥，有一年還在

冬天為灌木蓋上一張類似油漆工人用的大帆布。

海碧本來就喜歡這種草花，因為它的形狀像是穿上白色裙子的優雅芭蕾舞者，而每個春天的尾端，梔子花開的時候，花香晚間尤其飄香，總有辦法鑽入海碧的房間。為了想叫得出它的名字，她上網查了查它的資料，才得知梔子花在維吉尼亞州生長，也算是逆境求存。有些網站還說，亞洲人將梔子花視為天上七仙女之一，因為憧憬人世間的美麗，便決定下凡變為一棵花樹，以自身的美麗和香氣回報呵護她的人們。

那年16歲的海碧滿腦子都是些浪漫的想法，就更珍惜這些努力綻放，努力散發芬芳氣息的花朵了。除非迫不得已，海碧都會踮著腳，盡量不要踩在花的身上。這些花都已經凋謝了，在慢慢地感覺生命離開自己的身體，就讓它一個細胞，一個細胞融進土壤裡，人類實在不需要再落井下石。梔子花開的時節，海碧會特意望著窗外，觀察同學之間，哪一些會視而不見，踩在上面；哪一個會因紅磚路上的花瓣繞道而行。那個小心翼翼的人兒，會不會是那個跟自己心靈相通的人？她知道，如果是李奧的話，他一定寧願讓鞋子踩進爛泥，也不忍心再去傷害那些奄奄一息的花朵。

這時，一雙大腳出現在人行道上，還因為故意用力地踩過每一朵落花，而差一點滑倒。「天！是諾亞！」海碧翻了一個白眼，嫌煩。她並沒有因為諾亞差一點摔跤而被逗笑。諾亞因為

剛才出了糗，趕緊抬頭看看樓上的視窗，發現海碧正好站在窗戶，不禁不好意思地對她傻笑了一下。

諾亞很熟悉海碧每天課程表，因為他收買了跟莉茲約會的男生，而那位男生原本預備好要用一頓飯當誘餌，誰知才問了一聲，莉茲就拿了一張白紙，嘩啦嘩啦地把海碧的時間表寫下來。莉茲就是那樣，喜歡的男生說什麼她就照著做。

「嗨！」才星期一，諾亞就在樓下對著自己的窗戶揮手。海碧還在考慮要不要理他，但是她知道諾亞死纏爛打的，臉皮又厚到要死，不回應他只會引來一場難堪。上個星期其中一個傍晚，海碧拒絕理會他，不肯開啟窗戶時，他就在樓下扮貓叫，而且越來越離譜，聲音越來越悽慘，搞得整棟大樓的學生和老師都探出頭看個究竟。要不是海碧開窗，將握著白手絹的手伸出去，表示投降，諾亞絕對有變本加厲的能耐。

在高中，男生是不允許在女生宿舍附近出現的，而要是被舍監發現自己是始作俑者的話，恐怕會受到處分，甚至遭到開除。海碧唯有匆匆從房間離開，跑到圖書館去。諾亞拾起書包，假裝往同一個方向走去，走了好一段路，見到沒有人注意才追上前，和海碧搭訕。海碧當時沒有理睬他，在圖書館裡選了一個位子坐了下來。諾亞也沒說話，只是坐在她隔壁的座位，從背包裡拿出記事簿，靜靜在上面不知在畫什麼。

「妳看。」半個小時後諾亞輕聲對海碧說，將身體挪近海

碧。諾亞在記事簿的每一頁的邊緣都畫上一個相似的圖案：一隻貓。諾亞手握著那個本子，輕輕地彎曲，然後放開，那隻貓馬上在紙上活躍起來，從原本睡著到醒過來，到跳到樹上想捉小鳥……栩栩如生的樣子，原來諾亞有翻頁動畫這方面的才華！海碧忍不住拿起原子筆，在他的作品最後一頁，寫上「Nice Cat」。諾亞笑了笑，又回到座位上繼續畫。這回，端過來的是一個貌似諾亞自己的男孩子，脫下帽子鞠躬的動畫，旁邊還寫了兩個大大的字：「THANK YOU！」

就這樣，諾亞每次一有空，或想見海碧時，都會冒著遭處分的險，到女生宿舍樓下呼叫她。每一次，海碧也都會為了避免惹麻煩，不得不到圖書館一趟。她討厭諾亞這麼威脅她，但為了留在主教高中，只好乖乖就緒。漸漸地，海碧無法再待在房間裡溫習功課，諾亞總是非得把她「逼」到圖書館不成。然而在圖書館溫書，海碧倒也不覺得煩，反正她都是一邊戴著耳機聽音樂，一邊做功課。諾亞在不在她旁邊，其實沒有造成多少影響。

「妳真惡毒。」諾亞在一張紙上寫道。「謝謝。」海碧冷冷地在紙上回應，卻又臨時覺得心有不甘，問：「為什麼？」諾亞拿過紙條，面帶微笑地寫：「妳成績那麼好，還拚命念書，一點機會也不給別人。」「那你也用功一點，不就行了？」海碧回答。「不了謝謝，做優等生等於在破壞我的名譽。」諾亞回。海碧還

沒想到要寫什麼，諾亞又把紙條搶了回去，在上面寫著：「要我考得好？可以。條件：做我女朋友。」

海碧一急，失態地喊出聲：「不行！」圖書館馬上「噓！」聲四起，害得海碧難堪得將連帽T的帽子戴上，巴不得在地上挖一個洞，直接跳下去埋起來死掉算了。真是躺著都中槍。死諾亞，在他周圍準沒好事發生！才想追究下去，口袋傳來一陣振動。海碧馬上站了起來，跑出圖書館。諾亞一切都看在眼裡，醋罈子頓時被打翻。他知道是那個叫李奧的小混混打來的。

「嗨，李奧！」海碧飛快地跑進無人的操場裡，低聲卻興奮地向李奧打著招呼。這是海碧這個星期第一次聽到李奧的聲音。剛過去的週末他要打兩份工，所以沒時間來電。兩人交換了過去一個星期裡，自己生命發生的所有事情。應該是說，大部分事情。海碧向李奧稟報了吳丹、莉茲，還有自己的校園八卦，唯獨「諾亞」這個名字，被刻意漏掉。她隻字不提諾亞找自己碴的事，害怕李奧保護自己的心切，一急之下衝進校園找諾亞算帳就不好了。諾亞的靠山這麼多，李奧一定會被送進警察局，說不定會坐牢，就算沒有坐牢，以他西班牙裔的身分，留個案底等於是在自毀前途。

然而，海碧當時並不知曉，自己當時究竟是在保護李奧，還是在保護諾亞。

「主教高中是不允許學生帶電話來學校的。請把手機交出

來。」海碧才興高采烈地回到圖書館，就有一名訓育教師走到她面前向她索取那支寶貝手機。海碧當場都快飆淚了，卻忍住不哭，鎮定地將東西交出。「我們會替妳保管到這個週末，週五五點過後才還給妳，帶回家後就不准再帶來了。」女教師念在海碧是學校成績和品行較好的學生，行動上又有障礙，於是決定網開一面，將「永久沒收」轉成「暫時保管」。

海碧知道這一切都是諾亞搞的鬼，氣得二話不說，將書本和文具扔進背包後，就怒氣沖沖地推開圖書館的門，跑了出去。諾亞跟了出去，連自己的東西都不要了。

「海碧！」諾亞喊道。海碧不回頭。「海碧！」海碧依然不回頭。「我很抱歉。我真的很抱歉。」海碧還是不回頭。「我這麼做是有原因的。」諾亞邊追邊喊。海碧繼續跑。「妳必須知道，妳應該知道的，我嫉妒他，我不喜歡妳跟他說話！」海碧跑得更快了。

比自己矮這麼多的女生怎麼能比自己跑快這麼多？「海碧，我要妳，我……我要妳，所以我不能忍受妳跟他！」諾亞眼看快追不上海碧了，心裡一急，伸出手想讓海碧停止奔跑，但手捉到的，是海碧那隻沒有手指，沒有手掌的左手。

諾亞感覺到渾身一陣不舒服，下意識地放開了手。

自己曾在腦海中彩排了多少次，反覆想像握住沒有手指的手會是什麼感覺。可是這一刻，身體的自然反應出賣了自己。

海碧終於停下腳步。在路燈下，海碧的五官顯得特別溫柔，那一頭散亂的金髮，還有鵝蛋臉上的淚痕，令諾亞心裡一陣酸，一陣強烈的憐憫，可是想緊緊抱住她的衝動，被自己的慚愧阻止了。

　　「是不是？你覺得我很噁心是不是？」海碧向諾亞伸出雙手，一步步逼近著諾亞。海碧此刻好恨好恨諾亞。「還說你喜歡我，要和我在一起，那你為什麼不敢牽我的手？」諾亞往後退了一步，低下了頭，縮回來的手用力地搔著頭皮，一副挫敗的樣子。這不是諾亞第一次令自己喜歡的女生傷心，可是他從未感覺到自己體內那種類似五臟六腑被撕裂的痛楚。那種感受，就叫做「後悔」。

　　「你知道要找到一個能夠完全接受我，愛我原來模樣的人，有多難嗎？」海碧哭得聲音都啞了。「我被關在這裡，不能去看他，他又不能進來，你知道那是什麼感受嗎？要風得風，要雨得雨的諾亞少爺！」海碧用衣袖擦掉自己的眼淚，還用拇指撐著下眼皮，用手帕將眼眶裡的眼淚吸乾淨。她跟自己說過，要哭，也不是為這種人哭！

　　諾亞很想能為海碧做些什麼，但是他害怕自己接下來做的任何一件事，都只會令對方更受傷，更討厭自己。這是自己長那麼大以來，首次不知所措。

　　他只知道，一天見不到海碧，心裡就感覺怪不踏實的。接

下來幾天，他的一雙腳，依舊還是風雨不改地，把他帶到女生宿舍樓下。海碧從窗戶一見到他來，就自動拎起書本，下樓到圖書館去。她已經惹禍上身，不需要這個小丑再給自己添什麼不必要的麻煩。她答應過李奧，無論多辛苦，多困難，都要待在這個高中，等他入學。

星期五下午五點鐘，在海碧引頸盼望中，終於來到。過幾天是美國獨立日，學校允許寄宿生們回家和家人共度週末。她向訓導主任那裡領回自己的手機，帶上週末要穿的衣物，準備回黑堡鎮去。才走到學校外面的車站，海碧就看到一個熟悉的身影，靠在告示牌上，就欣喜若狂地飛奔而去。海碧不顧形象，熊抱住許久不見的李奧。李奧被這個突如其來的舉動嚇了一跳，卻也忍不住笑了出來。

「妳還是一點都沒變呀。」李奧被海碧掐得快說不出話。「是嗎？哪裡沒變？」海碧開心地問。「妳是一點都沒變，還是一樣重。」李奧開玩笑說。海碧假裝生氣，捏了捏李奧的臉頰，才甘願放開對方的頸項。「我來這裡一年了，今天怎麼這麼好，來接我？」「傳簡訊給妳沒回應，擔心，不就來了？」李奧整理了一下衣服，皺著眉頭說。

「都是那個諾亞害的！」海碧脫口而出。「諾亞？他對妳怎麼了？」李奧沉下臉問。「沒什麼啦，提到他就生氣，不要破壞氣氛。」海碧勾著李奧的手肘，兩個藍色瞳孔盯著他的臉不放，深

怕會錯過些什麼。「車來了。」李奧輕輕地拍了拍海碧的額頭,說時慢,那時快,海碧在李奧的頸項親了一下。李奧溫柔地笑了,然後將海碧推上車。他的雙眼,很確定在離自己兩公尺以外,站著一個諾亞,他也很確定,海碧也看見了諾亞。

海碧上車時,回頭看了看,假裝是在確保自己沒落東西在車站椅座上,其實是為了觀察車站旁的梔子花叢後,站著的諾亞的反應。看到諾亞怒火中燒,死瞪著海碧的樣子,海碧心裡覺得暢快極了。

巴士緩緩開動,只見諾亞用力地摘下一朵梔子花,只因它無意間在諾亞手臂旁搔得他癢癢地。或許那朵花犧牲了自己,無非是想提醒諾亞,他跟海碧之間就像梔子花一樣,在艱難的環境中,是有開花的可能的,只是,有些美麗芬芳的花朵,在困境中,是不會結果的。

越來越達不到的高度

「好久沒有這樣了!好懷念喔!」海碧最喜歡李奧了,最喜歡和李奧獨自相處的時間。可惜事與願違,巴士上有不少乘客,只有零星、分散的幾個座位,他們倆得分開坐著。乘客們

大多都帶著一臉疲憊，一副不好惹的樣子。兩個年輕人自覺，相互聊天的話，大概會打擾到別人，還是不要的好。李奧替海碧提行李，坐在海碧前面的位子，側著身對著海碧。尷尬的死寂懸在半空，令原本氧氣就不足的公車，更難呼吸了。

沉默。

又是沉默。

「你今天不用上班嗎？」海碧鼓起勇氣，不管其他乘客的想法，開啟了話匣子。海碧身旁昏昏欲睡的墨西哥乘客被吵醒，轉頭凶神惡煞地瞪著海碧。海碧有一點害怕，就馬上閉上嘴，膽怯地看了看李奧，眼神彷彿在問：「怎麼辦？」兩人有好多話要說，等了這麼久，好不容易才有相處的時間，如今卻因為場合的限制，只能眼巴巴看著寶貴的時間一點一點地溜走，那種無能為力，讓海碧傷心得紅了眼眶。

突然，李奧站了起來，彎下腰向海碧隔壁的乘客客氣地說了幾句西班牙話。海碧的心跳得好快，害怕那位乘客會隨時給李奧一個拳頭。誰知道生活和種族的壓力會把人的情緒推向什麼境界？哪料到那人竟然馬上點了點頭，還對海碧笑了笑，拿起手提包跟李奧交換了位子。

「你跟他說了什麼？」海碧好奇地問。李奧在海碧身邊坐下，神情自若地說：「喔，我跟他說，妳是我的老婆，害喜了，最好不要坐在妳旁邊，免得妳暈車時會吐到他滿身。」「你……」

海碧張大了嘴，驚訝得啞口無言。李奧露出潔白的牙齒，得意地看看海碧，然後伸了一個懶腰。海碧心想，管他呢，能夠爭取到獨處的三小時，別說扮孕婦，就算要她扮小丑她也願意。

傍晚金黃色的陽光照進巴士內，透過窗戶的玻璃反射，連巴士的天花板都亮了起來。大多的乘客都瞇起了眼，唯有海碧依然一臉好奇，那雙眼不斷地窺探著四周，但眼神始終還是不忘回到李奧的臉上。「妳變漂亮了。」李奧稱讚。「謝謝，可能是因為我有化妝吧。跟莉茲住在一起，難免的。」海碧對這個讚美倒沒什麼反應，反而若無其事地摸摸李奧的胸口，繼續靠在他的肩膀。

海碧臉上的嬰兒肥不見了，留長了的頭髮綁成一個馬尾，讓臉的輪廓更明顯了。海碧知道李奧喜歡綁馬尾的女孩子，所以在14歲那年暗戀李奧之後，就再也沒有剪過頭髮。李奧知道海碧的心意，也很感激海碧為自己做的這一件看似很小的事情。綁馬尾，對一個雙手健全的女人來說，是一件輕而易舉的事，可是對於只有5根手指頭的海碧來說，簡直困難重重。她當年在沒有人的協助下，成功地練成這門功夫。海碧說，她還懂得如何用一隻筷子來綁髮髻，真了不起。

「海碧長高了。」李奧感覺得到。這回她必須將頸項彎曲得更厲害，才能靠在他的肩膀。海碧如今已是名校的高二生，而自己20歲了，卻還是一個白天在玩具店上班，晚上在加油站替人打油的中學畢業生。兩人的差距越來越遠了。可是李奧知

道，在接下來的車程裡，自己還是必須打起精神，挺起胸膛，做一個頂天立地的男人。只是這次的車程需要花上雙倍的時間，而因為海碧的身高增加，自己的背要挺得更直。

怕只怕就連這樣，也達不到海碧應得的幸福高度。

失去連繫的 3 天

車上的人慢慢少了，海碧也逐漸從昏睡中醒來。自己什麼時候睡著的？雖然才半小時，而且還在搖晃不定的巴士上，自己居然還能睡得這麼香。一定是李奧的肩膀太舒服，還是在他身邊感覺太有安全感了？當然也有可能是太累了。

和莉茲住在同一間宿舍房裡怎麼能得到好的睡眠品質？有什麼辦法呢，不讓她在房間熬電話粥，她就半夜跑到男生宿舍去。這是校規中最強調的一項，被發現將遭到最嚴重的紀律處分：被學校開除。如果被開除，莉茲大概也不會再繼續念下去。海碧考慮到，有高中文憑的莉茲，會比沒有高中文憑的莉茲更有條件過較好的生活。為了她好，海碧只好戴著耳機睡覺。偏偏莉茲常常會被對方逗得邊哈哈大笑，邊捶著床褥。海碧確定，如果金氏世界紀錄有「笑點最低的人」這個專案，冠軍非花

痴莉茲莫屬。

　　李奧調皮地用下巴摩擦著海碧的額頭，鬍渣刺刺的，搞得海碧全身起了雞皮疙瘩。「睡醒了？」李奧問。海碧打了個哈欠，點點頭。「妳的電話剛才振動，嚇了我一跳。」李奧拿起掉在椅座上的手機，遞給海碧，同時搖搖頭，表示他沒有偷看。「會是誰呢？」擁有她的手機號碼的，除了李奧，就只有馬丁，吳丹和莉茲，會是誰呢？

　　海碧開啟手機，135個簡訊！而自己居然沒有感覺到！海碧有點擔心，該不會是其中一個出事了？傳簡訊的號碼，是自己不熟悉的。她從最後一個開始讀。

　　「永別了，海碧。」海碧的心跳停了一下，繼續看。瞌睡蟲一下子全被嚇跑了。

　　「我活不下去了。」

　　「我不能沒有妳。」

　　「妳再不回我，我就往下跳了。」

　　「妳不可以。」

　　「妳不可以這麼自私。」

　　「妳怎麼不回我的簡訊？」

　　「妳不可以不理我。」

　　「哈囉？」

「妳讓我控制不了我自己。」

「妳是毒藥。」

「妳的心是石頭做的嗎？為什麼對我不為所動？」

「為什麼妳要對我說謊？」

「妳明明就喜歡我的。」

「我明明比他好。」

「他有什麼好？」

「我看著妳跟他，我受不了。」

「我知道我錯了，可是我這麼做是有原因的。」

中間還有很多只寫著「海碧。」「海碧。」「海碧。」的簡訊。

海碧不用猜都知道，是諾亞。她下意識地背對著李奧，用力地按著手機上的「下」鍵，跳到最初的那個簡訊。簡訊寫著：「我愛妳，海碧。」

海碧的手不停地顫抖。她不知道應該怎麼辦。這是一個玩笑嗎？諾亞最愛開玩笑了。可是萬一這不是玩笑，萬一他真的做傻事怎麼辦？海碧知道諾亞什麼都做得出來，慌張地在手機鍵上按下：「請不要做傻事，我回來就是了。」簡訊一送出，海碧終於急得哭了起來。

李奧一定有讀心術，否則又怎會知道下一步應該怎麼做？他將海碧的包包背起，拉著受了驚嚇的海碧，在下一個車站下

了車。他們乘上一部計程車，返回海碧的宿舍。宿舍的保全告訴海碧，剛才有一個男學生坐在二樓的圍牆上，驚動了保全。後來舍監，老師都來了，男生不知何故，突然笑嘻嘻地宣布，自己只是想捉弄大家。結果在被記了大過後，那男孩就被家裡的專車接走了。

海碧聽了，雙腳一軟，整個人攤在地上。保全叔叔想上前幫忙，李奧已經將她扶起，並匆匆地離開了學校。已經快八點鐘了，才幾小時之別，同樣的兩人站在同樣的車站，不同情景。海碧的大腿外側和李奧大腿外側之間的距離從剛才的 10 公分拉長到至少 50 公分。

沉默。

又是沉默。

海碧討厭沉默，沉默是她的父母的共同語言。

海碧的雙手插在衣袋裡，以為李奧看不出她正手握著手機，以防諾亞又傳來簡訊。對於諾亞告密，導致海碧手機被沒收的事，李奧已經知道了。他是因為整整三天的時間和海碧失去連繫，才迫不得已打電話給吳丹的。至於諾亞追求海碧的事情，吳丹發過毒誓的，要替海碧保守祕密的，所以海碧剛才在車站，當著諾亞的面，吻自己脖子的事，是李奧始料不及的。可是這一刻，李奧將一塊一塊的線索拼了起來，終於理出個頭緒來，他清楚明白是怎麼一回事了。海碧的眼淚證實了他的懷

疑。諾亞在她心裡有一定的地位。李奧沒有生氣，只是伸出手，握住自己的後腦勺，笑了。

「你笑什麼？」都說了海碧討厭沉默，而且打破砂鍋問到底的性子一直沒變。李奧搖搖頭，眼淚在墜落之際，他實在是無法說話。李奧踱步了大約十秒鐘後，才說：「這樣我就放心了。」

「什麼？」海碧感到莫名其妙。

「我說，妳有諾亞我就放心了。」李奧還是垂著頭，以避免和海碧的視線交集。「你說什麼？」海碧生氣了。李奧沒有再說話，只是靜靜地看著海碧，伸出手想將海碧凌亂的髮絲從臉上撥開。橙黃色的燈光，照在兩人臉上，兩個人的眼眶都在閃閃發光。海碧的臉上寫滿了憤怒，還混雜著一絲愧疚；而李奧的無奈背後，卻藏有一個如釋重負的表情。

「很晚了。我先送妳回去吧。」李奧溫柔地推著海碧的背，手卻被海碧甩開了，還回了一句：「你別碰我！」

公車到站了，她才清了清喉嚨說她一會兒會打電話給馬丁，說這個週末她不回黑堡鎮了。李奧於是諒解地回答：「好吧。那我走了。」就獨自上了車。海碧看著李奧孤單的身影，坐在靠窗的位子，接近李奧的渴望油然而生，可是已經太遲了，車開走了。

有時，錯過不是真的錯過，也不是一種過錯；錯，和過，只是因為對的時機還沒來。

放下戒心

　　星期天早上八點鐘，海碧就坐在操場前的長凳上，想晒晒太陽，順便等別的同學打完籃球，自己也可以去灌灌籃。雖是 7 月 4 日長週末，學校還是有不少人因為家鄉太遠，而選擇不回家，自己則是騙父親說要趕功課，不能陪他。其實海碧是決定要躲在宿舍裡，逼李奧打電話給她。「為了長週末前失去連繫的三天而對我放狠話，那我就再跟你失去連繫三天，看你還主不主動打電話給我？」

　　可偏偏就是沒有。自從那天負氣不跟李奧回黑堡鎮後，李奧連一個簡訊都沒有傳來，就好像他從沒有存在過一樣，害得海碧一個人躲在房裡停了又哭，哭了又停，折騰了整整 36 小時。此刻，海碧最需要一些發洩的管道，將堵在胸口的情緒通通釋放出來。書本上說的，我們人類大腦可以透過運動製造一種叫做安多酚，類似嗎啡的天然賀爾蒙，可以減輕疼痛，帶來歡愉的感覺。好吧，來打球。

　　只是每一個同學經過，都會問：「海碧練球呀？」、「海碧沒有回家呀？」問得海碧煩死了，懶得回答，就用帽子包住臉，假裝睡著。誰知不一會兒，自己果真睡著了。

　　一聲刺耳的煞車聲，一聲巨響，所有走動的人們也全都停

下了。海碧沿著他們的眼光看去，一部巴士的保險桿凹了一個大洞，擋風玻璃也出現蜘蛛網狀的裂痕。在它前端的馬路中央躺著一位行人，頭髮遮去了大部分的臉，看不見這個可憐的人兒是誰。只是，他的軀體旁邊，有一樣眼熟的東西，就是那隻黃花塑膠戒指。

「嚇！」海碧睡在炎夏的太陽底下，被惡夢嚇出一身冷汗。她好擔心李奧，立即拿起電話想打給他。不行，不許軟弱。況且若真出什麼事的話，吳丹他們會來電的。啊！光線怎麼這麼亮？還處於半夢半醒狀態的她，不自覺地想用雙手蓋住快被太陽灼傷的眼，卻發現左手不自由。有人在輕輕地握住她的手，在等她睡醒。

「海碧，起來，我回來了。」她想睜開眼，才發現自己的左手被諾亞的手拉著！海碧一著急，想把手要回來，卻被諾亞握得更牢了。她紅著臉，繼續和諾亞拉扯，說：「這裡是學校，被人看見不好。」「放輕鬆，今天星期天，每個人都這樣，老師都睜一隻眼閉一隻眼的。」

海碧沒辦法，只好放棄掙扎。諾亞還是不肯放開她的左手，還鄭重地向海碧保證：「我愛妳，也答應妳，我今後都不放手了，死都要握妳的手。」海碧心跳不停地加速著。「從今以後，我用我的右手，牽妳的左手，只剩下我比較沒那麼靈活的左手，還有妳比較靈活的右手。這就表示，我們在一起時，妳

會有比較多掌控權。」

不知為何,海碧聽了這些話,居然會覺得眼角溼溼的。雖然眼前坐著的,是自己唾棄的諾亞,但不得不承認,他是一個非常有魅力的演說家,剛才那番話,聽起來挺有誠意的,同時又像是蜜糖,從耳朵流到心裡,暖暖的,甜甜黏黏的,卻真真切切地打動了自己。海碧不知如何是好,只好戴上她對諾亞慣用的「撲克臉」,不透露一點情緒。或許這樣會加速讓諾亞感覺自討沒趣,加速他的離開。

「手機的事,是我不好,希望妳能接受我的道歉。」諾亞還是一臉正經說道。海碧從小就懂得如何察言觀色,人說謊還是實話,真心微笑還是敷衍了事,近距離看眼皮就可以知道,雖然有時也猜不準。中學時的諾亞在捉弄人以前,眉毛會將上眼皮撐緊,而下眼皮和顴骨會微微上揚,像是隨時要大笑的樣子。

可是今天,諾亞的眉毛微微地鎖緊,下眼皮也沒有上揚,眼珠子還跟著海碧的動作稍稍動著。他應該是在說真話。在陽光下將諾亞的金色眼睫毛,貼著頭皮的短髮,還有臉上的汗毛都晒的金光閃閃似的。如果連這些都看得到,今天自己和諾亞的距離應該是無比靠近。海碧看了看,自己大腿外側和諾亞結實的大腿外側之間的距離是⋯⋯

一公分!

「我開車到學校來了。走吧,我們去海邊。」諾亞建議,手

還是沒放開。「可是要開很久的車才到……」海碧抗議。「妳先看看我開什麼車再決定吧。」諾亞興高采烈地說，臉上原來還有兩個可愛小梨窩。憑良心說，近期的諾亞真的是越看越順眼了。海碧恨自己這麼膚淺，卻不得不承認這是個事實。

富家子弟開的自然不是什麼普通的車，是敞篷奧迪 A4。諾亞像個紳士般，替海碧開門，扶她坐好，才終於將她的手放開。高大的諾亞一坐進來，海碧就懷疑自己患上了幽閉恐懼症一樣，覺得渾身不自在。其實海碧一直不解為何會有人願意花那麼多錢來買一部空間這麼窄小的汽車。馬丁的福特多好，雖然不豪華，但想在裡頭滾動，絕不是問題。

這個想法延續到……諾亞將車篷開啟，扭開引擎為止。夏天的熱風戲弄著海碧還沒來得及紮起的頭髮，在耳邊製造出「咻咻」的聲響。跑車的音響正在播放黑人的饒舌音樂，和著輪胎的噪音，引發了海碧的愧疚感。但是很快的，這感覺就像紙屑一樣被遠遠地拋在後頭。空氣混合著的廢氣和花香微小分子，以時速 100 的力度拍打著兩人的上半身，有一些痛，卻又有說不出的快感。

一路上，兩人沒有說什麼，諾亞專心地開著車，左手握著方向盤，右手，仍舊握著海碧沒有手指的手。偶爾諾亞會轉頭看看海碧，溫柔地對她微微笑，確保她感覺舒服。他有所不知的是，海碧的右手依然插在口袋裡，緊握著手機，祈禱著它會

振動，可是它始終都連一點動靜都沒有。可是她也不太了解自己，為何有好幾次，她的眼淚滾下來卻故意不擦掉，莫非，是為了想被諾亞看到？而諾亞每一次都會遞面紙給她，然後面帶歉意說：「敞篷車就是這樣，有沙子。」

終於到海邊了。諾亞有備而來，從後車廂拉出一個箱子，裡面裝滿了食物和飲料，還有一個帳篷。然而因為假日的關係，海灘上擠滿了人，他們大概繞過了幾百個做日光浴的男女，才找到足夠的空間搭帳篷。和其他的美國孩子不一樣的是，海碧除了在自己家後院搭過帳篷玩家家酒，從來不曾和朋友在戶外露過營。要不是自己殘疾，父親或許不會視她為瓷器娃娃，但是哪個十幾歲的孩子不會嫌自己的父母太保守，太容易大驚小怪的？

看諾亞熟練地搭著篷，敘述著父親一有空就會帶自己到郊外釣魚的故事，海碧心想，諾亞的父親一定很酷。其實連恩先生只帶諾亞釣過一次魚。諾亞之所以會懂得這些技巧，完全是因為他天資過人，有過目不忘的天賦。海碧說，諾亞後來有向她承認和父親經常到河邊釣魚的故事，是虛構的。

海風吹過來，把溼氣、鹽分還有防晒乳的香精味也帶來了，黏在皮膚和鼻腔裡久久不肯離去。這就是假期的味道。海碧感覺很熱，乾脆把連帽 T 脫了，坐在深藍色的帳篷前發呆。她知道諾亞會從帳篷另一邊想遞冰可樂給她，會看到自己整隻

左手的樣子。如果他能夠接受她原來的樣子的話,那好,凡事有商量的餘地,如果不行的話,反正還沒動真感情,趕緊撤退誰都不會受傷。

諾亞知道海碧是故意晾出自己的缺陷考驗他的。經過自己過去一週在腦海中反覆排練,反覆地想像握著沒有手指的手是什麼感覺之後,諾亞已經完全能夠接受海碧的缺陷了。但是他依然還是忍不住停下了腳步。海碧的背脊,還有手臂原來都這麼瘦。諾亞突然有一股想保護她一輩子的感覺,可是他知道,海碧不喜歡別人將她當受保護品種一樣看待。

「吵架了?妳和李奧?」諾亞坐了下來,鼓起勇氣問。海碧搖搖頭,再看看手中沉睡中的手機。他們確實是沒有吵架,只不過,李奧說了隱射要放棄海碧的話,惹她傷心卻還遲遲不打電話來道歉。海碧雖然擔心李奧的安危,卻因為自尊而不想主動打電話給李奧。這不是冷戰,是什麼?

諾亞當然知道他是罪魁禍首。他也很自豪自己就是那個肇禍者。他這麼一鬧,雖然被記了一次大過,但絕對值得,因為他在李奧和海碧密不透風的關係裡加了一個小氣泡。這個氣泡會慢慢蔓延開來,累積那些肉眼看不到的氣泡,一直到兩人之間出現越來越大的縫隙,然後就會分開。然而諾亞必須時刻提醒自己,他現在應付的不是一個普通花痴女生,還是觸覺、直覺都很靈敏的海碧・威廉斯。同理心,還是姑且裝一下比較好:

「擔心，不如先打給他？」

「不要！我才不要做那個先開口的人，因為這就表示我投降，認輸了。」海碧看得出諾亞不是真心關心她和李奧的事的，但是此時此刻她真的需要一個朋友待在身邊，滿滿的虛情假意，也總比空無一人來得好。諾亞知道自己穿幫了，卻也知道海碧需要一個依靠，於是他厚著臉皮拍拍自己的肩膀，示意讓她靠。諾亞明知道那時候的海碧是在利用自己，卻也知道那是趁虛而入的最佳時機。

「我只是請你下次不要再隨便用『尋死』來威脅我。你知道我對自殺的想法。我母親就是自殺去世的。」海碧這麼說，是為了澄清自己當時之所以會回諾亞的簡訊求他別做傻事，並不是因為在乎他，而是因為生命是寶貴的，不該隨意丟掉。換成是誰，她都會設法阻止。她說：「你看我的手這樣，我從來都沒有想過要結束生命，你更不應該。」

在這個課題上，諾亞卻絲毫不給面子，扁著嘴，耍嘴皮子說：「別裝蒜了。妳明明就是在乎我的。不然不會那晚返回校園找我。」然而海碧打死不認。

但是說真的，海碧在心裡，也開始懷疑起自己，決心不跟李奧連繫的這幾天，究竟是為了在給自己和李奧，還是在給自己和諾亞一個機會。但是她有一個直覺，要是哪一天對於諾亞自己不再抱著戒心，受傷的人，必定是自己。

我只是不想再一個人了

　　海碧說，自己和諾亞兩人就像彼此的天敵，總在心裡猜測對方下一步會做什麼，計算著自己應該如何反應。他們能夠同時看透對方的居心，卻也因此會互相吸引。一場場的心理遊戲裡，兩人的實力不相上下，諾亞從未碰過能如此無懼，跟自己較量起來勢均力敵的對手，海碧則是因為刺激有趣才決定奉陪到底。

　　譬如那個獨立日的海灘假期，海碧早就留意到從宿舍到海邊要開整整340公里的路，可是諾亞車上的汽油指示顯示他的油箱只有半滿。這麼一點點汽油怎麼夠來回林區堡？況且途中諾亞還故意繞道而行，說是去買一些雜誌、潤膚霜什麼的，海碧看在眼裡，知道諾亞在包藏禍心。但她太好奇，想知道諾亞葫蘆裡賣的是什麼藥，所以也就假裝沒看見。她心裡萌生了一個念頭：「放馬過來，誰怕誰。」後來看到諾亞從後車廂取出帳篷時，答案一目了然。

　　雖然海碧對於諾亞的不懷好意，感到一點戰戰兢兢，但是她有十足的把握諾亞不敢對她怎麼樣。因為諾亞是一個貪心的人，以他的德性，不會只甘心得到一個人，卻得不到她的心。因此她必須不斷地讓他相信，自己心裡還想著另一個人。對著手機發呆、當著諾亞面掉的眼淚，還有對李奧的期盼雖都是真

心的,但其實她大可不必表現得如此顯眼,如此戲劇性。

果然不出所料,看完了夕陽,諾亞收拾好東西作勢要打道回府。回到車上,將鑰匙插進引擎發動,汽油指示燈馬上亮了起來。汽油快沒了,附近又沒有加油站可加油。「這下子我們得叫拖車來了。哎呀不行啊,他們全都下班了,怎麼辦?」冒險將汽車駛出去,萬一還沒找到加油站,半路在深山野嶺熄火,簡直就是在自尋死路。諾亞接下來說的話,也被海碧猜中了:「不如我們在海邊露營吧。過一夜明天再走。」

或許因為假日的關係,海灘附近也有別人紮篷過夜,兩人經過考量後,說:「好吧留下。」海碧左手不方便,卻也盡力幫忙搬移石塊、磚頭,以防睡到半夜,帆布被海風捲走。對於這個決定,諾亞心裡是極度害怕的,也有一點後悔。海灘每隔兩小時才有警察巡邏,萬一有什麼壞人,他再強壯也打不過人家。況且陷海碧於危險等於陷她於不義。為了避免海碧恐慌,諾亞戴上一副吊兒郎當的樣子,假裝圖謀不軌地看著海碧。海碧只是用手背推開諾亞的臉,面無表情地說:「走開啦,少來。」

諾亞以為海碧是因為自己看起來安心,所以也裝得很冷靜,想要讓他安心。諾亞萬萬猜不到的是,這是海碧第一次在外頭過夜,其實她心裡興奮得要命!海碧不想讓諾亞知道她這個祕密,擔心自己看起來很老土,很遜,演技又不夠好,裝不出一臉驚慌,只好又戴上「撲克臉」。「假如她都不緊張,那我緊

張什麼？」諾亞心想。

帳篷裡有兩個睡袋。這一切，顯然是諾亞精心策劃過的。因為沒有帶換洗的衣服，兩人牙也沒刷就各自鑽進睡袋裡。對於這一次冒險，海碧覺得刺激又有點悲哀，人家6歲就可以到朋友家扮家家酒、睡覺，自己16歲才第一次到外頭過夜。但是她心裡是感激的，若不是父母這麼嚴厲，這麼保護她，自己也不能考進這所名校，擁有和一般同齡孩子一樣的自信，還有生活。

遠處傳來年輕人飲酒作樂的聲音，諾亞覺得還是將帳篷的拉鍊關上比較恰當，麻煩，還是能免則免。一直到篷外唯一傳來的聲音，只剩陣陣海浪拍打岩石的節奏，諾亞才終於躺下，將左手臂枕在頸項下。「告訴我，有關妳的一切。比如，妳怎麼洗澡？怎麼吃飯？怎麼翻書？我都想知道。」他的右手又重新握住海碧的左手，興致勃勃地問。他想知道，是什麼讓這個只有五根手指的女孩不畏世俗眼光，對生活充滿著好奇和熱忱。

夏天就像少年的身體一般，入夜後，還仍然散發著熱，潮溼不已。

海碧將她的童年、母親的車禍、米亞，還有那些諾亞早已知道的國中事件一點一點地說出。諾亞從未對一個人如此感興趣，耳朵從未曾如此飢餓過，對方說的一字一句他都想記下；雙眼雖一瞬間還未適應黑暗，卻已經鎖定在她的臉上，想第一

時間欣賞她可能會綻放的甜美笑容，還有隨時會掉下的眼淚。

諾亞喜歡看海碧哭，訝異一個人的淚水為何能那麼優雅地、慢動作地從眼角蜿蜒流淌過臉頰。那是他見過的，世界上最美的東西之一。可是每一次這想法萌生時，他都覺得有罪惡感，猜想這會不會是男人總愛惹哭女人的原因，這會不會是自己父親總愛惹母親哭的原因，然後感嘆：「唉，男人真是一種自私又殘忍的動物。」

終於聊到李奧和她之間的事了。諾亞將手電筒開啟，放在腳邊，說能防止蚊子叮，實際上，他是不想錯過接下來要發生的事。海碧埋怨說，李奧總是為了工作，而忽略自己，雖然她諒解，也感激他忙於工作是為了籌錢和她在一起。「可是他為什麼要說我有你他就放心了？為什麼他要把我讓給你？」說罷，眼淚又開始如小溪潺流下來。

昏暗的燈光中，諾亞還看見海碧哭得鼻子紅紅的，額外可愛，終於忍不住將身體湊近她的臉，在她的額頭和眼皮親了幾下。海碧閉上眼，感覺到諾亞很熱的體溫，和自己如此地靠近。他美麗的臉龐和自己的鼻子的距離此刻只有⋯⋯五公分。她能感覺到心中蟄伏的慾望，在蠢蠢欲動著，命令她躺著別動，可是同時，站在慾望這頭野獸的旁邊，是李奧的身影。可是那枚為李奧戴上的戒指，此刻已不知所蹤。

「我只是不想再一個人了。原諒我，李奧。」

手電筒的光線出奇地製造出了剪影的效果,帳篷外可以看到兩個因為孤單而緊靠在一起的黑色身影。潮退了,淚水蒸發了,汗水也乾了。

海碧當時認為,丹麥女作家伊薩克・迪內森((Isak Dinesen,西元 1885 年到 1962 年) 說得真精準:

「世上最好的治癒藥方,莫過於鹽水:汗水、淚水,還有海水。」

章節 5　尾指

五根手指中最瘦弱的一隻,卻能撐起一個最初,早被人遺忘的承諾。

尾指,也和「為止」同音。

死也不放開你的手

從那天起,諾亞說愛海碧後,就真的不曾放開海碧的手。不,應該是說,接下來的幾個月內,諾亞真的不曾放開海碧的手,縱然兩人每天都在玩心理遊戲,都還不敢對彼此敞開胸懷。海碧不知道她可不可以完全信任諾亞,畢竟他是一個出了名的花花公子,諾亞也不清楚是否可以完全信任海碧,畢竟她對初戀還是念念不忘。

然而一些小動作,一些小表情,令他們開始相信,這說不定是一段美好戀情的開始。兩人在一起時,諾亞必須抓著海碧的左手才能睡著,連熟睡時都不放開。有好幾次,諾亞從惡夢中突然驚醒,把海碧的手握得緊得發疼。雖然很痛,但她心裡是感動的。這是海碧從來沒有過的,被一個人需要的感覺。她喜歡成為另一個人生命的重心,她喜歡有一個人覺得她對他有多麼地重要。

這些年以來,都是她需要別人,很少有人對她有所要求。說穿了,還不是因為大家看見自己的手,都不好意思麻煩她為他們做些什麼事。就連李奧也一樣,總愛幫她拎東西。海碧不喜歡被人看成個廢人,這是她一直以來想證明給大家看的。她不止能照顧自己,也能照顧別人。

海碧記得母親曾說過，每個男人心裡都住著一個長不大的小孩，每個小孩在看到自己嚮往的玩具時，都會伸手去搶。只敢遠遠地眺望，而不行動，就表示他想要這個玩具的欲望不夠強。李奧就是這樣。相反的，諾亞就不同了，從不考慮到她的缺陷，對感情予取予求，想見她的時候，就馬上要見到她，不然他就會失落，就會鬧情緒，活像個孩子。諾亞一天的心情起落，就全靠海碧的表現了。

　　不知為何，海碧很珍惜諾亞的心意，覺得他既然願意將自己的幸福託付於她，她就應該好好回報諾亞。對於他的脾氣，他的要求，只要海碧辦得到，她都盡量配合。比如，諾亞不喜歡海碧和吳丹在一起，她就連華文補習課都不上了。諾亞不喜歡她整天拿著李奧送的電話，就重新給了她一隻，並命令她不可以漏接任何一個他的來電。兩人每天除了上課、回宿舍之外，都窩在一起。

　　法國偉大的小說家居斯達夫・浮羅拜特（Gustave Flaubert，西元 1821 年到 1880 年）曾經寫到：

　　「愛情就像春天的植物，讓接觸它的一切都充滿著希望的芬芳香氣，哪怕支撐著它的根的，是一片散亂的殘牆斷瓦。」

　　他們兩人的戀情，真的還蠻像長在殘牆斷瓦上的植物的，根想扎得深也不行，地基不穩。在一起了之後，海碧這才「有幸」看到諾亞陰晴不定的個性，可是海碧仍然只看到他對自己

的好，不願去想他的壞。在海碧陰暗小器的私心裡，她有一種勝利的快感。大家眼裡的一無是處的惡霸諾亞，居然會為了自己，對沒錯，自己，而變得溫柔體貼。是她，海碧‧威廉斯用愛心將壞男孩改造成好男孩，可見自己魅力有多大。諾亞不再是那個只懂得將自己快樂建立在別人痛苦上的小人，而是一個願意主動關懷別人的人。除了願意出盡法寶逗她笑，也願意聆聽她訴苦。

諾亞唯一的缺點，就是其占有欲，比常人高出很多，疑心病也很嚴重。海碧認為這和諾亞自小和父親關係不密切有關。他只是缺少安全感。但是要應付諾亞，就要熟悉他的思想模式，知道他的每一個想法還有每一個看法，才能預測到他下一個反應是什麼。知道他會怎麼做了之後，才能比他先發制人。可是久而久之，海碧的稜角被磨平了，人也因疲於應戰，而變得無精打采。

終於某一星期四，海碧實在受不了了，想獨處一下子。她看諾亞正在和同學開會，而天氣涼涼的，很適合打球，就將那隻手機放在毛巾旁的外套口袋中。結果諾亞打電話來，她全然不知。等到她發現時，諾亞已經站在球場邊，滿臉通紅，一副想把人給吃了的表情。諾亞用力把她拉到一邊，大聲地問：「為什麼不接我的電話？」海碧想解釋說自己因為打球，害怕手機會從運動裝裡掉出來摔壞，才把它放在一邊的。可是諾亞一個字

也聽不進去，搶過手機，翻查來電紀錄，還一個簡訊一個簡訊地查閱。「在哪裡，妳刪掉了對嗎？他的簡訊？」諾亞嚷嚷著。「他？誰？」海碧像丈二金剛般，摸不著頭緒。

「別裝了，我知道妳還跟他保持連繫！」諾亞狂叫著，不顧自處投來的眼光。「你在說李奧嗎？」海碧恍然大悟。咦，他怎麼知道？海碧忘了諾亞的線人很多，什麼事情都逃不出他的禿鷹般冷酷的眼珠子。「昨天李奧是有找我，可是他打的是我的舊手機……」海碧一急，沒想清楚就回答了。話一出口，她就後悔了，慘了，大難當頭了。

「舊手機？」諾亞兩眼睜得好大好大，他已經近乎瘋狂狀態，責問嚇得臉色刷白的海碧：「妳不是說已經扔了嗎？原來妳真的是一個騙子！我不能容忍騙子！」海碧趕忙解釋：「我會丟的，我會丟的，只是我爸呀，吳丹他們的號碼我還沒轉過來……我打算這個週末就扔！」諾亞什麼都不說，拿起他送海碧的手機，丟在籃球場水泥地上，電池、鍵盤、螢幕通通都被摔個稀爛。

「妳的手機是我給妳的，妳和我的關係也是我給妳的，不要忘恩負義。」諾亞咬牙切齒地走了。海碧紅著臉，靜靜地把外套穿上，然後蹲了下來拾東西。球場上的其他同學於心不忍，卻又被嚇得連動也不敢動，眼睜睜看著海碧用一隻手撿起地上的碎片，放進衣袋裡。海碧覺得很委屈，但是她告訴自己不准

哭，自己沒有錯。右手才剛撿起最後一塊手機碎片，諾亞又回過頭來，用腳往她手猛然一踢，塑膠碎片被踢得老遠的。他用力地抓起海碧的左手臂，扭了一下，說：「就算我諾亞・連恩下地獄，我死也不放開妳的手。」

沒有名字的關係

海碧熬了一個星期，都還不敢跟誰提起她曾和諾亞一起出去玩的事。大家都只知道他們在一起溫習功課。其實海碧也不知道要從何說起，要說什麼，因為她連自己在做什麼都搞不清楚，跟誰又是什麼關係？16歲的她，對這些感情的事懵懵懂懂的，一切決定全靠直覺。別的同齡女孩有母親或姐姐可充當戀愛顧問，自己身邊卻連個思維清楚、願意聽她傾訴的人也沒有。也不是沒有，是有一個李奧。她有什麼難題都會找他出意見。只是這件事關乎他，怎麼開口呢？

7月中旬的一個週三晚上，李奧終於來電了。獨立日週末的那個傍晚，他故意請了假，原本是想來接海碧去大吃一頓的，然後再把升遷的好訊息告訴她，沒料到會碰到諾亞出事。升遷當然是好事，加薪又有較好的待遇，唯一代價就是得出差。

李奧在過去一週裡，就和老闆去了一趟俄亥俄州，參觀廠房和試用該工廠出產的玩具，看值不值得進口到維吉尼亞，所以沒有打電話給海碧。如果一切順利，李奧可能待在維吉尼亞的時間，一個月不超過一個星期。

李奧沒有親人，唯一的牽掛就是海碧，所以當他得知諾亞對海碧有意時，不知為何，竟然鬆了一口氣。他希望海碧在學校裡能至少有一個同是寄宿生的人，在她生病或脆弱時陪在她身邊，讓她依靠。雖然諾亞不是最佳人選，但是如果自己都做不到，又有什麼資格去評論別人做得好不好？況且諾亞家境不錯，人脈廣，能給海碧的，不止是依靠而已。所以他才說了那句惹海碧生氣的話。他是認真的，卻被海碧視為是在賭氣。她不認為他應該拿這種事情開玩笑。

海碧聽說李奧升遷，很替他開心。開心的心情維持不到一分鐘，現實擺在眼前，再不想面對，也還是得面對。李奧接下這個職位，就等於在他們倆的關係上劃上句點，海碧知道李奧的，絕不會勉強要海碧等他。他連自己接下來會去哪裡、會做什麼都不知道，他要拿什麼叫一個才16歲的女孩放棄幸福，死守在這個城市等他回來？

「如果妳不要我走，我就不走。」李奧在電話另一端說道，然後用酷酷的語氣追加了一句：「雖然那不是我的風格。」海碧帶著重重的鼻音回答：「我當然不想你走。可是我沒有那麼自

私。要你為一個殘廢的人留在小鎮，永遠做一個沒出息的人，也不是我的風格。」兩人都握著聽筒，不約而同地哭了，也笑了。世界上還會有哪兩個人擁有這般的默契？偏偏老天，總是愛捉弄有情人。

有情人，這三個字好像不太適合用在他們身上，因為海碧跟李奧是不是一對，連她自己也搞不清楚。兩人不常見面，擁吻像蜻蜓點水似的，除了問候還有互相加油打氣的話，最鑑定性，最重要的三個字誰也沒說過。這樣，算是在戀愛嗎？海碧對於自己主動獻初吻給李奧，還撞傷嘴唇的事耿耿於懷，因此誓言之後除非李奧開口，自己是死也不會先說「我愛你」的。海碧就這麼一直等，一直暗示，兩人的關係拖了兩年，還是沒有定下來，也沒有名字。

事實上，他們兩個都因為成長環境，培養出一身傲骨。他們不希望再次經歷遭別人拋棄的感覺。對於誰，他們都盡量做到不拖不欠，不敢對這段純純的感情做出承諾。海碧雖然並不自卑，但是她了解人們會在策劃自己美好將來時，考慮到她的手所帶來的不方便還有不必要的眼光。對方如果最後決定不要，她也不強求。李奧則認為自己一個沒爹沒娘的非白人，不能太強求別人給自己什麼，尤其是當自己事業還沒有著落時，拖住人家的腳步是不對的。

剛認識的時候，他們就已跟對方勾過小指頭，說：「我們

這種人,一定要努力,千萬不能允許自己拿身世來當作墮落的藉口。我們一定要成為有用的人。」可惜這時,要成為「有用的人」,就必須分隔兩地。李奧知道自己有一天必須得要離開小鎮到別處去闖,而海碧也知道自己不能無理取鬧要求李奧辭職。只是,兩人沒有名字的關係,也就必須到此為止。

「那我們⋯⋯我們,我們永遠都是⋯⋯好朋友?」總要有一個人先開口,李奧自認是個君子,縱使聲音有些哽咽,也硬要從喉嚨裡吐出這幾個字。海碧無法知悉李奧當時的表情,但直覺告訴她,李奧是傷心的。海碧也傷心,但是她除了傷心,心裡還五味陳雜的。她輕輕地哭著,對今後不能常見到的李奧依依不捨,雖然其實他們倆這一年以來,就已經很少見面了。或許,依依不捨的不是那一個人,而是他代表的那一段青澀歲月。初戀的結束,是否就意味著另一段感情可以名正言順地開始?

海碧的不捨帶有罪惡感參雜在一塊兒。不捨的心情還壓在胸口,罪惡感就已慢慢浮現,開始啃食著她的良知。既然李奧已經親口確認了他們只是好朋友的關係,那麼她和誰交往,是她的自由,對嗎?只是為什麼自己一直背負著對不起李奧的感覺?海碧揉了一下還在冒著淚的右眼,向李奧坦白了跟諾亞露營的事。再不跟誰說,自己恐怕會爆炸。

「我都知道呀。吳丹跟我說的。」李奧語調諒解地說。顯然

的,諾亞逢人就炫耀,全校都知道了。這個諾亞不止是一隻扁嘴鴨,還是一個大嘴巴!

「我不是故意在你背後⋯⋯只是那天⋯⋯」海碧自知理虧,支支吾吾說不出話。李奧已經知道了,不用自己開口了,海碧心中一塊大石也放下了。「沒關係的。真的。是我先放妳走的,記得嗎?」李奧溫柔地安慰著海碧:「是我把妳推向他懷裡的,不能怪妳。」

「放我走?」海碧心裡燃起了一絲希望。「什麼意思?」海碧想追問下去。

「嘟嘟,嘟嘟。」手機裡傳來插播,那個掃興王是誰,海碧很不想理。「嘟嘟,嘟嘟。」手機叫呀叫的,許久都沒有停止的跡象。沒辦法,看看是誰。來電顯示:「馬丁。」

「李奧,李奧,我一會兒回你電話,我爸打來了。不接的話,他會奪命連環 Call 的。」

開始結束了

馬丁固定每個星期五晚上來電,想知道海碧究竟是星期六還是星期天回家吃飯,這樣他才可以策劃他上超級市場的行程

表。可是那天是星期三，馬丁很少脫離計畫的，選在星期三打電話給自己，一定是什麼要緊事。

「哈囉，我的小公主，妳用過晚餐了沒有？我有沒有吵到妳溫習功課？還是妳已經要上床睡覺了？如果是這樣我明天晚上才打來好了。」海碧還沒有機會開口，父親就劈哩啪啦地說了一大堆話。「哎呀別囉唆了啦，有什麼話快點講啦。」海碧心想，覺得父親好煩人。

「可以嗎？有空說話嗎？」馬丁尚未切入正題，海碧只好插嘴說：「爹地，找我什麼事？」

「妳在現在這間學校，還習慣嗎？」馬丁問得海碧很毛躁。「還可以呀，怎麼了？可以快點說嗎？」海碧回。「還記得我們說好等妳長大後，要結伴到筷子發明地旅行嗎？嗯，這個地方雖然不是筷子的發明地，但是大多數的人民都會用筷子。」馬丁興奮地說，還補充：「新加坡，妳有沒有聽說過？」

「有啊，你不是在和一群來自新加坡的科學家合作開發一種不知道叫什麼的細胞什麼的嗎？」海碧實在沒有什麼心情聽馬丁說話，和李奧未完成的話題讓她心神不寧。

「喔，我平時跟妳說的話妳都有在聽呀！」馬丁感到開心極了，說：「他們說實驗有成果，要我去一趟他們的實驗室！海碧，我們要去新加坡了！」這時，樓下傳來貓叫聲。海碧靠著窗，透過隙縫證實那隻「貓」是諾亞。她必須趕緊結束和父親的

對話，否則他會將普通的貓叫聲提升成貓叫春的聲音，到時自己就糟大了。

「喔，太好了，恭喜你。爹地，不然這個星期天你開車來林區堡找我吧！」海碧敷衍著自己的父親，想趕快掛電話。「好呀，好呀，這樣妳這個星期就不用那麼辛苦來看我了。我到了打電話給妳！……」海碧沒等父親把話說完，就結束通話了電話。

宿舍房裡的燈光照在百葉窗簾上，將海碧的一舉一動都印成了剪影。在樓下扮貓叫的諾亞，什麼都看見了。

一輩子都沒有踏出美國的馬丁，並不知道自己終於等到了的一個新開始，終結了女兒剛剛萌芽的幸福。

現在，誰是花痴？

莉茲推開房門，見海碧捲縮在房間的沙發裡，本想拿了門後的外套就走，和新認識的男生溜出去用晚餐。但當她看見被揉成球狀的紙巾丟得滿地都是時，猜想事態嚴重，還是盡一盡朋友的責任，慰問一下比較好。「怎麼啦？」莉茲蹲在她身旁，溫柔地問。「沒事，我只是在生氣。」海碧說，當時她真的不是

因為感覺委屈或者難過而流眼淚。眼淚甚至也不是因為諾亞在球場上凶自己而流的。當時她只是氣得不知如何是好。

記得嗎？我說過，海碧和諾亞勢均力敵。兩人都想讓對方以為自己已經動了真感情，都已為對方亮出底牌。海碧認為自己一直都鬥得過諾亞，玩得起這個遊戲。可是這次她居然忘了提防諾亞，忘了控制好自己的舉動。她氣自己開始信任一個不能信任諾亞，她更氣自己，變成一個在諾亞面前連自己都信不過的自己。人，還差幾步卑微就變成可悲了？

「海碧！海碧！開門呀海碧！」有人在門外用力地捶著門，聽聲音就知道是諾亞。剛才在球場上這麼過分，現在來道歉能挽回什麼？海碧越想越氣，自己居然會敗給這個臭小子，眼淚又開始「川流不息」。眼看紙巾用完了，莉茲就爬到上鋪將自己枕邊那盒遞給海碧用。

「海碧！海碧！我有話跟妳說！」海碧鼻涕才擤了一半，緊張地側身回了頭，看看門，又看看莉茲。莉茲堅決地抿著嘴，搖了搖頭，表示不要開門。「海碧！是我不好，妳可以生氣，但是妳可不可以不要不理我。」諾亞越說越大聲。隔壁傳來開門的聲音，宿舍的其他女生都紛紛地開門看個究竟。海碧受不了了，站了起來，卻差點被地上的紙巾絆倒，只好蹲下身，把紙球撿起後，才走去開門，對莉茲說：「男學生是不可以出現在女生宿舍的！我不開門，舍監會找他麻煩的！」

莉茲用身體擋著門，不讓海碧接近門把，卻聽到她嚴厲地說：「走開，莉茲。」莉茲又搖了搖頭，不肯。平時不運動的莉茲怎麼會是海碧的對手？海碧只須輕輕一舉手，莉茲就被推開了。海碧才將門開了一條縫，諾亞就把門猛力推開，看見海碧，就把她深深地擁進懷裡，而且很用力地抱著。海碧被這突如其來的舉動嚇得不知所措，手，也不知道應該怎麼擺，懸在半空。

海碧的雙眼被諾亞埋進胸膛裡，看不見莉茲，只聽見她用陌生的語氣說道：「從前你都叫我『花痴莉茲』。現在，誰是花痴？」說完，就甩門走了。

「別理莉茲，她八成是在吃醋。」諾亞安慰海碧。

「你來幹麼？」海碧從諾亞的手臂間鑽了出來，雙手交叉在胸口，語調冰冷地問道，但是她早已心軟。「我來求妳原諒的。」諾亞略略彎下腰，神情誠懇地說。「我求妳原諒我。」眉毛微微鎖緊，下眼皮也沒有上揚，眼珠子還跟著海碧的動作稍稍動著。他應該是在說真話。可是海碧搖搖頭。

「我是真心的，你要相信我。」諾亞哀求著。海碧還是搖搖頭，站在視窗一動也不動。「那你要我怎樣，你說，我這就去做！」海碧不說話，怕無論自己說什麼都會造成令自己後悔的事情發生。

「這樣嗎？這樣好嗎？」諾亞突然抓狂，開始往自己的臉上

打巴掌。「妳不罵我,那我自己懲罰我自己,總可以吧!」海碧堅持站在原地,什麼也不說,以為諾亞一旦感覺到痛,就會停止。沒料到,巴掌聲越來越響亮,把海碧惹急了,終於忍不住問:「你這是在威脅我嗎?連生氣的權力都不給我?」巴掌聲才剛停,海碧卻接著聽見諾亞大喊著:「不然這樣,這樣妳就會原諒我了嗎?」他在開始用拳頭捶打自己的臉。「住手!諾亞,住手!」海碧倉皇地在空中亂捉,卻只捉住了諾亞的左手,他的右手還在繼續地捶打自己的臉。他好用力,好用力。

「不要打了,不要打你自己。」海碧急哭了,抱住諾亞的頭,還捱了幾拳。諾亞終於停了,卻也被海碧的舉動感動得哭了。「是不是,我就知道妳是在乎我的。」他把整張臉都打紅了,嘴唇也裂了,一定很痛。海碧一邊心疼地摸著諾亞臉上一塊塊紅色的腫塊,一邊感覺自己的眼眶不斷送出的熱淚。「不要打了,你會受傷的。」海碧沒有放開手,引導諾亞坐到小沙發上。

兩人哭成一團,海碧知道自己的眼淚是真的,當時她也選擇相信,諾亞的眼淚是真的。她知道如果有一天醒來發現自己受騙,會恨死自己。但當下她允許自己當一下自己討厭的那種人,完全失去理智,完全被另一個人的舉動牽著走。莫非自己真的愛上諾亞了?或者這只是感動?畢竟從未有人為自己如此激動過。

海碧完全忘了，母親吉賽兒跟她說的那些前男友的故事。自己，在重蹈母親的覆轍。

諾亞在海碧的房間裡呆了一個晚上。其實這舉動是違規的，是校方不允許的，只不過舍監經上次諾亞企圖自殺事件之後，就不敢對海碧這位訪客諸多刁難。況且，自己也年少輕狂過，也曾經歷過一段類似的轟轟烈烈愛情，能夠感同身受。只要成全兩個小情人，就天下太平。

小情侶什麼也沒說，就只是靜靜地窩在沙發裡，對著電腦螢幕發楞。諾亞用手指輕輕地梳著海碧的頭髮，偶爾在她頭皮上親吻一下。海碧靠著結實又溫暖的諾亞，昏昏入睡。冥冥中，海碧感覺到諾亞放了什麼在自己連帽 T 的衣袋裡，然後捉起自己的右手，不知在做什麼。她勉強睜開眼，看見一樣黃色的，熟悉的東西在手指上。是自己弄丟了的那枚塑膠戒指！

「你在哪裡找到的？」海碧興奮地坐起來。「妳沒有弄丟，是我偷的。」諾亞承認。「我現在把它還給妳，還有，李奧給妳的手機，也別弄丟了。」海碧不理解，臉上寫著無數個問號似的，皺著眉頭問諾亞：「你，是不是要甩了我？」「傻瓜，妳看我把自己打成這個尊容，把妳挽留住，還甩了妳不是很不划算？」諾亞被海碧一臉迷糊的傻相逗笑了。

「我只是把屬於妳的東西還給妳。我的嫉妒是我自己的問題，我應該自己解決。」諾亞又將他厚厚的唇印在海碧頭上。

「我愛吃醋,是因為我缺乏安全感。那天我問我自己,我會不會將自己死活託付在妳手裡,我的答案是我會。既然如此,那妳一定會好好保管我的心的。況且妳人這麼好。」海碧感動極了,卻把頭別了過去,不要諾亞看到自己被打動的樣子。不准掀底牌,她對自己說。可是那一顆淚珠始終滾下她的左臉頰,滴在諾亞的手臂上。他知道了,海碧吃這一套。

兩人就這樣繾綣到將近半夜的時候,晚飯都沒吃。最後諾亞看海碧累了,催促她到床上去睡,並且幫她蓋了被才離開。他傳了一個簡訊給和莉茲在一起的男生,告訴他莉茲可以回宿舍了。海碧擔心莉茲會看到她頸項上的吻痕,就假裝睡著了。莉茲對於無意間參與了這件事情,感到異常內疚,坐在海碧床邊的地上,輕輕地對海碧道著歉:「以前諾亞欺負我,妳替我出頭。現在他欺負妳,我非但幫不了妳,還配合他的計畫。我真的對不起妳。告訴我,我應該怎麼辦?」海碧在黑暗中給了莉茲一個微笑,但她看不見,以為海碧真的沒反應。

海碧說,莉茲那天怪怪的,不知是受了什麼打擊,或是心裡還是在乎諾亞的,在地上獨自坐了大約十分鐘才爬起來。最後她隔著被單給了海碧一個擁抱,說:「有些人會要妳為他改變,說這才是愛的表示。他越要妳改變妳就越不要,知道嗎?因為等到妳失去了自我,失去原來的妳時,他就會離開妳。他給妳的理由會是:『妳變了』。」

開花不結果的梔子花

可惜莉茲說對了。諾亞並沒有改變，他只是在逼著海碧改變。兩人每天都在比賽誰的堅韌度比較高，稍微軟弱一點的一方，就得讓步。諾亞不定時的爆發，讓海碧承受很多壓力，成績也受到了影響，不多，但她已不是名列前茅的學生了。壓力，也在她臉上留下痕跡。一直以來，海碧繼承了母親良好的基因，除了五官輪廓、身型，膚質尤其不錯，偏偏在發育期即將過去的 16 歲，才來長痘痘。

馬丁原本約了海碧前一個星期見面，不巧碰上豪雨行程被取消。這個星期天他駕了 3 小時的車，還迷了一小時的路，才終於在中午時分來到了林區堡。還好他一大早就開車，否則他可能下午才抵達，因為他在城裡又花了大約半小時才找到海碧說的那間中餐廳。他滿懷期待地等著他心愛的小公主出現，見到她推開餐廳的玻璃門時，心跳得很快。快兩個月沒見了，遠遠看過去，女兒怎麼好像又長高了，雖然還是連帽 T、牛仔褲，但走路的姿態比以前優雅了一點，還……還拎著手提袋！

馬丁興奮地站了起來，向海碧招手！海碧也開心地向父親揮了揮手，可是她身後怎麼有一個男孩子也在跟自己揮手？馬丁轉過頭，看看後面是否坐著誰，說不定那個高大的男生是在跟那個人打招呼。沒人！那男孩子是在跟我打招呼。他的另一

隻手，還緊握著海碧的肩膀！

馬丁當下不知有多開心，心想：「海碧有男朋友了，怎麼都沒聽她說？開心！開心！呵呵。」

「爹地，這是我的朋友諾亞，諾亞，這是我父親馬丁。」海碧大方地介紹對方。馬丁的眼珠子忙著打量女兒旁邊的帥哥，忘了自己揮到一半的手還沒放下，海碧「咋」的一聲，拉著自己老爸的手腕，跟諾亞握手。看馬丁笑不攏嘴，海碧雖然翻了個白眼，卻倒也寬心了許多。剛才在諾亞車上時，還擔心父親會不喜歡自己那麼小就交男朋友。上次他對李奧都沒那麼客氣。

「咦，我們這桌怎麼沒菜單呀，我去拿。」馬丁一走開，諾亞就咧嘴得意地說：「我都跟妳講了，他會喜歡我的，我這麼人見人愛。」海碧才剛想到可以回敬諾亞的話，馬丁就回來了，然後忙著叫夥計、擦杯子、倒茶、點菜……一刻都停不下來。「爹地！爹地！停下來！」海碧看不下去了，她知道父親一緊張起來，就會忙東忙西，馬丁一定是有什麼心事。

「爹地，妳說有話要跟我講？」海碧問。「海碧這孩子就是眼尖，什麼事都瞞不過她。」馬丁心裡想。原來兩個星期前，馬丁接到新加坡一所科技研究所的所長的電郵，說他在當地合作的實驗室想邀請他加入他們的小組，薪水比在維吉尼亞執教的年薪多出至少百分之五十，還有房屋補貼和退休金。最吸引人的是，他可以全職研究，不需要像現在一樣，早上教課，下午

才能抽出時間做實驗，進度緩慢。吉賽兒要是還活著的話，應該會為自己感到驕傲。原本以為接下這份工作，海碧會雀躍萬分，因為父女終於可以到旅遊頻道介紹的亞洲去！誰知道現在她有了男朋友，大概是不會和他一起走了。

「你上次說，新加坡的實驗室請你去？去多久？」海碧單刀直入問。馬丁不知如何反應，幸好菜來了，他趕緊幫海碧拆開筷子，就像往常一樣。「我好餓，吃了再聊！趁熱，趁熱。」海碧覺得很奇怪，馬丁自從跟諾亞握手了之後，就再也沒有和誰眼神交流過。「諾亞，你會不會用筷子？要不要跟他們要一隻叉子？」馬丁熱情地問，但雙眼還是沒有正視他們倆。

「不用了，馬丁。我會。」諾亞拿起筷子，似模似樣的。「願意嘗試新事物，又積極向上，正合海碧的胃口，好。很好。」馬丁一邊往餃子裡吹著氣，一邊透過起霧的鏡片想。朦朧中，他看見諾亞為海碧餵酥餅，兩人極要好了，就再也不忍心提起要海碧轉校的事。

「喂，海碧啊，妳在宿舍是不是沒有洗臉啊，怎麼這麼多痘痘？」馬丁腦筋急轉彎，想到了話題，隨口說說，還伸出手想去摸女兒的臉。海碧在半空攔截了馬丁的手，整個人往諾亞的方向縮了過去，叫著：「不要亂碰嘛你。」

「妳平時皮膚不是很好的嗎？爹地關心妳有錯嗎？怕人家諾亞嫌棄妳嘛。」馬丁苦口婆心地說。「伯父，我就喜歡海碧這樣

子,很清純。」諾亞居然替海碧辯護。「這小子居然還捍衛我的女兒,慘了,這下子,更走不了了。」馬丁想。

　　海碧剛才撲向諾亞的一個動作,引起了連鎖反應。海碧撞到了諾亞的手,諾亞的手為了保持平衡,不小心撞到了放置在他旁邊的馬丁的公事包,公事包掉在地上,裡面的資料夾掉了出來。諾亞禮貌地想幫馬丁撿起公事包,卻不小心撞到馬丁的手,馬丁剛撿起的資料夾重新摔在地上,裡面的文件撒了一地。諾亞又倉皇地想幫馬丁撿文件,馬丁不知為何想阻止,奈何已被諾亞捷足先登。太遲了。諾亞手上已經握著標著:「東南亞國際學校申請表格」的文件。

　　諾亞愣住了,一瞬間,他感覺到海碧的背叛,心裡那隻叫憤怒的惡魔,慢慢甦醒。「妳知道這件事嗎?海碧?東南亞?」海碧一臉茫然,不知情地搖搖頭。馬丁想解釋,諾亞就已經從皮夾拿出幾張鈔票,放在桌上,然後對馬丁客氣地說:「很抱歉,伯父,我有點不舒服,先回宿舍了。一會兒麻煩你送海碧回去。」轉身就離開了。

　　海碧狠狠地瞪著馬丁,許久說不出話。幾分鐘後她才冷冷地問:「幾時需要呈交表格?幾時走?」馬丁見過這個神情,就在和吉賽兒大吵的那一次。母女脾氣怎麼這麼像呀。「妳不需要跟我走。表格只是萬一而已。」馬丁解釋。

　　「我才16歲耶,你休想丟下我一個,無親無故地留在美國,

你自己去亞洲！那是另外一個洲耶！」海碧眼淚汪汪地責備著自己的父親。「時機還可能再差一點嗎？才剛剛找到的幸福，眼睜睜地就要看它從指縫中溜走，那種心痛，父親知道嗎？」海碧心想。

「那，我不走就是了。」馬丁妥協。「不可以。」海碧拒絕。「那妳？」馬丁問。「表格給我，我想想。」海碧搶過表格。「不能考慮太久，再過一星期就截止了。以妳的年齡，妳只可以念IB（國際預科文憑課程），學額必須在一年前就確定了。」馬丁說。

「夥計，打包。」海碧吩咐服務生，然後對馬丁說：「我也累了，送我回去吧。」海碧將所有食物都留在父親的車上，連再見都沒說，就忙著打簡訊給諾亞。馬丁嘆了一口氣，看到自己手有問題的女兒有人疼愛，而且還是一個長得不錯的年輕人，感到非常欣慰，然而這也意味著女兒長大了，不需要自己了。

海碧走回宿舍時，發現小徑旁的梔子花已經謝得差不多了，剩下綠色一片，很呆板。校園裡也有栽種其他的樹，而它們的花兒凋謝後，取而代之的，是滿樹的紅色、黃色的小果實，齊齊掉滿了其他的人行道，被師生踩得一片狼藉。海碧天天經過梔子花叢，都會仔細觀察綠葉間可有其他顏色的「成員」。新「成員」原來都只是毛毛蟲、垃圾等。就這樣？如此優雅的草花，就只配得到這樣草率的結局？那感覺就像灰姑娘仙

度瑞拉穿著華麗的晚禮服到舞會,卻遇不到王子,最後又變回一身襤褸一樣,不對味。

可是有什麼辦法呢?大自然就是有如此沒有結局的結局。有些東西,有些戀情的使命,就是為了一次的美麗,用力地綻放。

火星,金星,還是星位交錯

諾亞傳來的簡訊,沒有一個是好話。不是「叛徒」,就是「騙子」,不然就是「妳要瞞我瞞到什麼時候?」有幾次來電了又掛掉,不然就是來電又不出聲。海碧覺得很煩,就乾脆把手機給關了。誰知手機才關不到 5 分鐘,房門又傳來拳頭捶門的聲音。海碧躺在床上不想開門,最後念在是自己父親馬丁的錯,才把門開啟。

一開門,海碧又馬上後悔了。諾亞衝了進來,責問她為什麼把手機關了?還將她用力地按在牆邊,用手臂頂著她的喉嚨,她不能呼吸。剎那間,海碧想,一切就要結束了,想不到自己才活了 16 年,就要跟這個美麗的世界說再見了。她想起了李奧,想起了剛才不歡而散的父親,想起了母親,還有那些摯愛

的朋友。可是她知道自己不能表現出害怕的樣子，或許還有一線生機，諾亞摧毀的威力，是透過受害者的恐懼餵養大的。海碧直視著諾亞的雙眼，一臉鎮定。突然，諾亞放開了她，眼淚一直一直流，哭著說：「我辦不到。誰教我那麼在乎妳……妳報警吧。把我關起來我才不會再來找妳，來傷害妳。」

海碧雖然又經歷了一場驚嚇，也知道允許另一個人這麼對待自己是不對的，身體髮膚受之父母，不得損傷。但她依然抱著能夠幫助諾亞改過的心願。她答應諾亞，她知道他不是故意的，只是一時失控，她會幫助諾亞得到心靈上的平衡。海碧會這麼自以為是，除了因為她相信真愛的力量，也因為她在中學的時期，讀了幾本有關心理學的書。其中一本就是由國際知名的心理學博士，約翰·格雷（John Gray）寫的《男人來自火星，女人來自金星》（Men Are From Mars, Women Are From Venus）。前衛的英格麗小姐為了讓海碧更了解父母的婚姻關係，並試著對吉賽兒的決定釋懷，便將此書介紹給海碧當休閒讀物。雖然書中提出的要點並不符合馬丁和吉賽兒的關係，因為吉賽兒是一個憂鬱症病患，但海碧依然覺得自己獲益不淺。

約翰·格雷博士提到男孩和女孩處理事情的手法全然不一，和社會與文化如何培養孩子有關。失敗的時候，大人總是要兒子：「勇敢面對，流血不流淚！」對於女孩則會說「哭吧，哭出來會舒服一點！」因此男人長大以後，在愛情遇到挫敗時，

會縮回他們的「山洞」中，以為這樣問題會自動解決；而女人則喜歡將事情攤開來說，即使她們知道說再多也於事無補，依然還是想說。

海碧曾私底下悄悄地對諾亞的行為舉止進行分析和剖解。她猜，或許諾亞的父親是個大男人主義的丈夫，對待妻子總是大小聲，並且進行言語上的侮辱，諾亞耳濡目染，以為人身攻擊、暴力是一種合理的行為，甚至是愛的表示。他們寧願看他成為惡霸，也不加以阻止。

在他們家，輕聲細語、心思縝密是軟弱的象徵，只適合女人，男人就應該豪邁、粗獷。諾亞身為連恩家的唯一男孫，大夥都希望他長大成為一個堂堂男子漢，鼓勵他碰到紛爭時，用拳頭解決事情。偏偏他從小體弱多病，常常臥病在床時就畫畫，結果搞得父母吵架，所幸後來諾亞迷上橄欖球，家庭糾紛才得以化解。可是自從那次以後，諾亞很有可能就已學會將真實感受藏起來。這樣被家裡帶大的男生，早已忘了如何表達自己細膩的情感，一有什麼不開心，他們就先壓抑，搞到最後連感覺是什麼都不清楚。唯一一個情緒的出口，就是發脾氣。

諾亞承受的壓力應該不小吧。海碧體恤他，可憐他。然而她最終還是準時寄出了新加坡國際學校的申請表格。說是對這段感情沒有信心並不正確，正確的說法應該是：到新加坡念書這個計畫，不知為何，給了海碧不少心靈上的寄託。才在一起

不到三個月,她已經感到精疲力盡。諾亞像一顆定時炸彈,時不時就爆炸。修復能力再好的人,也會對每次死去又活過來的經歷漸漸麻木。

與其說什麼火星、金星,倒不如認了,他們兩個簡直是星位交錯、八字相剋。可是正因為如此,兩人才會擦出大量的火花。當然,火花越多,就越有人會燒傷。海碧是一個不輕言放棄的女生,打算繼續撐到隔年仲夏。她說過會幫諾亞,就一定會幫到底。

莉茲那天才問海碧,學校裡的男孩子這麼多,為何不能挑到一個正常一點的來談戀愛?為什麼專找有問題的男孩子來愛?不是無父無母的孤兒,就是蠻橫無理的惡霸?其實當時海碧並不知道,諾亞看著海碧撇開自身的殘疾,對人生展開正面積極的態度,由衷產生的傾慕,與海碧對李奧的感覺是一樣的。她和李奧,還有諾亞都是同類,大家都是有瑕疵的貨品,心裡的缺,只有對方才懂。但也因為如此,這種人,在世界上,比較難指望得到幸福。

維吉尼亞理工大學校園槍擊案

2007年4月16日星期一早晨11點，海碧還在上課，就有學校的行政人員匆忙地跑進教室在教授耳邊說了幾句話。教授神情凝重地向大家宣布了一件新聞：「維吉尼亞理工大學學院今早發生的兩次槍擊事件，傷亡人數還不確定。」海碧聽了，一顆心往下沉，那是馬丁教書的大學！教授向海碧招了招手，要她跟著行政人員走，到辦公室去，其他的同學必須馬上回自己的宿舍，把門鎖上。由於警方還沒確定這是否是一場恐怖組織襲擊校園的行動，校方決定還是將學生分散比較恰當。

行政人員克拉思女士牽著海碧的手，一起往辦公室去，什麼都沒說，只是捏緊著海碧的手。海碧已經做好了最壞的心理準備，但是眼淚還是不聽使喚地往下掉。「海碧！」只見諾亞遠遠地從校園的另一端飛奔而來。「我聽說了，馬丁沒事吧？」海碧此刻好想撲進諾亞懷裡，聽他告訴她這是惡夢一場。奈何她必須跟克拉思女士走，諾亞也只好靜靜地跟在後頭。

進了辦公室，海碧還以為有誰會上前來跟自己透露什麼訊息。誰知克拉思女士只是要她坐下來等看馬丁有沒有來電。海碧稍稍地鬆了一口氣，但一顆心還是忐忑不安，父親生死未卜。她不敢打電話給馬丁，深怕要是萬一有別的槍手還在大學校舍裡搜尋生還者，而糊塗的馬丁忘了將手機換成靜音狀態，

那海碧一通電話不就洩漏了他的行蹤，不就索了他的命？

可是不打電話，又怎麼知道馬丁怎麼樣了？克拉思女士向她確保，校方知道她的父親在理工大學工作，已經主動連繫理工大學，留了言給馬丁，一旦他到學校辦公室報到，就會馬上回電。海碧摸了摸外套口袋中的手機，沒有動靜。

就這樣，過了1個、2個鐘頭，辦公室的電話有響，可是都不是找海碧的。每一次電話響，海碧都會跳起來，想搶過話筒，幻想是父親打來的，但每一次希望都踏空。3個、4個、5個鐘頭過去了，父親還是沒有回電。好熟悉的感覺，彷彿回到5年前母親失蹤那天。瑟縮在沙發一個角落的海碧，緊靠在諾亞懷裡，焦急地看著掛在牆上的小電視。在這種情況下，她才不顧別人怎麼看她。「說不定從今天起，我就是個孤兒了，你們少來管我躺在誰懷裡。」

聽新聞播報員敘述著維吉尼亞理工大學校園槍擊案的經過，是如此煎熬的一件事。一字一句地敲著海碧的心。槍手是一名精神失常的韓裔學生，到5點鐘為止，已證實有33人死亡，15人受傷，死傷者名單還未公布。

衣袋中的手機振動了好幾次，但都是些朋友傳來的問候簡訊，當中包括了身處費城的李奧。此刻再多朋友，再好聽的問候，都比不上那把粗粗的，囉哩八嗦的父親的聲音。海碧從未如此期盼聽到父親說的「哈囉」。說不定上個星期五的那通長達

僅十秒鐘的電話，已是她最後和父親的一次交談了。她已經好幾個月沒回家了，都怪諾亞，總是選在週末時發脾氣，害自己連父親都沒見上幾面。海碧想著想著，後悔充滿了整個身體，令她無法再忍受自己靠在諾亞身邊。

「怎……」諾亞還沒問完，「巴茲……巴茲」海碧的手機就傳來振動，海碧偷看了一下！是馬丁！馬丁終於在傍晚給海碧打電話。「爹地！」海碧顧不了學校禁止學生帶手機的條規，拿出手機貼在耳旁，並且拚命對眾人點頭。克拉思女士還有其他職員都開心地鼓起了掌。海碧給大家鞠了個躬，就推開門走到外頭去跟父親交談了。

「海碧，妳聽說了嗎？我這裡發生了一件恐怖的事情！」能再次聽到馬丁的聲音是多麼美妙的事情。「我都知道了，你有沒有受傷？擔心死我了！」海碧又哭又笑，滑稽得很。「槍手是在宿舍和工程系開槍的，我當時不在附近，所以我沒事！」馬丁說。「那你為什麼拖了這麼久才打給我？你讓我著急死了！」海碧嘴上開始責怪自己的父親，害她一整天坐立不安，但她是心存感激的。她感激命運沒有奪走她唯一的親人，她也感激父親今早沒有到工程系去。

「沒辦法，警方要做口供。他們擔心槍手有共犯。」

「你沒事就好。爹地，這是最重要的。」海碧說，還在後面加了一句：「我愛你爹地。很多。」馬丁電話那端傳來兩秒的寂

靜，才聽見他說：「我也愛妳海碧。自己也要小心，爹地擔心妳。」

「我會的。你知道你可以信任我。」海碧笑著回答：「我對我有信心。這兩年我在宿舍，還不是把自己照顧得好好的？」「有什麼事，還是覺得不安全的時候，要記得去找諾亞，他看起來好像蠻可靠，蠻懂得照顧妳的。」馬丁提議。「……」海碧不知應該如何回應。她要如何告訴自己的父親，諾亞是個不可靠的混蛋？諾亞是他見不著女兒的罪魁禍首？諾亞是他女兒眼淚的源頭？諾亞是他的女兒不安全的原因？

誰教馬丁的眼光一向不好。馬丁一輩子沒有看準過什麼事情。他看準了吉賽兒會是他一生一世的另一半，誰知道她一點也不愛他；馬丁看準米亞是一部鬧劇，誰知她堅守職位，幫他持家，一心一意地愛他。馬丁至今還在後悔自己把她氣走；馬丁看準了黑堡鎮是美國最安全，最適合撫養孩子、養老的地區，誰知道這裡因為槍械被合法化，而發生了美國歷史上死亡人數最多的校園槍擊案；他看準了李奧不是個好人，諾亞才是海碧的真命天子，哪知道諾亞從曾經到如今依然是一個不可理喻的惡霸，而李奧始終還是最關心自己的人。

「不然，我把那份新加坡的工作接下來吧，妳跟我走？」馬丁被早上的事情嚇壞了，實在不能容許自己的女兒在一個上網就能買槍的地方生長下去了。

「好。你準備好的時候,我們就走。」出乎馬丁意料,海碧竟然答應了。

陰謀與吻痕

維吉尼亞理工大學槍擊事件奪走 33 條人命,讓海碧猛然覺醒,了解到親情原來對自己有多重要。人的生命可以脆弱,在瞬間消失;可是生命也可以如此堅強,像其中一位罹難者,享年 76 歲的羅馬尼亞猶太老教授,在二戰時期大屠殺中倖存下來,卻還願意挺身救人,用身體堵住教室的門,好讓學生能從窗戶逃生。

海碧看看新聞報導,再看看自己,17 歲的自己又做過什麼偉大的事?父親努力工作,好讓她能在優良生活條件下專心念書,自己卻連這唯一的任務:念書都做不好。當初聽師長交代過,自己也對自己和李奧承諾過,要打敗挫折,做一個有用的人。可是現在的自己呢?還在拘泥於自己的男朋友今天過得愉不愉快?

兩人在一起,已經快一年了,可是諾亞的脾氣,依舊沒有好轉。海碧也不是沒有想過離開,但每一次只要稍微顯露出一點想放棄的氣息,就會收到一大堆關懷的簡訊和禮物。自己也

不是貪那些東西，但已經好幾次了，只要一把禮物退回，諾亞就會告知他病倒，發高燒、拉肚子，能使的苦肉計通通都用上了。但是，在那種時候提出要求分手的話，要海碧怎麼開得了口？會被別人說她太絕情的。

可是這回，海碧真的覺得自己已經仁至義盡了。自己父親工作的場所發生了那麼恐怖的殺人事件，稍微有一點孝心的孩子都不會放心父親待在那裡。聽說新加坡對槍械的管制非常嚴，不知是否會安全一些？

再說，馬丁快 50 歲了，受聘的機會已不如從前的高，新加坡或許是他這一生唯一能夠離開黑堡鎮的機會，她不能這麼自私，必須為父親的事業，為自己的將來，勇敢地去闖，就如李奧一樣。她告訴自己，強者不是那個從不受傷的人，而是一個勇於受傷的人。

決定了的事就去做。海碧很清楚諾亞在監視她的一舉一動，於是她唯有暗中進行轉校的準備工作。她另外設了一個電郵，專門用來與校方通訊，填好的表格、資料的驗證等行政工作就差遣莉茲當跑腿。她知道莉茲還在為自己無意中撮合諾亞和海碧的事感到有贖罪的義務，會非常樂意幫忙。新加坡的國際學校八月開課，11 年級看來是念不完了，但既然學費都繳了，海碧決定能念多久就念多久，能陪諾亞多久，就陪他多久。當然，能瞞多久，就瞞多久。

海碧還沒有想好到時如何跟諾亞開口。想不到的話，到時再說吧。她只知道說的時候，千萬不可以正視諾亞的臉。因為只要他一扁嘴，自己就會反悔了。對於諾亞的撒嬌和撒野，她還真的沒有免疫力。

　　但是她本應更聰明點，早該知道莉茲不可靠。莉茲約會的對象見她近期總是行色匆匆，神神祕祕的，就隨口問她在忙什麼。才被問到，莉茲就像是個偷了東西被店員逮到的小孩，一口氣全招了。不幸中的大幸是，轉校的手續已經完成，莉茲只是在幫海碧領取校長的推薦信的正本而已。只是這下子，諾亞比原定計畫提早知曉海碧的預謀了。暴雨將至，海碧在被午後的太陽晒得發燙的籃球場上，坐等末日來臨。

　　「這個給妳。」諾亞從口袋中拿出一大疊美金，遞給海碧，面帶微笑。他不可能還不知道吧。「這錢？」海碧問。「我跟他們打賭，我贏了。這錢是我幫妳押的，翻了十倍。」諾亞笑得更燦爛了，可是燦爛中還漂浮著一絲陰森、邪惡的感覺，令人髮指。他指了指籃球場旁的長椅，問海碧要不要到那裡去坐，還裝成一副紳士的樣子，把海碧扶了起來。海碧已經習慣了諾亞的古怪行為，但是今天的諾亞臉上的笑容好陌生，是自己前所未見的。

　　等海碧坐下，諾亞就雙手握著海碧的肩膀，語調很興奮地問她：「妳知道今天是什麼日子嗎？」海碧搖搖頭。「今天是個好日子，妳自由了！」說著就把海碧的手拋向空中。諾亞的眉毛

將上眼皮撐緊，而下眼皮和顴骨微微上揚，像是隨時要大笑的樣子。海碧不喜歡這個表情，不喜歡此刻的感覺，不喜歡即將發生的事情。

「你正在策劃離開我了對嗎？」諾亞還在微笑，感覺非常詭異，海碧全身起了雞皮疙瘩，有一種非常不祥的預感，身軀條件反射般往椅子的尾端移去。「告訴妳吧，從來沒有女人敢離開諾亞‧連恩的，一向只有諾亞‧連恩離開她們的份！」諾亞突然提高了聲量，臉上閃過一股殺氣。諷刺的是，海碧反而覺得鬆了一口氣，想：「這才是諾亞嘛，諾亞是來提出分手的，他太驕傲了，死也不會讓我捷足先登的。」海碧已經決定好，諾亞如果想當那個先說分手的人，自己就欣然接受吧。這個節骨眼上，只要能和平分手，誰先誰後又有什麼關係？

海碧緊繃的肩膀才一放鬆，諾亞又戴上了他陰森的笑臉，扁著嘴問：「妳就喜歡我凶對不對？妳喜歡來粗的，對不對？」海碧嚇壞了，諾亞好像一人二飾，又像個精神分裂者一樣似的，一下子笑，一下子發飆。他⋯⋯他真的徹底瘋了。

「會過去的，忍住。」海碧安慰自己，拚命地忍著盡量不發抖。

「別怕，寶貝，我給妳看一樣東西。」諾亞一邊笑，一邊開啟手上拎著的筆記型電腦，問：「還記得，2004 年情人節前一天嗎？」

2004 年 2 月 13 日？當然記得，那天晚上李奧到家裡來，那天可算是初吻紀念日。海碧心想。「13 號下午？記得發生什麼事了嗎？」諾亞問，笑得更開心了。「那天我特意主動去找妳，想告訴妳我欣賞妳，覺得妳很有骨氣。可是妳的狗男朋友擋住了我的路。」諾亞邊用袖子擦拭著電腦螢幕，邊說：「他以為他很了不起，我會拿他沒辦法，所以當天，我就和我的哥兒們打了一個賭，如果我能拆散你們兩個，就算我贏。」

「也就是說，我們當了……讓我數數，六、八……哇，將近一年的男女朋友！怎麼樣，我裝得像不像？」諾亞終於證實了海碧一直以來最大的恐懼。自己是諾亞有史以來最大宗的惡作劇的女主角。

「我不信。你撒謊！」海碧不敢相信自己的耳朵，直覺告訴她，諾亞應該是氣瘋了，在亂說話。

「他以為我碰不了他，但是我也沒必要碰他，因為……我碰了妳！哈哈！」諾亞慢動作地把手從電腦移開，喊著：「Ta Da！」螢幕上面顯示一個網站，是一個部落格，取名：「The Hickey Plan」（吻痕陰謀）。

第一篇文章寫於 2004 年 2 月 13 日，作者諾亞・連恩，343 道評論。

文章清楚地寫著諾亞的最新捉弄對象：李奧・山多斯，計畫：勾引海碧・威廉斯，目標：打擊李奧的要害：在海碧頸項

種下吻痕，時限：需要多少時間就用多少時間，賠率：1 賠 5。額外賠率：1 賠 10。海碧看不下去了，站起來想走，卻仍不願相信諾亞在耍自己。「諾亞一定是因為嚥不下這口氣，不甘心被甩，因而出此賤招報復。想惹我生氣，沒那麼簡單。」諾亞捉住了海碧的手肘，硬把她拉著坐下。「不信啊，繼續看呀？」海碧搶過電腦，瞪了諾亞一眼，開始讀起部落格。「妳看，我諾亞就算再神通廣大，也不可能竄改部落格上的日期呀……況且，妳讓我這麼忙……」他邊說邊舔著嘴唇。

海碧將視線轉向電腦。第 5 篇文章標題「誰會猜到：老天助我也」，內容寫的是原來海碧也念同一所高中，而李奧不見蹤影，原本宣告失敗的計畫死灰復燃……

第 8 篇：「引誘計畫」，寫的是諾亞到宿舍向海碧示愛的詳情，網友都誇他演技好……

第 10 篇標題：「走向成功」，寫他如何害海碧的手機遭沒收……他是告密者……

第 12 篇：「拜託？自殺？」原來他只在宿舍圍牆坐了 10 分鐘，海碧卻以為他鬧了一晚上……海碧自覺笨死了。

第 14 篇文章標題：「任務完成：Hickey on Higby」

（海碧身上的吻痕），日期：2006 年 7 月 2 日。文章中具體地描述了那個帳篷裡發生的事情，諾亞還從那一刻起，將海碧的名字從「Higby」寫成了「Hickey」。

那一篇文章，圖文並茂，閱讀率20,517人次，1,779則評論。

讀到這裡，海碧氣得眼淚直流。真是下流。這一招就諾亞的標準來看，都嫌下流。「早知如今，何必當初。諾亞本來就是一個魔鬼，魔鬼本來就應該直接下地獄的，海碧‧威廉斯妳還扮什麼清高，想去解救他靈魂？」海碧後悔為這種人動了情。諾亞怎麼可能看上自己？事實擺在眼前他是一個喜歡踐踏別人的禽獸，自己為什麼要一而再，再而三地矇住自己的眼，相信他會為自己變好？她用力地合上電腦，丟在椅座上，準備離開。但沒走幾步，她又決定留下，問個究竟。

「那，李奧？」海碧開口問。「是被我送走的，他的老闆是我爸乾爹的弟弟。」海碧咬緊牙關，忍住不讓自己握緊的拳頭往諾亞臉上揮去。她感覺體內是什麼如熔岩一樣在翻滾，心卻有如被凍傷似的，一呼吸，胸腔就一陣刺痛。

忍住。答案。此刻，她需要答案。

「海碧，要知道，我諾亞再賤，也不會傷害老人，狗和像妳這種殘廢的人的。妳只是間接傷害的受害者，我要整的人不是妳，請別將這件事放在心上喔。」諾亞裝出憐憫的表情，令海碧想作嘔。

「那你說你小時候體弱多病？」海碧問。「是真的。」諾亞答。

「差點死掉？」

「是真的。」

「你的父親打你母親?」

「是真的。」

「你愛畫畫?」

「是真的,是真的,全都是真的,Hickey。」諾亞故意把海碧的英文名念成了「吻痕」。

「你不是真心要和我在一起,為什麼要對我透露真心話?」海碧激動地問著諾亞。

「這叫投資。你希望一項投資成功,自己有時必須做出一些付出和犧牲。」諾亞炫耀著自己的財金知識,正視著海碧的臉,語氣理所當然。

不准哭。海碧,出賣妳的感情的人,不值得妳哭。但是一切都感覺不對勁。

最後,海碧用袖子擦去眼淚,勇敢地走到諾亞的正對面,鄭重地問了諾亞一句話:「好,那當你說你愛我,死也不放開我的手時,你說的也是真話?」

攤在長椅上舒服地坐著的諾亞,明顯地沒有料到海碧會這麼問。只見他雙腳微微地往後縮了一下,然後拍拍大腿,站起來走開。他垂著頭,走得很慢很慢,海碧以為他在思考下一句話要說什麼更狠的話。

就在離海碧的身體兩公尺外的地方,諾亞終於回過頭,把

那捆鈔票扔在地上然後說:「對不起,唯有那一句話是假的。」
海碧透過淚眼,瞥見諾亞的眼眶裡有什麼在閃爍。

到此為止

不用多猜,李奧在當天下午就被辭退了。他發送了一則簡訊給海碧,說他臨時訂到機位,隔天星期六中午前就可以回黑堡鎮了。但由於訂不到汽車旅館,能否在馬丁家借宿一晚?海碧心情不好,什麼都沒說,就將馬丁的號碼給他,請他自己打電話去問。馬丁經過海碧上次一頓教訓,已經記得清清楚楚了。李奧是好人,是一個上進,懂事的好青年。但是他為了慎重起見,還是打了一通電話給海碧。

海碧一聽到父親的聲音,就「哇」的一聲,哭了。馬丁嚇壞了,這是他第一次聽海碧嚎啕大哭。海碧沒有對父親說什麼,因為她為自己愚蠢的舉動感到羞恥,不想讓父親看不起她,只是問父親能否來學校幫她搬東西?海碧那個晚上就把衣物和書本收好,並將所有諾亞送的東西,通通放進一個大盒子,打算天亮託吳丹送到男生宿舍的垃圾堆裡。

馬丁5點鐘就起床,6點就啟動引擎去接女兒回家了。反

正都要開始在別的教育制度下念書,剩下 3 個月就算了吧,學費,就當作給學校捐款。馬丁到的時候,海碧已經在校門口等候了。一群學生圍著海碧,依依不捨的神情一目了然。莉茲更是哭成了淚人,摟住海碧的脖子不放。十年的朋友,不久就要分隔兩地,海碧擔心今後沒有她照料,莉茲不知會怎樣,便在她耳邊叮嚀了老半天。

再見了主教高中,再見了滿庭飄香的梔子花,再見了莉茲和吳丹,再見了諾亞。在這裡,海碧感受了她人生第一次的心碎,第一次的判斷失誤。但是她知道,那些不堪的、失敗的感情都只是一場場的彩排,錯誤百出,也會有人受傷、捱罵,為的不過是在人生最重要的那一段感情上演時,能夠以更優美,最完美的姿態出現。可是被自己關心的人戲弄、出賣的感覺實在不好受,海碧此刻真的真的振作不起來。

馬丁不忍卒睹女兒憔悴的樣子,又不知從何問起,害怕自己說錯話,會又惹海碧生氣。突然他的腦袋想起一個好點子,開車去機場!他知道李奧內陸班機降落的時間,海碧看到李奧,心情一定會好起來的。李奧在,海碧就會願意說話,這樣他就可以知道究竟發生什麼事了。馬丁對自己的主意感到非常滿意,不自覺地吹起口哨來。調子是收音機剛播過的一首歌,叫做《Since I can't have your love》。馬丁實在是世上最遲鈍的人,海碧想。

「海碧,坐到後座去吧,累了可以躺下來睡覺。」馬丁靠著路旁停了下來。海碧安靜地就緒,也好,省得馬丁得不斷地找話題跟她聊。坐在後座,她就可以自己一個人無拘無束地胡思亂想,無拘無束地想念諾亞,儘管他如此地殘忍。

　　海碧的腦海反覆地設想著當諾亞發現自己不在的時候,他會有什麼反應?他是否會一如既往地猛傳簡訊給她,還是抓狂?當然也有可能他出去找辣妹了,海碧·威廉斯是誰早已不重要,卻又忍不住想,諾亞會不會有可能開車到黑堡鎮來看她,求她原諒?但是最有可能發生的,就是部落格上,又添多了一則文章,向世人宣布謎底揭曉,任務圓滿結束了。

　　一切到此為止。再見了林區堡,再見了諾亞,再見了那段令人銷魂的戀情。

位置

　　馬丁的駕駛技術真是不怎麼樣,車子搖搖晃晃地,還一邊開車一邊不知道跟誰在打電話。但也因為搖搖晃晃,海碧發現自己昏昏欲睡。就睡吧,回到父親身邊就安全了。偶爾海碧睜開眼,看看車窗外的風景,好陌生,馬丁一定又是迷路了,不

管了，再睡一會吧。

「哈囉馬丁，謝謝你來接我！」有人開啟了車門，聲音有如甘露般清新，滋潤著海碧睡著的心靈。父女倆此刻怎麼開到有飛機的地方來了？海碧突然想起這是誰了，是李奧！她居然忘了李奧今天要來自己家裡！她猛然坐了起來，整理了自己的頭髮，還瞄了一下父親車子的往後鏡，看看自己是否見得了人。

「嗨，海碧。」李奧將身體鑽進後座，給了她一個大大的擁抱還親了一下她的額頭。海碧往裡頭移了移，想為李奧騰出多一點位置。馬丁回頭看了看女兒和她的好朋友，放心地開車回家。

「你就這麼多行李？」海碧見李奧只有一個運動袋，好奇地問。「我所有家當都寄放在火車站的行李儲藏櫃裡了。」李奧說。「那還是很少啊。」海碧評論。「人的價值，不是在於他擁有多少東西，而是在於他能做什麼。我有一條健康的小命，那是最重要的。」李奧笑著回答。

李奧還是那麼有智慧。海碧微笑了。這時她才看見李奧蓄了長髮，綁成一個小馬尾，便伸出手去摸。李奧看起來也不一樣了。他穿了一身長袖長褲，一副上班族的樣子。「挺好看的。」海碧稱讚李奧。「但是無論你變成什麼樣子，都還是我的李奧。」說畢，就把臉埋進李奧的肩膀，就像往常一樣。

馬丁將車子駛入車庫時，海碧才發現自己有多久沒有回家

了。車庫自從米亞走了之後就凌亂不堪，現在卻看起來溫馨不已。客廳的布置也沒什麼變，只是或許因為家裡沒什麼人，窗戶不常開啟，有一股淡淡的黴菌味。海碧走到了廚房，開啟冰箱，裡頭滿滿的，都是些海碧愛吃的零食。原來馬丁總是擔心海碧週末回家時家裡不夠東西吃，就特地買了很多食物以防萬一。海碧鼻子一酸，內疚地掉下眼淚。

「李奧，來，行李給我。你睡我的房間，我睡客廳。」馬丁熱情地想從李奧手中搶過運動袋。他雖然不太喜歡這個大男生，但是為了海碧，他必須表現得大方一點。「不了馬丁，我年輕，睡沙發好了。反正以前我在寄養家庭時，也是睡沙發的。」李奧婉拒了。「爹地，你一把年紀睡沙發會閃到腰的。到時還要帶你去醫院，豈不是更麻煩？」海碧幫著腔，然後獨自回到自己的房間。

其實海碧只不過是想逃避馬丁憐憫的眼神。諾亞昨天傍晚就已經將部落格網址寄給他認識的學生了，吳丹大概也已經看到。吳丹知道，李奧就知道。而馬丁很有可能也已經從李奧嘴裡聽說此事了。

海碧爬上樓梯，最先看到的，是走廊最左邊位置的房間，母親的琴房。琴房的門沒有關，海碧卻沒有推門進去的意思。此刻她的心是脆弱的，她已不能承受多一份思念。但是要是媽媽還活著該多好呀？哪怕她不會擁抱我，但只要能看見她，我

就會感覺好多了。但是琴房一片寂靜，沒有琴聲，沒有母親。海碧的心絞痛著。

海碧落寞地走回自己的房間。床單是新的，馬丁猜想女兒17歲了，應該不會再想睡在維尼小熊的床單上，就幫她換了一套粉紅的，上面還印著貌似梔子花的白色花朵。海碧想到了梔子花，想到了差點在梔子花瓣上滑倒的諾亞，想到了他對自己的所作所為。他說的一字一句，像槍擊聲作響，任海碧再怎麼摀住耳朵都擋不住。她拿起了枕頭在床上亂甩，大叫著，想把自己從這個惡夢搖醒。可惜怎麼甩，怎麼叫，夢都沒有醒，自己還是自己，少了5根手指頭，少了諾亞。

海碧聽說要從失戀和背叛中復活過來，就像戒菸一樣，使用代替品成功戒掉壞習慣的效率，遠遠比不過意志力的力量。於是她允許自己再想諾亞多幾天，再哭多幾天，她知道總有一天她會把對諾亞的回憶連同自責一起排出自己的身體的。但在那天來臨之前，海碧不允許誰對她好。她警告馬丁和李奧：「我不要人家可憐我，為我做我愛吃的東西，噓寒問暖，這樣更糟，因為這樣我會覺得我像是一隻殘廢的狗，被人領養了，不是因為牠能替他們看門，而只是出自人道主義！」

馬丁雖然很擔心，但他唯有相信海碧知道自己在做什麼。他對李奧說：「現代的年輕人怎麼想，我還真的不知道。」李奧沒有說什麼。他固然也焦慮不已，但他知道在這個時候，要幫

海碧的最好方法，就是順著她，並且準備好隨時做她發洩的沙包，任由她拳打腳踢、任由她辱罵，也不還手。這是當一個好朋友的職責，不要去介意她對你做些什麼，要記得這是她自我治癒的一個過程。

人說悲傷有五個階段：否認、憤怒、徘徊、沮喪、接受，海碧都在一天之內通通經歷過了，應該是快好了吧。可是沒有。她天天都在重復經歷著這些感受，更糟的是，她還有另外一種感受，就是空虛，需要找東西來填補的空虛感。這種空虛感曾促使多少人在失戀後，拚命地尋找一個籃板球。海碧知道眼前就有一個關心自己的李奧，大可拿來充當一個過渡的男友。可是她不願意。李奧是一個好人，他不應該受到這樣的待遇。

況且，她已經不敢再指望誰給自己幸福了。

指望像是腫瘤，會將人的生命慢慢吞噬，讓自己不能前進。絕望才是救世主，讓你的雙眼習慣了黑暗之後，再微弱的光芒都變得珍貴。海碧知道自己必須爬進這黑暗的通道，理出個所以然才可能痊癒。

李奧向馬丁提議，問說在自己找到下一份工作前，可否向他租個床位。馬丁不忍心收他房租，就要求他每個星期以割草來當作報酬。誰會預料到，睡在陌生人的沙發這個舉動，會在幾年後演變成時下流行的一種背包旅行方法，叫做「沙發衝浪」，是一種旅遊的省錢好方法。

馬丁對這個安排感到滿意。不知為何，有李奧在家，他心裡就會感覺踏實一點，白天也才可以放心地去上班。馬丁是在4月分提出辭呈的，因此必須工作到7月分才能飛往新加坡。

海碧每天都會睡了醒，醒了又睡，不吃不喝的，人不像人，鬼不像鬼。馬丁在一旁乾著急，一回到家就到海碧的房間外面晃，聽不見聲音時會擔心，聽見海碧的哭聲，又心痛。李奧心裡雖然很想衝進去把海碧大罵一頓，但他了解海碧的硬脾氣，她不願意做的事情，別人怎麼逼，都逼不來。

人平均一天會哭掉5毫升的淚水，一輩子會哭掉120公升的淚水，而海碧此時只希望自己在從童年，到高中十幾年的光陰裡，已將分配給自己的大部分的眼淚哭完，接下來的日子，只剩下歡笑。

終於有一天下午，海碧開啟了房門，走到樓下，坐在沙發上發楞。當時李奧趁還未到便利店上班的時間，整理著自己這兩年來到異地工作時拍的照片。

「這是什麼？」海碧用她沙啞的聲音問。「我的小小旅遊集。」李奧微笑著說，看到海碧自動走下樓，主動和自己說話，他安心多了。「這你的相機？」海碧拿起李奧的傻瓜相機，仔細地看了看。

「借我好不好？」海碧問。李奧點頭，並幫海碧扭開相機的開關。「妳這樣拿，這樣對準，然後按下去！」李奧想教海碧，

卻被她推開。「連數位相機都不會用的話,我就真的是個沒用的廢人了。」李奧沒有回答,只是推著海碧的肩膀,到院子裡去。他想趁機讓海碧呼吸一點新鮮的空氣。

夏天的天空特別蔚藍,將偶爾飄過的白雲襯托得更白了,好像一對白鴿的羽毛似的,很漂亮。海碧待在陰暗的房裡太久了,瞳孔一時對刺眼的陽光接受不來,瞇起了眼。「相機的好處,是能將妳肉眼沒有注意到的東西拍下來。」李奧將海碧的手拉了回來,將相機的觀景窗拿給海碧看。海碧拍到的那朵雲,從羽毛變成了乘坐魔毯的阿拉丁,又像一艘船。

「好醜。」海碧笑著說。李奧也笑了。兩人就這樣,在院子裡待了一個下午,胡亂拍了一堆照片,一直到電池耗盡為止。剎那間,海碧心裡的那份空虛感不見了,生命,又重新有了意義。海碧找到自己在這個世界上的位置。

尾指

夏天最適合打球和拍照了。可是正如後院的籃球場一樣,李奧的傻瓜相機對海碧來說,已經不夠用了。於是兩人花了幾天的時間上網查尋資料,看看哪個款式的相機能拍出最美的照

片，哪個鏡頭能夠製造出景深的效果。最重要的是哪個相機最輕盈，按鈕的位置最適合海碧單手操作。決定了以後，海碧就向馬丁開口借了三千美元。馬丁原先有些不願意，但聽海碧說亞洲的風光明媚，好的相機才能把他們接下來要去的地方好好記錄下來，就答應了。

離飛往新加坡的日期越來越近了，海碧和李奧的關係卻越來親密了，因為捱得越近，分離的日子來的時候，就越離不開。偏偏兩人都情不自禁，原本就是那麼合拍，長大後更有默契了，很多事都能不言而喻。當你發現一整天的時間「咻」的一聲，就過去了的時候，你就知道你在享受活著的感覺。而能讓海碧有這種感覺的人，只有李奧一個。她可以隨心所欲想做什麼就做什麼，想說什麼就說什麼，不用擔心對方會誤會或發脾氣。兩個人產生衝突時，誰都不用禮讓對方，或玩什麼心理遊戲，只要把話攤開來說，一件事情一件事情拿出來比較輕重，理虧的那一方就會自動道歉。

海碧喜歡待在李奧身旁，那是世界上最美好的地方，因為她不必在乎自己手的樣子會不會令對方難堪，她不用將手插進衣袋中，所以不用穿外套或連帽T。李奧不會故意牽或不牽她的手，大多的時候，他都會搭著海碧的肩膀。因為他們的身高其實差不多，兩人像哥兒們多過像情侶。

「為什麼你從不對我說那三個字？」海碧終於忍不住問李

奧。這是他們在一起的最後一個週末了，兩人拿著大小兩個相機到傑佛遜國家森林公園去。

「李奧，我知道你對我是有感覺的，為什麼不對我說那三個字？我想聽。」海碧嬌氣地問。

揹著大相機的李奧假裝沒聽見，繼續讀著地圖。

「李奧，你有沒有聽見我的問題？」海碧不甘心，又問了一次。

還是沒有回應。

「李奧，我在問你問題耶，你……」

「不用問了！我聽見了！」李奧呼喝道。他今天一早就一副心情不好的樣子，被海碧一煩，有點失控了，把相機袋置放在一邊，靠著欄杆發著悶氣。

「好，不問就是了。」海碧感到有點委屈，後悔自己為何選在臨別依依的時候問這種蠢問題，卻又心有不甘，繼續說：「我只是想跟你在一起，可是你從來都沒有……」

「我對妳怎樣妳應該很清楚。但世界上不是每一樣事情都會依照妳的意願發生的。這個妳應該最清楚的。」李奧的臉怪怪的，繼續說：「有時候，當你越想要一樣東西，就越不敢伸手去要。希望得到的東西從遠處看總是最美，我怕走近了，走到了，才發現原來它從來就不屬於自己，那到時就連希望都沒有了。沒有了希望，人又怎麼活下去？」

「友情又不是旋轉門，走出去還可以繞回來。它是單向門，出去了，再怎麼用力推也別想回到原點。」海碧想起李奧對自己說的一句話。她現在知道了，當時李奧不只是在勸她放棄和諾亞的友情，其實也在說自己和海碧的關係。

這時，李奧的左邊眼角流下了一顆眼淚，右眼則是乾的。從沒在海碧面前哭泣的李奧這回居然為了自己掉眼淚！海碧記得諾亞曾說過，他喜歡看別人哭，因為他認為一個人的淚水能那麼優雅地、慢動作地從眼角蜿蜒流淌過臉頰，是世界上最美的東西之一。海碧看著李奧那顆眼淚，終於明白諾亞的意思了。這是為她而流的淚，世上還有什麼比這更珍貴？於是她拿起了小相機，對準李奧的眼，按下了快門。這張照片，成了海碧‧威廉斯第一件得意作品。

原來，李奧這麼多年是因為這樣，才不敢和自己在一起的。海碧當下覺得很感動，卻又有一點生氣。「你早在三年前就已經擁有我的心，到如今還在唯唯諾諾做什麼？」海碧忍不住想調侃著李奧。「做什麼？因為我是一個沒錢的墨西哥人！我連一張晚上可以睡覺的床都沒有，只可以睡在你們家沙發！做什麼……」李奧挖苦著自己。

「那你那些存起來的錢哪去了？」海碧緊張地問。

「在銀行。」李奧回答。「那是以後用來念主教高中的。我兩年前答應過妳的。可惜我還沒進去念書，妳就要走了。」

海碧這下子也被弄哭了,卻不忘安慰李奧:「沒關係,你可以先念書,然後隨時來找我。」

「海碧,答應我,和我一樣,一定要一有機會就到別的國家去,然後把最美麗的風景拍下來,寄給對方。」李奧伸出尾指,要和海碧打勾勾。一個 21 歲,一個 17 歲還用尾指打勾勾,引起了周圍遊客好奇的眼光。

「好,我答應你,但是你也要答應我一件事:我們其中一人滿 27 歲那年,如果兩人都未婚,我們就在一起。」海碧用堅定的語氣說著。

「說話算話。」李奧說。

未知

海碧獨自坐在吉賽兒的琴房地上,靜靜地將母親的遺物一點一點地裝箱。五年了,馬丁依然捨不得移動房間的任何一樣東西。可是這次父女倆必須重新剝開這舊傷口,因為過幾天他們就不在了。馬丁說,屋子先留著不賣,等看能不能適應新環境再說。裝箱是為了到時搬遷時方便移動。

吉賽兒的抽屜裡躺著一本相簿,裡面盡是她和馬丁的結婚

照，還有一些全家福。照片中，海碧都站在馬丁右邊，這樣就看不到她的左手，而吉賽兒總是站在馬丁的左邊，離海碧遠遠地。海碧嘆了一口氣，雖然不了解在每一張照片中，三個人都是咧著嘴笑的。

從母親的抽屜，海碧還搜出自己童年時玩的一塊塊彩色黏土。人的性格還真像這一塊一塊黏土，在開始的時候，容易被父母、師長的手捏成他們想要的形狀。但是時間久了，手不在了，黏土就會風化、變硬，卡在上次那個形狀，再也變不出什麼花樣。海碧不想變成鎮上大部分的居民一樣，大半輩子困在一個小鎮，不去別的國家探索，墨守成規過一輩子。所以再不捨，海碧也都得離開這個小小的避風港，跟父親一起走。

在走的同一天，李奧搬離了睡了兩個月的威廉斯家，自己搬到汽車旅館去住。海碧要求李奧不來送機。她開玩笑說，這是她第一次去那麼遠的地方，不想哭花著臉上機。其實她是怕到時會突然猶豫不決，連閘門都無法踏進去。李奧也答應了，而且說很碰巧的，他找到了一份工作，在海碧搭乘飛機離開的當天就去面試。海碧不相信李奧的話，認為他只是想防止自己前去送機，而李奧知道他的心是超不防水的，海碧只需一掉眼淚，他就會成全她留下來。他很肯定，海碧這一次必須走，必須去看看外頭的世界有多大。這是他對海碧的心願，也是對自己的心願。

雖然還是夏天，但空氣聞起來就是一股要下雨的味道，潮溼得像海碧的心情。平時一望無際的藍天，也不知何故，灰濛濛的，加深了濃濃的離別氣氛。計程車的引擎聲像極了一隻在喘氣的老狗，和著遠處傳來的救護車鳴笛聲，催促著李奧趕快上車。「到了華盛頓時，給我電話。到了新加坡，如果可以的話，至少給我一個簡訊，不管幾點。」李奧叮嚀著。海碧無法說話，因為她感覺身體已經灌滿哀愁，一開口就會噴淚。她只能伸出尾指，和李奧打勾勾。

一言為定，說好的事情，一定要履行。

一直到計程車離開了很久很久，海碧才輕輕地說：「再見了李奧，要照顧自己。」李奧坐在封閉的空間裡，大概不會聽到微風載著的這句話。但希望彼此幸福的心願，李奧是知道的。

隔天，輪到海碧離開這個自小生長的地方。趁馬丁和司機在處理行李箱的事宜時，她在老房子周圍繞了一圈，還用相機拍了幾十張照片。已被太陽晒得退色的兒童滑梯、油漆剝落了的外牆、被遺忘了滑輪板，彷彿都佇立在那裡等著小主人過去向它們一一道別。海碧用手掌拍了拍籃球場，再親了親老房子的柱子，謝謝它們陪自己渡過了寶貴的童年光陰。最後，在上車之前，海碧抬頭望了望朝西的二樓窗戶，揮揮手，說了一聲：「媽媽再見。」

波音 777 躍上藍天的那一刻，海碧隔著玻璃，望著越來

小的陸地,不禁想:這就是了!一定要毫無忌憚地探索!

未來有很多參不透的未知,即將展開,再見美國,哈囉新加坡。

完結　五指

就算不能彈和弦,五根手指依然可以彈出 Do Re Mi Fa So 的主旋律。

五根手指依然能夠跟陌生人握手,向朋友招手、做 Hi 5 的手勢。

五根手指能做的,不一定是擁有十指的人的一半。

海碧天藍

　　海碧說，馬丁從一下飛機那一刻就開始到新雇主那裡報到，然後開了一場又一場的會，剩餘的時間就是找房子。她偶爾會跟父親去看房子，但是因為時差的關係，她看起來特別憔悴，所以馬丁將她留在他們下榻的酒店房間裡睡覺。不知為何，海碧感到有些失望。新加坡沒有想像中那麼「東方」，沒有古色古香的建築物或很多穿傳統服裝的人，街上滿是穿著T恤短褲的人。新加坡原來是一個高樓聳立的城市。

　　潮溼的空氣和炎熱的氣候，真令人一想到外出就感到怯步。可是她答應過李奧的，應該趁國際學校還沒開學時趕快去探索一下這個城市。於是她留了一張字條，再走到樓下接待處去蒐集名勝地的資料。她這才發現，這裡的官方語言之一，是英語，溝通完全不成問題。難怪馬丁願意來這裡工作，因為他知道到時一點適應的問題都沒有！

　　接待處的小姐用非常流利的英語跟海碧描述各個景點的特點，物價，還有新加坡的公共交通系統的運作方式。最後她還非常用心良苦地在地圖上寫了幾個字：今天：晴；明天：陰天，笑說：「新加坡沒有四季，只有兩個季節：熱天和雨季，明天出門記得帶傘。海碧想，好吧，既然今天是晴天，那事不宜遲，出去走走吧。

海碧拿著地圖在烏節路亂逛。哇,全都是購物中心,而且建築物什麼顏色的都有。一邊有一座紅褐色的龐大商場,前面有街頭表演,還有看起來是賣冰淇淋的小販;另一邊又有一棟有廟宇形狀屋頂的大樓。海碧拿著相機,拍了一張照片,準備寄給李奧看。她隨便挑了一個藍色的商場,走了進去,看見裡面有指示牌指向食閣,就決定去試試看。旅遊頻道說的,了解一個國家最好的方法,就是:食物。吃了兩天的客房服務餐點,感覺有些膩了,試試新的東西,何妨?

她跟著人潮來到了很多攤位還有很多桌子的地方。或許因為是下午 2 點的關係,吃飯的人並不多。海碧繞了一圈,像劉姥姥進大觀園一樣,對什麼都很好奇。吃什麼好呢?最後她決定以顏色來點吃的。來一個黃的:掛在一個玻璃櫃子裡是一隻隻外皮黃油油,看起來像雞的東西,好,叫一盤;來一個綠的:一片片扁扁的圓形脆餅放在綠色盤子上,來,買一個。點了之後,只見一個皮膚黝黑的男人用手將麵糰不斷地拉扯、拍打還拋在空中,有點像義大利人做比薩一樣,唯一不同的是,麵餅更薄、更脆,看得海碧都眼花了。

最後,來一道紅色的。海碧看到有人在吃紅色的麵條,就也點了一碗。攤主問海碧:「You Want Chilli?」海碧心想,喔這裡也有賣 Chili(墨西哥辣肉醬)?就點頭說:「Ok!」攤主遲疑了一下,最後還是放了半湯匙辣椒進去。付了錢,海碧在麵

攤前面的座位桌下,開始品嘗她的戰利品。

　　第一口,雞飯。海碧為了要炫耀她會用筷子,就拿了一雙筷子吃飯。好吃,每一口飯都有不同的層次感,除了油,還有蒜頭的味道,另外一種香味,她就說不上來了。第二道,印度煎餅。海碧不能使用刀叉,就用筷子夾起煎餅來咬。在收拾碗盤的老人注意到海碧的左手不方便,就對她做了一個手勢,用五根手指頭將煎餅撕開,然後放進嘴巴咬。海碧試了一下,雖然不習慣手油膩膩的感覺,但煎餅味道還真不錯。

　　下一個試吃:Laksa。海碧沒有發現麵攤的攤主一直坐在那裡等著看她的反應。海碧觀察了一下那位吃麵的太太,並沒有用筷子夾麵條,而是直接用湯勺吃面。海碧想效仿她,就拿了一大勺 Laksa 放進嘴裡。那一刻,海碧的雙唇、舌頭、喉嚨、耳朵、臉頰、肚子全都著火了。眼淚從眼眶裡噴了出來,海碧一邊用嘴大口呼吸,一邊東張西望。攤主忍不住笑了,指向左邊一個賣飲料的攤位。海碧飛奔過去,迅速地灌下一整瓶礦泉水,才感覺好一些。可是她覺得糗極了,就從側門偷偷逃跑了。

　　海碧看見很多人在另一家商場前的小亭子坐著,想,這應該就是新加坡的車站吧。她看見車站有一些巴士指南,就問了問車站的人:「請問新加坡的海邊是什麼路名?」得知答案後,海碧對了對路名,就乘搭一輛 14 號路線的巴士到東海岸路去。坐呀坐的,過了半小時,巴士司機回過頭對海碧說:「東海岸路到了。」

這哪是海邊呀？別說海邊，連一盆水都不見蹤影！但是她記得自己答應李奧的，要去探險，要去迷路。就沿著馬路走。可是走了半小時，還是沒有看到大海，就捉了一個路人來問。原來，海邊從這裡是走不到的。只好乖乖搭乘計程車抵達。

　　海碧終於來到了海邊。那時已經快要黃昏了。大海在夕陽的照耀下，顯得碧綠碧綠的。細沙在腳趾之間輪流穿梭著，海風輕輕地吹拂著海碧的臉頰和耳朵，非常舒服。自從那次和諾亞露營之後，海碧就不曾涉足與沙灘。相隔一年，什麼都變了，一陣孤單湧上心頭。

　　想著想著，突然海碧發現已經入夜了，還是趕快回飯店吧，免得馬丁擔心！

　　經過那一次小小的探險，那一片碧綠色的海面和深藍色的天，讓海碧做了一個決定：給自己取一個中文名字：「海碧」。海碧，對自己來說具有巨大的意義，倒過來念，就是「碧海」，碧海藍天，象徵著她嚮往旅行的心，象徵自己的自由，不要靈魂再受困於自己殘缺的軀體。

右撇子社會

　　我對她說，海碧和 Higby 的音調並不是很接近。她說，她不是沒有嘗試過直譯，聽起來像「嬉皮」。其實海碧也不介意譯名聽起來不接近，因為自從諾亞取笑她叫 Hickey，她就患得患失，害怕在這裡念書的時候也會被別人取相同的外號。她很想換名字，但是念在這名字是已故母親依據她的偶像為自己取的，她也不想做什麼更改。

　　海碧的顧慮是多餘的。她在國際學校很少遭到惡霸的欺凌，主要是因為她功課好，EQ 高，因此人緣也不錯，雖然開始的時候海碧不是很滿意校方的作法。校長因為體恤海碧的身體狀況，還有她是個單親家庭的孩子，特意派了幾位學生輪流待在她的左右，以防萬一她需要人幫忙，也可順便製造一個學生們施展同理心的機會。與其說海碧的自尊心強，不如說是她的性格獨立，她婉拒了這個安排。後來大家也親眼見證到海碧的自立和自足，對她加倍愛戴。

　　海碧喜歡這裡，因為她有更多的機會練習說華語，和使用筷子。在老師的鼓勵下，海碧和同班同學在課餘時間選修一些課程，說是為了更了解中華文化，其實是為了解悶。為了攝影，新加坡的名勝能去的她都去過了。海碧說，她的同學學古箏，海碧當然勝任不了，就學寫毛筆字，反正毛筆字用一隻右

手就可以了。

　　一隻右手就可以寫毛筆字，也可以做很多事。對海碧來說，住在新加坡還有另一大好處：新加坡是一個右撇子的天下，至少百分之80的人口都用右手，好多東西都是為右手使用者設計的，比如咖啡座的馬克杯、電梯按鈕，電腦滑鼠，甚至連車子駕駛座都在右手邊。海碧住在這裡，簡直是如魚得水。

　　除了不怎麼能吃辣，海碧對新加坡的印象還算不錯。海碧說父親跟她不一樣，對這裡的美食抱有很大的興趣。除此，因為出外用餐的花費比在家做飯的費用來得少，他幾乎都不用下廚。原本就體型不苗條的馬丁，來了新加坡更是心寬體胖，原本教書時穿的褲子都已經扣不上了。不過沒關係，反正在實驗室工作嘛，大部分的時間都穿便服就行了。對馬丁來說，新加坡就像亞洲的夏威夷，唯一不同的是這片土地上插滿了摩天大樓。

　　炎熱的天氣，令海碧無法再穿上連帽T或任何長袖衣服上街。漸漸地她不再藏起她的手，習慣了路人用「斷手洋妞」的眼光看自己。從此，她想做什麼就做什麼，這就是自由。

　　海碧說：「那天我去牛車水找人看手相。看掌的人說，左手的掌紋，是上天給的，右手的，是自己創造的。那我很幸運，掌紋再亂，再多曲折，都只在我的右手掌，都是我能掌控，都是由我來創造的。

沙發漫遊

馬丁在海碧念國大時,就決定申請成為永久居民。他買下了他們一開始就住的杜佛公寓,因為靠近海碧學校,而且在他的工作的地點附近。海碧在大學時,依然選修中文,因為她聽取吳丹的勸告,知道雙語人才在亞洲非常吃香。在開攝影展之前,她就已經開始任職於一家公關公司,專門為客戶編寫和翻譯公文與新聞稿。

但是海碧最大的興趣,是旅遊。自大學開始,一有假期,海碧就會和同班同學到附近的國家自助旅行,去過的國家包括馬來西亞、泰國、越南、緬甸還有印尼。大學生的零用錢不多,為了節省訂酒店的開支,他們參加了一個叫做「沙發漫遊」(Couch Surfing)的交換住宿計畫,在某個網站上註冊為會員。雖然這個計畫在全世界已經擁有超過一百萬會員,馬丁一想到自己的寶貝女兒不顧安危,在國外住在陌生人的家,就極力反對。他也不喜歡陌生人睡在自己沙發。後來海碧向她保證,除非有共同的朋友,她不會接受任何陌生人的邀請,馬丁才稍微放心一點。

其實海碧加入這個計畫,還有另外一個目的,就是尋找李奧。自從抵達新加坡以後,她就很少有機會和李奧連繫。不是她不要,是李奧沒有接電話,電郵和簡訊,也往往都得不到回

應。海碧了解李奧住的地方或許沒有網路的裝置，但是簡訊？她就不明白了。

海碧有向吳丹打聽李奧的下落。吳丹說李奧到阿拉斯加去了。就一個國中畢業生來說，那份工作的薪水不錯，年薪好像有 3 萬 7,000 元，不多不少剛好付學費。後來吳丹也走了，去了哈佛，這條線索也斷了。海碧還加入了臉書、推特，就希望李奧會連繫她。她每天都會留意美國的新聞，甚至還訂閱維吉尼亞網路報章，企圖搜尋李奧的消息。可是五年來一無所獲。

一直到有一天，海碧在工作場所接到一封來自一位名叫「山多斯」的「沙發漫遊」會員的電郵，還附上一名主教高中學生的推薦信時，海碧的心跳得猛得差點從喉嚨奔出來。她馬上回信，說她「歡迎」他。

實現諾言

「哈囉，海碧。」門口，站著的，就是自己朝思暮想的李奧！海碧雀躍萬分，實在忍不住了，就衝向前摟住了他的脖子，在他臉上猛親了好幾下。這麼多年沒見，雖然臉上多了一些皺紋，但李奧聞起來還是一樣。

突然，海碧發現自己有點失態。在亞洲住久了，人也變得稍微保守了一點。雖然還不至於做到「男女授受不親」這一套，但在眾目睽睽之下親吻，似乎是鄰居們比較接受不來的舉動。

　　李奧將海碧纏在自己脖子上的雙臂剝開，哈哈笑著說：「我聽同事說，一個人全身的細胞每7年就完全更新一次，所以我必須趕在7年年限滿以前帶著還沒徹底改變的『舊我』趕來見妳。」

　　「是呀！這麼多年，你死哪去了？電話電郵通通都不回，我真的以為你死了，所以天天都留意維吉尼亞的訃告呢！」海碧沒聲好氣地罵著李奧。

　　「賺錢啊，然後讀書啊。」李奧裝出一臉不屑的樣子，說道。

　　「讀書？」海碧睜大眼睛問。

　　「我答應過妳的嘛，要去主教讀高中。所以不就沒天沒夜地賺錢咯。」

　　「真的？」海碧不相信。

　　「真的，我在妳離開黑堡鎮之後就到阿拉斯加去了，沒時間理妳啦。」

　　「去那裡做什麼？那裡有玩具廠商嗎？」海碧還牽著李奧的手不放，好奇地問。

　　「阿拉斯加？我工作的阿拉斯加小鎮，什麼都沒有，要麼就

只有白天,要麼就是兩個月的黑夜。」

「那你在那裡做什麼?」海碧還是那麼雞婆。

「在太平間當助理。阿拉斯加是什麼都沒有,但是每個星期都有人死,總需要有人收屍,辦理後事吧。」

「為什麼要做這份工?你不怕嗎?」海碧又滿臉好奇地問。

「我不怕,反而尊重他們。往生的人在世的時候,或多或少都有直接或間接為我們的生活做出一點貢獻。哎呀,換生不如守熟。」李奧回答。

海碧聽得懵懵懂懂地,還沒來得及理出頭緒,就感覺李奧推著自己進屋。

「不說這個了,還不帶我去見識你們家的沙發?」他給了海碧一個大大的微笑說。「彷彿又回到 2007 年了。妳懷不懷念?」

海碧笑了。那的確是很淒慘卻也很美好的兩個月。

突然她想起一件事來,趕忙問:「喂,李奧,你生日過了喔,27 歲了對嗎?那你是不是應該實踐你對我的另外一個承諾?」海碧問。

初次見面

　　和海碧談得太興起,我沒留意到已經很晚了。展覽廳的小姐要下班了,只好「請」我們倆出去。於是我跟海碧蹲在亞米尼亞街這棟戰前的英殖風格老屋前的路堤上繼續聊天,旁邊還置放著兩個綠色的垃圾桶。這位小妞和我從前認識的洋人很不一樣,很「新加坡化」。

　　海碧的電話響了,她對我笑了笑,說了聲對不起,就接了那通電話。只聽見她說:「是,再向右轉個彎就到了。是,我們還在這裡。一會見。」就掛上了電話。海碧對我笑了笑,然後站了起來,指了指前面。

　　我往那個方向看去,迎面而來的,就是海碧‧威廉斯在過去4小時滔滔不絕,讚不絕口的李奧。

　　「初次見面,幸會幸會。」李奧與我熱情地握著手。

　　我向李奧解釋了我來訪的原因,並詢問他是否介意被我寫進書裡面。他說完全不介意,這將會是他的榮幸。落落大方的,不錯不錯。

　　「我還有些小疑問想澄清,不知能否再占去你們十分鐘的時間?」我問。

　　「沒問題。」兩人異口同聲。真有默契,連時機都抓得那麼

準。這位五指姑娘真的還蠻幸運的，找回了知己的同時，還找到了幸福。這個墨西哥孤兒也蠻幸福的，能夠找到一個願意等候他多年的白人女孩。但是要不是兩人都積極向上，為自己想要的將來打拚，機會早就從指縫間溜走了。我由衷祝福他們。

我翻了翻自己的小本子，第一個問題就是：「你們第一次見面是在什麼時候？是在校園裡嗎？」

海碧搖著頭，更正我：「不，我和李奧第一次見面是在英格麗小姐的房間。」

李奧聽完海碧的回答，面帶笑容地也搖了搖頭。「海碧妳錯了。我第一次遇見妳比那還早多了。」

「我們是在妳母親的悼念會上初次見面的。我就是那個允許妳偷偷放手機在妳母親棺木裡的年輕人。」

國家圖書館出版品預行編目資料

無指幸福：沒有了手指，是否就沒了指望 / 小寒 著 . -- 第一版 . -- 臺北市 : 複刻文化事業有限公司 , 2024.08
面 ； 公分
POD 版
ISBN 978-626-7514-25-2(平裝)
857.7 113011061

電子書購買

爽讀 APP

無指幸福：沒有了手指，是否就沒了指望

臉書

作　者：小寒
發 行 人：黃振庭
出 版 者：複刻文化事業有限公司
發 行 者：複刻文化事業有限公司
E - m a i l：sonbookservice@gmail.com
粉 絲 頁：https://www.facebook.com/sonbookss/
網　址：https://sonbook.net/
地　址：台北市中正區重慶南路一段 61 號 8 樓
8F., No.61, Sec. 1, Chongqing S. Rd., Zhongzheng Dist., Taipei City 100, Taiwan
電　話：(02) 2370-3310　　傳　真：(02) 2388-1990
印　刷：京峯數位服務有限公司
律師顧問：廣華律師事務所 張珮琦律師

-版權聲明

本書版權為新加坡玲子傳媒所有授權崧博出版事業有限公司獨家發行電子書及紙本書。若有其他相關權利及授權需求請與本公司聯繫。
未經書面許可，不得複製、發行。

定　　價：350 元
發行日期：2024 年 08 月第一版
◎本書以 POD 印製
Design Assets from Freepik.com